SEBASTIAN 세바스천 LEADERSHIP 리더십

저자 **나상훈**

도서출판 위

책머리에

　리더십을 탐구한다는 것은, 세상의 위대한 인물들이 어떻게 조직을 이끌고 인재를 기용했으며, 그 과정에서 어떤 지혜와 통찰을 발휘했는지를 살펴보는 일일 것이다. 서점에는 리더십을 다룬 책들이 넘쳐난다. 성공한 기업가의 경험담에서부터 명장의 전략, 심리학을 접목한 이론서에 이르기까지 어림잡아도 2천 종이 넘는다. 그러나 그런 책들을 모두 읽고 나서도 '그렇다면 나는 무엇을, 어떻게 해야 하는가?'라는 질문에는 쉽게 답하기 어렵다.

　대부분의 리더십 책들은 "누구처럼 행동하라.", "이런 태도를 가져라.", "누가 한 이 말을 기억하라."고 조언한다. 그러나 그 내용은 대체로 일반적이고 추상적이다. 뛰어난 사람들은 쉽게 실천했을지 몰라도, 독자들은 그렇게 따라 하기 쉽지 않다. 사람마다 처한 환경과 성향, 그리고 업무의 특성이 다르기 때문이다. 결국 책의 내용에 공감하더라도, 그것을 독자들이 실제 행동으로 옮기기 어려운 이유가 여기에 있다.

　이 책은 바로 이런 문제의식에서 출발했다. 누구나 리더십의 중요성을 말하지만, 책 속에서 만나는 리더십이 자신의 현실과 맞닿아 있는 경우는 드물다. 글은 그럴듯하지만, 막상 자신의 업무나 삶에 적용하기에는 현실감이 떨어지는 경우가 많다. 결국 "누가 이런 놀라운 일을 해냈다"는 영웅담으로 끝나 버리는 경우가 대부분이다.

그래서 필자는 다른 관점에서 접근하고자 했다. '누가 무엇을 했는가' 보다 '누가 그것을 어떻게 해냈는가'에 주목했다. 그리고 그 '어떻게' 속에서 오늘의 현실에 적용할 수 있는 가능성을 찾아보려 했다. 그 과정을 들여다보며, 우리가 실제로 배우고 실천해 볼 만한 리더십이 무엇인지를 탐구하고자 했다.

이 책에 등장하는 인물은 모두 일곱 명이다. 아마 독자들도 한 번쯤은 들어봤을 이름들일 것이다. 각기 다른 시대와 환경 속에서, 자신만의 방식으로 세상을 움직인 사람들이다. 그러나 이 책은 그들의 위대함을 찬양하려는 위인전이 아니며, 그들의 공과를 학술적으로 따지는 역사서도 아니다. 천재들이 남긴 성취를 단순히 '결과'로만 소비해서는 안 된다. 중요한 것은 그들이 어떤 고민을 했고, 왜 그런 결정을 내렸으며, 어떻게 사람들을 이끌었는지를 살펴보는 일이다. 그리고 그러한 사례들을 오늘의 현실 속에서 어떻게 적용할 수 있을지를 함께 모색하는 것이 이 책의 목적이다.

등장 인물들은 모두 서로 다른 시대와 환경 속에서 살았다. 어떤 이는 전쟁을 통해 나라를 세웠고, 또 어떤 이는 붓과 지혜로 세상을 뒤흔들었다. 그들은 모두 '조직을 바꾸고 사람을 움직이는' 방법을 고민하며 실천한 사람들이다. 이러한 고민의 흔적 속에, 우리가 배워볼 만한 가치 있는 리더십의 본질이 자리하고 있다고 믿는다.

이 책의 구성은 단순하다. 각 인물마다 '개요', '출생과 성장과정', 그리고 '리더십'의 세 부분으로 나누어 설명했다. 먼저 개요에서는 인물의 삶 전체를 조망했다. 출생과 성장과정에서는 그가 어떤 교육을 받았고, 어떤 경험을 쌓으며 성장했는지를 서술했다. 마지막으로 리더십 부분에서는 그가 조직을 운영하며 실제로 발휘한 리더십을 구체적인 사례를 통해 분석했다. 인물별로 서술 내용이 반복된다고 느낄 수 있다. 그러나 이는 그 인물의 리더십 덕목을 여러 번 강조해 충분히 이해하도록 하려는 필자의 의도임을 양해해 주기 바란다. 또한 각 인물이 발휘한 세부 리더십 항목별로, 현대 경영학에서 의미 있는 핵심 키워드를 정리해 두었다. 필요할 경우, 나중에 키워드로 추가 자료를 검색해 볼 수 있다.

글을 쓰며 새삼 깨달은 것이 있다. 리더십에는 정답이 없다는 점이다. 감기약에 특효약이 없듯, 리더십에도 모두에게 통하는 명약은 없다. 중요한 것은 독자 한 사람, 한 사람에게 맞는 리더십을 스스로 만들어 나가는 일이다. 필자가 생각하기에 리더십은 '타고나는 재능'이 아니라 '훈련된 선택'이며, '반복된 자기 성찰', 그리고 '주어진 상황 속에서 다듬어지는 판단'이다. 이 책에 담긴 인물들의 고민과 선택이 독자 여러분의 리더십 탐구 여정에 작은 길잡이가 될 수 있다면, 더 바랄 것이 없겠다.

누구든 리더십을 고민하는 사람이라면, 연장통에서 상황에 맞는 도구를 고르듯, 책 속의 각 인물이 발휘한 항목별 리더십 사례를 하나씩 자신에게 맞게 적용해 보기를 권한다. 리더십은 단순히 '따라 하는 것'이 아니라 '스스로 찾아내는 여정'이다. 이 책이 여러분 각자의 리더십 탐색 과정에서 든든한 동반자가 되기를 진심으로 바란다.

마지막으로 이 책이 세상에 나올 수 있도록 응원해 주신 존경하는 어머님과 사랑하는 가족들에게 고마움을 전한다.

2025년 여름
와우산 자택에서
나상훈

CONTENTS

책머리에 02

제1장 당태종 이세민
: 마음을 비워 두루 듣고 간언을 받아들이다 08
   가. 인물의 개요 10
   나. 출생과 성장과정 15
   다. 당태종 이세민의 리더십 20

제2장 칭기즈칸
: 생각을 공유하는 인적 네트워크를 구축하다 58
   가. 인물의 개요 60
   나. 출생과 성장과정 66
   다. 칭기즈칸의 리더십 75

제3장 율리우스 카이사르
: 화합과 관용의 정신으로 제국의 초석을 놓다 110
   가. 인물의 개요 112
   나. 출생과 성장과정 118
   다. 율리우스 카이사르의 리더십 125

제4장 한니발 바르카
: 기상천외한 전략과 창의성으로 상대의 의표를 찌르다 —————— 164
   가. 인물의 개요   166
   나. 출생과 성장과정   174
   다. 한니발 바르카의 리더십   183

제5장 오다 노부나가
: 끊임없는 혁신과 과감한 결단력으로 난관을 돌파하다 —————— 218
   가. 인물의 개요   220
   나. 출생과 성장과정   227
   다. 오다 노부나가의 리더십   235

제6장 아미르 티무르
: 경쟁에서 이기는 비결은 속도가 아니라 정보다 —————— 270
   가. 인물의 개요   272
   나. 출생과 성장과정   280
   다. 아미르 티무르의 리더십   289

제7장 삼봉 정도전
: 개혁과 혁신으로 민본 세상을 여는 실천가가 되다 —————— 324
   가. 인물의 개요   326
   나. 출생과 성장과정   335
   다. 삼봉 정도전의 리더십   344

【당태종 이세민】

제1장
당 태종 이세민

마음을 비워 두루 듣고
간언을 받아들이다

제1장
당 태종 이세민

가. 인물의 개요

　당 태종(598년~649년)은 당나라의 제2대 황제이자 돌궐 제국(동돌궐)의 제14대 가한으로 휘는 세민(世民)이다. 이름의 뜻은 제세안민(濟世安民), 즉 '세상을 구하고 백성을 편안케 한다'는 뜻이다. 중국은 후한(後漢) 이후 오랜 기간 정국이 어지러웠다. 후한이 멸망하고 위(魏)·오(吳)·촉(蜀)이 자웅을 겨루는 삼국시대를 겪었다. 이후 남북조 시대를 거치는 동안 분열 상태에 빠져 있던 중국을 재통일한 것은 수(隋)나라였다. 수나라를 개창한 사람은 남북조 시대 북주(北周)의 군벌이던 양견(楊堅)이었다. 그가 바로 수나라의 초대 황제 문제(文帝)이다. 그러나 수나라는 문제의 아들이자 제2대 황제인 양제(煬帝) 양광(楊廣)의 폭정으로 백성들은 도탄에 빠졌다. 양광은 무모하게 고구려에 원정 전쟁을 벌였다. 또한 무리한 대규모의 토목 공사를 일으켜 나라를 피폐하게 했다. 먹고 살기 조차 힘들어진 수나라 각지에서 반란군이 들고 일어났다.

　당시 태원(太原, 현 산시성〈山西省〉의 성도) 유수(留守)이던 이세민의 아버지 이연도 617년 반란에 참여했다. 이연은 거병 초기에 수도인 장안의 상징성에 주목했다. 그래서 거병하자마자 전광석화처럼 수도를 점령했다. 둘째 아들 이세민의 지략과 군사적 재능이 큰 도움이 되었다. 617년 이연은 양제를 태상황으로 퇴위시키고 양제의 손자인 양유((楊侑)를 황제의 자리에 앉혔다. 그리고 다음해인 618년 시종장 우문화급(宇文化及)에 의해 양제가 살해되자 이연은 양유를 폐위시켰다. 그리고 마침내 자신이 황제의 자리에 올랐다. 그렇게 이연은 당 고조(高祖)가 되었다. 태종은 아버지 이연을 도와 양제 이후 혼란스럽던 중원을 평정하고 무너진 질서를 재건했다. 그는 아버지가 중국 역대 왕조 가운데 가장 번성했던 당나라를 개창하는데 크게 기여했다.

당나라 개창 이후, 이세민의 권력은 점점 커졌다. 신료들 사이에서 인기도 많아졌다. 그러나 이연은 유교적 전통에 따라 적장자인 이건성을 황태자로 삼았다. 그리고 둘째 아들 이세민을 진왕(秦王)에, 셋째 아들 이원길은 제왕(齊王)에 봉했다. 태자 이건성은 이세민의 세력 확대와 인기 상승을 불안하게 여겼다. 이건성은 막내 동생인 제왕 이원길과 함께 진왕 이세민에 대한 대책을 논의했다. 급히 동궁부와 제왕부에 있는 참모들을 소집했다. 이건성의 참모에는 위징(魏徵), 왕규(王珪), 배적(裵寂) 등이 있었다. 그들은 이세민을 제거하라고 조언했다. 그러나 이세민은 그리 호락호락한 인물이 아니었다. 이세민은 형과 아우의 계략을 간파했다. 이세민은 핵심참모들과 상의했다. 처남 장손무기(長孫無忌), 방현령(房玄齡), 두여회(杜如晦) 등이 모종의 계책을 건의했다.

626년 7월 진왕 이세민은 부황(父皇) 이연을 알현했다. 그리고 형제들이 자신을 제거하려 모함한다고 아뢰었다. 당 고조 이연은 다음 날 황태자 이건성과 진왕 이세민 그리고 제왕 이원길을 황궁으로 불렀다. 이건성과 이원길이 현무문(玄武門)에 도착했다. 그들이 안으로 들어서자마자 문이 닫혔다. 곧 이어 이세민이 군사들을 거느리고 나타났다. 이건성은 이세민에게 화살 세 발을 쏘았다. 그러나 당황하여 단 한 발도 맞추지 못했다. 이세민은 태자 이건성에게 화살을 날렸다. 이건성은 목에 치명상을 입고 즉사했다. 제왕 이원길은 달아나 몸을 숨겼으나 이세민의 수하 장수 울지공(尉遲恭)에게 발각되어 목숨을 잃었다.

이 사건이 '현무문의 변'이다. 사흘 후 고조 이연은 이세민을 황태자로 봉했다. 이어 두 달 후 황위를 이세민에게 양위하였다. 이세민은 626년 9월 당나라 제2대 황제로 즉위했다. 그는 연호를 정관(貞觀)으로 정했다. 태종 이세민의 통치가 시작되었다. 우리는 이세민을 고구려를 침공하여 안시성 싸움에서 한쪽 눈을 잃은 어리석은 황제로 기억한다. 그러나 태종 이세민은 중국 역사상 '가장 이상적이고 모범적인 황제'로 평가받는다. 그가 다스린 정관의 치세 23년(626년~649년) 동안 유례를 찾기 힘든 선정과 태평성대를 구가했기 때문이다. 사가들은 고구려 원정을 집권 말기 당태종이 저지른 가장 큰 실정(失政)으로 평가하고 있다.

당태종은 여러 부문에서 성군(聖君)의 품성과 자질을 보여주었다. 특히 뛰어난 인재들이 소신껏 자신의 능력을 발휘할 수 있도록 배려했다. 또한 신료들이 황제의 과오와 실책에 대해 서슴없이 간언하는 것을 수용했다. 이를 허심납간(虛心納諫)이라 한다. 마음을 비우고 간언을 받아들인다는 뜻이다. 이로 인해 태종의 주변에는 탁월한 재주와 능력을 갖춘 천하의 인재들이 모여들었다. 태자 이건성의 핵심참모였던 위징과 왕규까지도 품어 중용했다. 황제의 주변에는 나라와 백성을 위해 충언을 할 수 있는 인물들이 두루 포진했다.

능연각(凌煙閣)은 당태종 이세민과 그를 도운 당나라 개국공신 24명의 초상화를 걸어두었던 누각이다. 643년 태종 이세민의 지시로 지었다고 전한다. 능연각에 오른 공신들을 '능연각 공신'이라 불렀다. 정국이 혼란했던 수당(隋唐) 교체기(交替期) 각지의 군벌들은 패권을 놓고 격렬하게 다퉜다. 전장을 누벼야 하는 시대 분위기 때문에 이세민도 무장(武將)을 중시했다. 그래서 공신들도 대부분이 무관 출신이었다. 순수 문관은 위징, 두여회, 방현령, 우세남 정도였다. 이세민은 자주 신하들과 능연각에 행차했다. 훗날 중국과 우리나라의 조정에서 능연각이라는 표현은 공신으로서 나라의 명예를 드높인다는 비유적 관용구로 쓰이게 되었다. 일종의 '명예의 전당'과 같은 개념으로 정착된 것이다. 이렇게 여러 인사들을 포용한 탕평정치를 통해 정국은 안정되었고, 백성들의 생활은 편안해졌다. 이른바 태평성대인 '정관의 치(貞觀之治)'가 본격적인 막을 올리게 되었다.

당태종은 제도 정비와 문화의 창달에도 힘썼다. 그가 10년의 노력 끝에 마련한 율령을 '당률(唐律)'이라 한다. 당률은 이후 신라, 일본 등 동양 문화권 정치제도의 근간이 되었다. 당태종은 내치에 충실했을 뿐 아니라 외치에도 탁월한 업적을 세웠다. 동돌궐 등 주변국을 공략해 큰 성과를 거두었다. 그렇게 해서 수백 년 동안 이민족의 침략 앞에 열세를 면치 못하던 한족 왕조를 튼튼한 반석 위에 올려놓았다.

중국사에서 가장 빛나는 황금기인 당나라를 이끌었던 태종 이세민은 기록으로 남은 최고로 위대한 군주였다. 그가 신하들과 나눈 치국과 관리경험에 대한 문답을 기록한 책이 『정관정요』(貞觀政要)이다. 『정관정요』는 고대 중국의 중요한 정치사상 저술이다. 『정관정요』에서 정관(貞觀)은 당태종의 연호이고, 정요는 정치의 요체(要諦)라는 의미다. 당태종과 신하들의 정치문답을 그의 증손인 현종(玄宗, 재위 712년~756년) 때 사관 오긍이 항목별로 묶어 편찬했다. 이 책은 제왕학과 리더십의 교과서로 통한다. 그 이후 역대 제왕들은 그 책을 가까이에 두고 즐겨 읽었다. 『정관정요』는 군주가 나라와 백성을 위해 어떤 제도를 만들고 어떤 마음으로 정사를 돌보아야 하는지를 알려준다. 또 군주와 신하가 지켜야 할 도리는 무엇인지 일깨워 준다. 『정관정요』는 정치에 관하여 군신들이 치열하게 주고받은 생생한 문답의 기록이다. 오늘날 소통과 경청의 리더십을 꿈꾸는 리더라면 꼭 읽어야 할 책이다.

반면 당태종 이세민은 그런 위업의 이면에 적지 않은 오점을 남기기도 했다. 대표적인 것이 황태자인 형 이건성과 제왕인 동생 이원길을 죽이고 아버지 이연으로부터 권력을 빼앗은 현무문의 변이다. 이런 이유로 자기 권력의 정당성과 정통성을 주장하기 위해 여러 역사 기록을 왜곡·날조·위조했다는 평가를 받는다. 자신의 형제들이나 아버지 이연의 공은 가능한 한 축소하고, 자신의 업적은 과장했다는 의혹도 받고 있다. 이세민은 말년으로 갈수록 초심을 잃고 해이해져 충신들의 간언을 귀담아듣지 않았다. 또한 후계자 문제로 일을 그르치기도 했다. 우리나라에서는 고구려를 침공했다 패퇴한 황제로 잘 알려져 있다. 이세민은 당나라 중심의 국제질서를 구축하려는 정치적 야심이 있었다. 그러나 고구려는 당나라에 복속하기를 거부했다. 이세민은 신성, 건안성, 안시성 등에서 패배하여 요동 방어선을 뚫지 못하고 물러갔다.

나. 출생과 성장과정

당태종 이세민(李世民)은 수나라 양제 재위기인 개황(開皇) 18년(서기 599년) 아버지 이연(李淵)과 어머니 두씨 부인 사이에서 4남 1녀 중 둘째 아들로 태어났다. 이연은 서위를 이은 북주 조정으로부터 사후에 당국공(唐國公)으로 추봉된 선비족 출신인 이호(李虎)의 손자다. 이호는 북주와 수나라에서 대대로 대장군을 지낸 뛰어난 무장이었다. 또한 남북조시대 북위의 대장군과 서위의 재상으로도 활약했다.

서위의 실권자인 우문태(宇文泰)가 죽은 후, 우문태의 조카인 우문호(宇文護)는 허울뿐인 서위의 공제(恭帝)를 제위에서 밀어내고 북주(北周) 왕조를 개창했다. 사실 북주를 열기 전에 이호는 이미 죽었다. 그러나 북주 조정은 이호가 살아 있었을 때, 우문(宇文) 가문을 보좌한 공로가 큰 점을 기려 이호를 당국공(唐國公)에 봉했다. 이호는 살아생전 당국공의 예우를 받지 못했다. 그래서 그의 아들 이병(李昞)이 당국공의 작위를 승계하게 되었다. 따라서 명목상의 초대 당국공은 이호였지만, 실질적으로는 이연의 아버지인 이병이 초대 당국공인 셈이다. 이연은 아버지 이병이 일찍 죽자 일곱 살에 당국공의 지위를 물려받았다. 이런 연유로 이연은 당나라 왕조 개창 시 국호(國號)를 당(唐)으로 정하게 되었다.

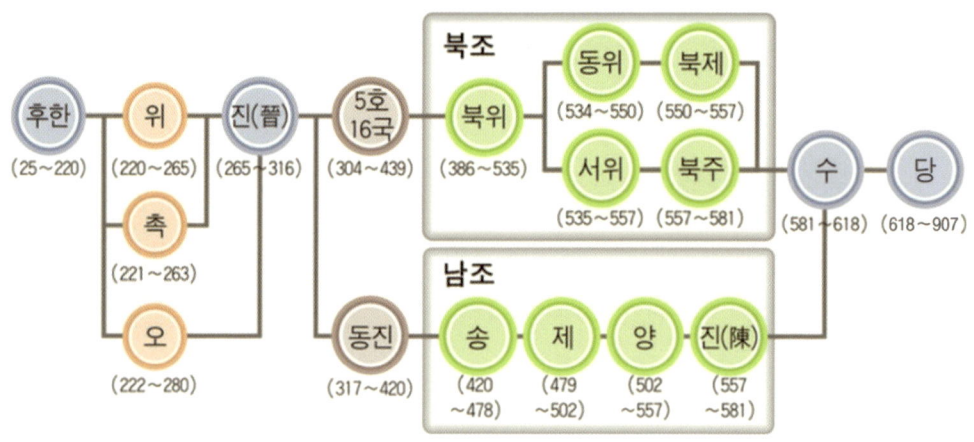

위진·남북조 및 수·당 왕조 (사진출처 : 네이버 지식백과)

이연의 어머니 독고씨 또한 선비족의 귀족 출신이었다. 이연의 어머니의 동생, 즉 이모가 수 문제(文帝) 양견의 아내 독고황후(獨孤皇后)였다.

그러므로 이연은 수나라 초대 황제인 문제의 처조카이자 제2대 황제인 양제(煬帝)의 이종사촌 형이다. 581년 문제는 이연을 금위군(禁衛軍, 황제 호위군) 무관으로 삼았다. 문제는 황후의 조카인 이연을 매우 신임하여 초주(譙周), 농주(隴州), 기주(岐州) 등 삼주(三州)의 자사를 맡겼다. 604년 양제가 아버지 문제를 시해하고 황제로 즉위하자 형양(滎陽)과 누번(樓煩) 태수를 지냈다. 615년 산서와 하동의 위무대사(慰撫大使)에 임명되어 용문(龍門)과 강주(絳州)의 봉기군을 진압하는데 참여했다. 이듬해인 616년 이연은 태원유수로 부임했다. 수양제는 태원에도 진양궁이라는 이궁((離宮)을 가지고 있었다. 황제는 이궁을 비울 때가 많았다. 진양궁 부감 배적(裴寂)과 진양 현령 유문정(劉文靜)은 거사를 도모할 뛰어난 인물을 찾고 있었다. 뛰어난 인물의 수하로 들어가 공을 세워 이름을 날리고 싶어서였다. 그러던 차에 유수로 부임한 이연에게, 특히 그의 둘째 아들 이세민에게 매료되었다. 유문정의 언변에 이세민은 감탄했다. 이세민은 아버지 이연에게 거사를 촉구했다. 그러나 이연은 화를 낼 뿐이었다.

수나라 양제는 아버지 문제를 시해하고 보위를 가로챈 황제였다. 제대로 된 황제 역할도 해내지 못했다. 무모하게 고구려로의 원정을 일으켜 실패했고, 무리하게 대규모 토목 공사를 벌였다. 재위 기간 수많은 호화 궁전을 짓고 방탕한 생활을 계속했다. 국가재정은 피폐해지고 백성들은 도탄에 빠졌다. 이런 현실에 불만을 품은 많은 사람들이 황제를 바꾸겠다고 도처에서 반란을 일으키기 시작했다. 이연도 내심 반란에 참여하고 싶었다. 그러나 양제의 이종사촌이자 수나라의 귀족이었던 탓에 머뭇거렸다. 내심 거병하고 싶었지만 망설이던 아버지 이연을 아들 이세민이 설득했다.

이세민은 16세에 장교가 되어 전쟁터를 누비고 다녔다. 617년 이세민은 아버지 이연을 따라 태원 지방에 머물고 있었다. 이세민은 수양제의 실정으로 세상이 날로 어지러워지는 상황을 예의 주시하고 있었다. 이세민은 아버지 이연에게 거병할 것을 촉구했다. 이연은 신중한 성격이었다. 거병을 위한 최종 결심을 하려 들지 않았다. 그 무렵 수나라 양제의 심복이었던 양현감(楊玄感)이 반란을 일으켰다. 그러나 양현감의 반란은 불과 두 달 만에 진압되었다. 양현감의 반란이 실패한 것을 목도한 뒤 이연은 극도로 몸을 사렸다.

이후 명문(名門) 세가(世家) 출신으로 양현감의 부장이던 이밀(李密)이 거병했다. 그는 수나라 최대의 군량 창고를 점령하고 중원 지방을 장악했다. 그를 토벌하기 위해 파견된 왕세충(王世忠)도 낙양을 거점으로 반란을 일으켰다. 또한 고구려 원정 중에 탈주한 두건덕(竇建德)도 탈주병들을 규합하여 반란을 일으켰다. 두건덕은 수양제의 학정에 봉기한 농민들까지 끌어들여 세력을 키웠다. 이들 외에도 수많은 군웅들이 천하의 패권을 노렸다. 신중함이 지나치면 좋은 기회를 놓치기 마련이다. 이세민은 계속 아버지 이연을 적극적으로 설득했다. 이연도 이세민의 간청에 귀를 기울이기 시작했다. 이연이 본격적으로 반란을 일으킨 시기는 617년 6월이었다.

당시 태원유수 소관인 분양성에서 농민 반란이 일어났다. 역시 태원유수 소관인 마읍에 돌궐(突厥)이 침공해왔다. 이연은 마침내 이를 핑계 삼아 병사를 모으기 시작했다. 변경에서 농민 반란과 돌궐의 침공을 맞아 병사를 모으는 것은 자연스러운 일이기 때문이었다. 그러나 부유수인 왕위(王威)와 고군아(高君雅)가 의심의 눈초리를 보냈다. 부유수의 중요한 임무 중 하나는 유수에 대한 감시였다. 이세민은 두 사람이 거병을 눈치채고 있다는 사실을 알아차렸다. 이세민은 계책을 세웠다. 돌궐을 방어하던 양곡(陽曲)의 수비대를 후퇴시켜 남하토록 했다. 그리고는 돌궐을 끌어들였다는 누명을 씌워 왕위와 고군아를 참형에 처했다.

장안을 공략하려는 이연과 이세민은 두 가지 문제를 안고 있었다. 하나는 태원이 북방의 돌궐족에 대한 방어기지라는 점이었다. 태원을 비우고 출정할 경우 돌궐족에 대한 대책이 필요했다. 둘째는 이미 반란을 일으켜 중원에서 큰 세력을 차지하고 있던 이밀에 대한 대책이었다. 이연은 이밀에게 수하로 받아달라고 간청하는 편지를 보내 그를 교란시켰다. 그리고 돌궐에는 특사를 파견해 동맹을 맺었다. 이때 수양제는 수도인 장안을 떠나 양주(揚州)에 머물고 있었다. 양제는 허무한 죽음을 맞았다. 황제가 반란에 대한 아무런 조치 없이 주연으로 세월을 보내자 많은 사람들이 등을 돌리기 시작했다. 황제 근위대 소속의 병사들까지 반란에 가담했다. 결국 양제는 시종장 우문화급(宇文化及)에게 목이 졸려 죽었다. 우문화급은 양광의 조카로 자신이 허수아비 황제로 내세운 양호(楊浩)까지 살해하며 천하제패를 노렸다. 그러나 농민 반란 세력 중 한 사람인 하왕(夏王) 두건덕에게 패하여 참수되었다.

이연은 수도 장안을 점령하고 618년 마침내 당나라를 건국했다. 양위의 형식을 빌어 황제로 등극했다. 국호를 당(唐), 연호를 무덕(武德)으로 정했다. 그러나 이 시기 이연은 여러 군웅들 가운데 한 명에 불과했다. 천하에는 아직 이밀이나 왕세충 같은 반란군들이 버티고 있었다. 건국 후에도 당나라는 천하를 평정하기까지 7년 동안 크게 여섯 차례의 전쟁을 치렀다. 이세민은 그 중 네 차례의 전쟁을 지휘하여 모두 승리했다. 맏형 이건성도 팔짱만 끼고 있지는 않았다. 때로 형제가 함께 말을 타고 적진으로 뛰어든 적도 있었다. 하지만 당의 건국 과정에서 일등공신은 누가 뭐래도 이세민이었다. 그러나 적장자를 세워야 한다는 명분 때문에 아버지 이연의 뜻이 완강했다. 황태자 자리는 형 이건성에게 돌아갔다. 이세민은 진왕에 봉해졌다. 이때부터 아버지의 후계자 자리를 놓고 형 이건성과 이세민은 치열한 권력투쟁에 돌입하게 되었다.

다. 당태종 이세민의 리더십

거병: 기회를 포착했을 때 전략적 통찰력(strategic insight)과

> 과감한 결단력(decisiveness)으로 군사를 일으키다. 탁월한 비전 설정(vision setting)과 군사적 재능을 발휘해 중원을 평정하고 당나라 건국의 초석을 놓다.
>
> 리더는 조직의 존립이 걸린 결정적 순간, 조직이 처한 상황과 환경을 예리하고 정확하게 판단해야 한다. 그리고 위기관리(crisis management)와 전략적 민첩성(strategict agility)을 바탕으로 신속히 대응해야 한다. 이와 동시에 구성원에게는 목표 달성을 위한 명확한 비전과 실행 전략을 제시해야 한다. 또한 강력한 실행력과 통솔력(commanding leadership)으로 전략적 목표 달성을 확실하게 주도해야 한다.

아버지 이연이 새 왕조 당나라를 창건하기까지 이세민의 활약은 건국 과정 그 자체라고 해도 과언이 아니었다. 둘째 아들 이세민은 태원유수로 있던 아버지 이연이 거병하도록 적극적으로 설득했다. 이연은 덕망은 있었지만 결단력이 부족했다. 부족한 결단력을 이세민이 대신 발휘했다. 617년 이연과 이세민 부자는 군사를 일으켜 수도 장안(長安)으로 진격했다. 당시 중국의 여러 무장들은 낙양(洛陽)을 놓고 자웅을 겨루었다. 그러나 이세민은 수도 장안이 갖는 정치적·상징적 가치에 주목했다. 무엇보다 수 왕조를 잇는다는 명분을 얻을 수 있었다. 이연은 막내 이원길을 태원에 남기고, 장남 이건성과 둘째 이세민을 앞세워 장안으로 진격했다. 그러는 동안 수많은 유민과 반란 세력들이 합류하여, 3만 명이던 군세는 무려 20만 명까지 불어나게 되었다.

617년 11월 장안을 함락한 이연은 열세 살의 양유(楊侑, 공제)를 수나라의 허수아비 황제로 내세우고 자신은 당왕(唐王)을 자칭했다. 장남 이건성을 세자로 삼고 차남 이세민을 진공(秦公)에 봉했다. 결국 권력을 거머쥔 이연은 618년 수나라를 대체하여 당 왕조를 세우고 황제 자리에 올랐다. 황제가 된 후에는 이건성을 황태자로 삼고, 이세민을 진왕(秦王)에, 막내 이원길을 제왕(齊王)에 봉했다. 이들을 보좌하는 행정·관료 참모 조직으로는 각각 동궁부(東宮府), 진왕부(秦王府), 제왕부(齊王府)를 두었다. 그러나 개국 과정에서 가장 큰 공을 세운 사람은 바로 이세민이었다. 그때 그의 나이 불과 열아홉이었다.

이세민의 능력은 군사 분야에서 가장 큰 빛을 발했다. 이세민은 돌궐족이 수나라의 양제를 잡아 안문관(雁門關)에 가둔 안문관 사건을 해결했다. 아버지 이연이 하동(河東)에서 반란을 평정하다 위기에 처했을 때 뛰어난 전략으로 아버지를 구출한 사람도 이세민이었다. 전술한 두 사건은 이세민의 출중한 군사적 재능과 탁월한 통솔력을 실증했다.

비록 당나라를 건국했지만 중국 전역이 통일된 것은 아니었다. 중국

땅 전역에서 세력을 펼치던 많은 군웅들을 상대하여 굴복시킨 인물도 이세민이었다. 621년 이세민은 정(鄭)나라의 황제를 참칭하며 짧은 기간 하남 일대를 지배하던 왕세충을 제압했다. 또 하북 지방을 점거하고 장락왕(長樂王)으로 칭했다가 후에 하왕(夏王)을 자칭하던 두건덕을 물리치고 낙양을 차지했다. 그후 623년 하북의 유흑달(劉黑闥)을 굴복시켰으며, 624년 강회 지역을 차지하며 중원 통일을 거의 마무리 지었다. 그런 공적으로 이세민은 하늘의 계책을 쓸 정도로 뛰어난 장수라는 천책상장(天策上將)이란 봉호(封號, 왕이 봉하여 내려준 호)를 하사받았다. 이렇듯 결단력과 책략, 군사적 재능과 야심을 두루 갖춘 이세민은 그 어느 때보다 더 큰 야망을 실현할 수 있는 권력의 토대를 마련하게 되었다.

양문간 사건: 핵심 리더조차 가까운 참모에게 배신당할 수 있다. 황태자 이건성은 심복 수하들에게 배신당했고, 진왕 이세민 역시 가까운 측근들에게 결정적인 배반을 당했다. 이는 조직 내 신뢰 제도화(institutionalized trust)가 단순한 개인적 호의가 아니라 이해관계와 유불리에 의해 좌우됨을 보여준다.

따라서 리더는 인간의 본성을 직시해야 한다. 리더는 필요한 인재는 과감히 기용하되, 헌신과 충성(loyalty)의 진정성을 지속적으로 점검하고 확인해야 한다. 이를 위해 체계적인 조직 참여 모니터링 체계(organizational engagement monitoring

> system)를 갖추어야 한다. 또한 외부 파트너나 고객과의 관계에서는 약속 이행을 담보하는 리스크 관리 장치(risk management mechanisms)와 실행 보장 체계(execution assurance systems)를 마련해 두어야 한다.

양문간(楊文干)은 일찍이 태자의 거처인 동궁(東宮)을 지키는 장수로 이건성의 심복이었다. 후에 그는 경주도독(慶州都督)으로 임명을 받아, 감숙성(甘肅省) 서쪽 지역에 인접한 지방을 다스렸다. 624년 6월, 당고조 이연은 의군현(宜君縣)에 있는 인지궁(仁智宮, 현재의 섬서성 요현에 위치)으로 피서를 갔다. 이건성은 장안을 지키고, 이세민과 이원길은 이연을 수행했다. 태자 이건성은 줄곧 이세민에 대항하여 동궁의 무장역량을 강화했다. 이건성은 수하 장수 이주환(爾朱煥)과 교공산(橋公山)을 시켜 경주를 다스리고 있던 양문간과 접촉하도록 명했다. 그리고 그에게 무기와 투구 등을 전달하고 군사훈련을 하도록 지시했다. 황제가 궁궐을 비운 사이 병력을 이동하거나 훈련시키는 일은 반란이었다. 두 사람은 반란에 연루될지도 모른다는 사실에 겁이 났다. 둘은 이건성의 명령에 불복하고, 인지궁으로 달려가 피서 중이던 이연에게 이 사실을 아뢰었다. 황제가 장안을 비워두고 있는 시기에 병력의 이동이 있었다는 점에 주목한 이세민도 이를 조용히 흘려보내지 않았다. 그는 즉시 사건을 확대하여 이연에게 별도로 고변했다.

사태를 파악한 이연은 화를 내며 조서를 내려 태자 이건성을 인지궁으로 소환했다. 태자는 십여 명의 위사(衛士)만 대동하고 급히 아버지 이연에게 달려왔다. 그리고 사태를 해명하고 사죄하였다. 그러나 이연은 화를 누그러뜨리지 않았다. 이연은 입궐한 이건성을 감금시켰다. 감금 후에는 연명할 수 있는 최소한의 음식물만 주도록 명했다. 또한 우문영(宇文穎)을 사신으로 경주에 파견하여 양문간을 데려오도록 지시했다. 그 소식을 듣고 양문간은 장안에서 급히 경주로 돌아왔다. 그러나 사태가 엉뚱한 방향으로 꼬이자 진짜 반란을 일으켰다. 이에 이연은 먼저 전구농(錢九隴)과 양사도(楊師道)에게 반란을 진압하도록 명하고, 이세민에게 난을 토벌하면 태자로 삼겠다고 약속을 했다.

이세민이 반란을 진압하기 위해 출병했다. 이세민이 출병하자마자 태자 이건성과 가까운 후궁들은 물론 제왕 이원길과 많은 대신들이 이연을 알현했다. 그들은 태자가 결코 모반을 꾸미지 않았다고 옹호했다. 그들은 이건성의 구명을 간청했다. 누구보다도 감금 해제의 반전을 이끌어낸 사람은 다름 아닌 봉덕이(封德彛)였다. 이연도 점차 사건의 진상을 알게 되었다. 그것이 형제간의 다툼에서 비롯되었다고 생각했다. 이연은 이건성의 감금을 해제하고 다시 장안성의 수비를 명했다.

봉덕이는 이세민과 이건성 형제의 권력 다툼에서 가장 교활하게 행동한 인물이었다. 그는 겉으로는 이세민과 친한 척 했지만, 실제로는 이건성을 돕고 있었다. 봉덕이는 이건성을 폐위하려는 황제 이연의 마음을 바꾸었다. 뿐만 아니라 이세민이 자신의 공로를 내세워 태자 이건성에게 복종하지 않을 것이라 간했다. 나아가, 이연에게 이세민을 태자로 삼을 마음이 아니라면 그를 죽여야 한다고 주청했다. 결국 봉덕이는 철저하게 이세민을 기만하고 배반했다. 형제에게 양다리를 걸친 비밀을 이세민은 끝까지 몰랐다. 그런 사실은 봉덕이가 죽은 후에야 드러났다. 사람은 믿고 쓰되 그 충성심은 수시로 점검할 필요가 있다는 점을 간과한 결과였다.

반란은 의외로 쉽게 평정되었다. 이세민은 군사를 거느리고 영주(寧州)에 이르렀다. 그때 난을 일으킨 양문간이 부하의 손에 죽임을 당했다는 소식이 전해졌다. 반란군은 자연스럽게 와해되었다. 양문간을 소환하러 갔던 우문영도 비밀소환 사실이 양문간에게 탄로나 그에게 동조했다. 우문영은 이세민에게 포로로 잡혔다. 그러나 포로가 된지 얼마 후 어이없이 피살되었다. 반란이 평정된 후, 이연은 이세민을 새로운 황태자로 책봉하겠다는 약속은 입에 올리지도 않았다. 대신 이건성과 이세민 두 세력 모두에게 책임을 추궁하였다. 결국 동궁부(東宮府)와 진왕부(秦王府)의 참모들이 태자와 진왕을 제대로 보필하지 못하여 발생한 일로 결론이 났다. 동궁부에서는 왕규(王珪)와 위징(魏徵)이, 진왕부에서는 두엄(杜淹)이 책임을 지고 관직에서 물러났다. 양문간 사건에 대한 전말을 기록한 문헌은 이렇게 기록했다. "이건성은 무리수를 두었고, 이연은 약속을 어겼고, 이세민은 수고를 하고도 제대로 된 보상을 받지 못했다." 결국 양문간 사건은 두 형제의 측근들이 황자들을 배신하고 배반하는 것으로 끝이 났다. 이후 태자 이건성과 진왕 이세민의 권력투쟁은 정점을 향해 치닫게 되었고 양문간 사건은 그 변곡점이 되었다.

> 현무문의 변: 첨예한 내부 갈등으로 생존 자체가 위협받는 절체절명의 위기에 직면하다. 황태자인 친형 이건성과 제왕인 동생 이원길에 의해 목숨이 경각에 달린 위기에 봉착하다. 위기의 원인인 형 이건성과 동생 이원길을 동시에 제거하고 황태자의 자리에 오르다.
>
> 리더는 근본 원인 파악(fundamental diagnosis)을 통해 조직 내 갈등의 뿌리를 정확히 분석해야 한다. 단기 대응책은 위기를 잠시 잠복시킬 뿐이다. 따라서 구조적 해결방안(structural solution)을 모색해야 한다. 대안이 명확해지면 지체 없이 과감한 결단을 내려 단숨에 위기를 돌파해야 한다. 이는 위기관리와 위기 커뮤니케이션(crisis communication)을 통해 조직을 보호하는 과정이다. 동시에, 장기적 리더십 기반(foundational leadership base)을 공고히 하는 과정이기도 하다.

당나라를 건국한 고조 이연은 주례(周禮)에 따라 적장자인 이건성을 황태자로 삼았다. 그러나 뛰어난 지략과 무공으로 수나라 말기 난세를 평정하는데 공을 세운 사람은 차남 이세민이었다. 이연은 이세민을 진왕(秦王)에 봉하고 그의 명성에 걸맞은 천책상장의 봉호도 부여했다. 또한 태자의 동궁(東宮)에 버금가는 홍의궁(弘義宮)을 지어 이세민에게 하사했다. 이에 이건성은 자신의 황태자 지위가 흔들리고 있다고 생각하게 되었다. 태자 이건성은 이세민을 견제하기 위해 이연과 이세민 사이를 이간질했다. 이연이 총애하는 후궁들에게 뇌물을 주고 좋지 않은 소문을 이연에게 전달케 했다. 심지어 여러 차례 자객을 보내 이세민의 암살을 시도했다. 그는 막내인 제왕 이원길까지 끌어들여 이세민을 제거하려고 했다. 이때부터 장남인 태자 이건성(李建成)과 차남 이세민은 황태자 자리를 두고 치열한 권력투쟁을 벌였다. 현무문의 변은 후계자 자리를 두고 626년 7월 2일에 발생한 장남과 차남 간의 처절한 골육상쟁이다.

태자 이건성은 이세민의 세력을 약화시키기로 결심했다. 우선 이세민의 총애를 받는 측근 참모 방현령(房玄齡), 두여회(杜如晦), 울지공(尉遲恭) 등을 중상모략으로 진왕부의 관직에서 축출했다. 그 후 태자의 참모인 위징과 동생인 제왕 이원길이 태자에게 이세민의 암살을 건의했다. 태자는 제왕 이원길에게 이세민을 죽이고 난 뒤에는 황태제(皇太弟)로 삼겠다고 약속했다. 이건성과 이세민 두 형제는 아버지 이연에게 서로를 음해하고 모함했다. 이건성은 이연의 후궁 윤덕비를 움직여 이세민에 대한 추문을 퍼뜨리게 했다. 이연은 이세민을 의심하기 시작했다.

이세민의 힘을 약화시키기 위해 이건성과 이원길은 온갖 방법을 동원했다. 일단 군사를 동원할 기회만 있으면 항상 이세민의 부장들을 내보냈다. 그렇게 이세민의 군사력을 야금야금 조금씩 허물어뜨렸다. 결국 형제간의 권력투쟁은 과열양상으로 치닫게 되었다. 상대에게 서로 창칼을 겨누는 지경에까지 이르렀다. 바로 그때 돌궐이 변경을 침략했다. 이건성과 이원길은 우선 이세민의 병권을 빼앗은 다음, 출정하러 나갈 때 이세민을 죽이기로 약속했다. 이건성의 계획을 사전에 파악한 이세민은 그날 밤 입궁하여 이건성과 이원길이 후궁에 들어가 못된 짓을 일삼는다는 사실을 아버지 이연에게 고했다. 놀란 이연에게 그뿐만 아니라 태자와 원길이 자신을 죽이려 하고 있다고 얘기했다. 고조 이연은 다음 날 형제들을 다 같이 불러 직접 심문하겠다고 말했다.

이 무렵 이세민의 측근인 두여회와 방현령은 이건성 측의 음해를 받아 이미 진왕부에서 축출되어 있었다. 이에 더해 그들은 진왕 이세민과 접촉해서도 안 된다는 금령(禁令)을 받은 상태였다. 궁에서 나온 이세민은 처남 장손무기(長孫無忌)와 울지공(尉遲恭)을 보내 두 사람을 진왕부로 데려오라 명했다. 방현령과 두여회는 도사로 변장한 뒤 진왕부에 도착했다. 울지공은 다른 길로 우회하여 진왕부에 들어왔다. 그들은 대책을 논의했다. 일이 이렇게 된 이상 먼저 손을 써야 한다는 결론을 내렸다. 태자 이건성의 부하로 장안성 태극궁(太極宮)의 북문인 현무문(玄武門)의 수비대장을 맡고 있던 상하(常何)를 매수했다. 그리고 무덕 9년인 626년 6월 4일에 정변을 일으켰다.

 현무문은 장안성의 북문이었다. 황제를 알현하려면 반드시 현무문을 통과해야 했다. 현무문부터는 대궐의 안쪽인 금중(禁中)이므로 일반인의 출입이 엄격히 통제되었다. 관리들 또한 현무문을 통과하려면 출입패를 제시해야 했다. 따라서 무장병력이 출입할 수 없는 것은 당연한 일이었다.

 626년 6월 4일 아침, 이세민은 장손무기 등에게 명하여 정예병을 현무문 안쪽에 매복하게 했다. 대질 심문 차 이건성이 궁중에 들어오기로 한 날이었다. 긴박한 정세로 태자 이건성은 동궁 시위군(侍衛軍)의 호위를, 제왕 이원길은 사병(私兵)의 호위를 받고 있었다. 그러나 궁중에까지 병력을 들일 수는 없었다. 태자 건성과 제왕 원길은 거느리고 온 이천 명의 정병을 현무문 밖에 대기시켰다. 그리고 출입패가 있는 소수의 부하들만 데리고 현무문을 향하여 나아갔다. 현무문의 수비대장 상하는 원래 이건성의 심복이었다. 태자 이건성은 현무문을 안전지대라고 생각했다. 그러나 상하는 이미 진왕 이세민에게 포섭되어 있었다. 상하는 결정적인 순간 태자 이건성을 배반했다. 이렇게 해서 태자 이건성과 진왕 이세민의 운명은 뒤바뀌게 되었다.

마침내 이건성과 이원길이 현무문 안으로 들어섰다. 그들이 전각인 임하전(臨河殿)에 이르렀을 때 이세민 측 군사들의 제지를 받았다. 수하 장수들과 병졸들을 대동한 이세민이 건성과 원길 형제에게 나타났다. 이건성은 이세민에게 급히 화살을 세 발이나 쏘았으나 한 발도 맞히지 못했다. 이세민은 형 이건성을 단 한 발의 화살로 쓰러뜨렸다. 맏형의 죽음을 본 이원길은 허둥지둥 도망쳤다. 그러나 곧바로 울지공에게 추격당했고 결국 숨은 곳이 탄로 났다. 이원길은 끝내 울지공의 화살에 맞아 죽었다. 위기의 원인이 동시에 제거되었다. 이세민은 대전(大殿)으로 들어 아버지 이연을 알현했다. 형 건성과 아우 원길이 반란을 일으켜 선참후계(先斬後啓)한다고 고했다. 그리고 사태가 이리 된 것은 모두 부황(父皇) 이연의 잘못이라고 협박했다.

대신들도 이건성과 이원길이 죽었다는 말을 전해 들었다. 그들은 상황이 이렇게 된 이상 이세민의 편을 드는 게 상책이라고 판단했다. 재상 소우(蕭瑀)는 국사를 모두 진왕한테 맡기면 평안하리라고 진언했다. 아버지 이연도 어쩔 도리가 없었다. 재상 소우의 말대로 황명을 내려 전국의 군사를 진왕 이세민이 지휘케 했다. 사흘 후에는 이세민을 황태자로 봉하고 나라의 군정 대사를 모두 맡아 처리하게 했다. 그리고 두 달 후에는 이세민과 측근들의 협박에 못 이겨 황위를 태자 이세민에게 양위하고 태상황(太上皇)으로 물러났다.

이세민은 626년 9월 4일 제위에 올라 당나라의 제2대 황제 태종이 되었다. 이건성과 이원길의 가족들은 이세민이 보낸 군사들에 의해 모두 도륙을 당했다. 아들 이세민에게 강제로 황위를 빼앗긴 태상황 이연은 635년에 죽었다. 마지막 숨을 거둘 때까지 거의 유폐된 채로 지냈다. 이연에게 이세민에 관한 좋지 못한 소문을 퍼뜨린 윤덕비도 처형당했다. 그러나 이건성에게 이세민을 죽이라 간했던 위징은 오히려 이세민에게 중용되어, 신료들 가운데 가장 높은 직위인 승상에까지 이르렀다.

> 정관의 치(貞觀之治) : 뛰어난 인재를 발탁하고 활발한 소통을 통해(communicative leadership) 각자의 전문성과 능력을 최대한 발휘하도록 만들다.
>
> 리더는 능력이 우수한 인재를 적극적으로 발굴하고 영입해야 한다(talent acquisition & scouting). 또 그들이 핵심 지위에서 뛰어난 역량을 펼칠 수 있도록 제도를 정비하고 시스템을 체계화해야 한다(institutional reform & systematization). 조직은 살아 있는 유기체와 같다. 끊임없이 진화하며 혁신한다. 따라서 리더는 조직을 지속적으로 점검하고, 부족한 부분은 보완해야 한다. 또한 새로운 필요성이 나타나면 이를 제도화 하여 장기적 성장 기반(oganizational evolution & long-term growth foundation)을 구축해야 한다.

황제나 군왕이 즉위한 해(年)에 붙이는 칭호를 연호(年號)라 한다. 본래는 육십갑자를 써 연도를 표시했다. 그러나 60년이 지나면 다시 똑같은 갑자가 반복된다. 따라서 연도의 혼선을 방지하고 명확히 구분하기 위하여 연호를 사용하게 되었다. 제위에 오른 이세민은 627년 연호를 정관(貞觀)으로 정했다. 태종의 치세 기간인 정관시대(627년~649년)는 중국 역사상 국력이 가장 강성하고 경제적으로 번영한 태평성세였다. 그래서 이를 '정관(貞觀)의 치(治)'라고 한다.

'정관의 치'는 이세민 혼자의 힘으로 이룬 게 아니고 정변의 결과물도 아니었다. 수많은 뛰어난 인재들의 보좌를 받고 이세민이 그들의 간언을 적극적으로 수용했기에 가능한 일이었다. 인간사회의 가장 큰 특징은 조직사회라는 점이다. 당나라 전체를 하나의 큰 조직으로 본다면 황제야말로 그 조직의 리더라고 할 수 있었다. 당태종은 실권을 잡은 이후 태자 이건성 등의 죄상은 낱낱이 밝혔다. 그러나 단순히 이건성 측에 가담했던 사람들의 죄는 더 이상 묻지 않겠다는 포고령을 발표했다. 그리고 과거 이건성의 참모로 활약했던 장군 설만철(薛(萬徹)과 위징, 왕규 등은 과감하게 등용했다. 위징은 정관시대를 이끈 최고의 핵심측근이 되어 이세민에게 보답했다.

당태종은 제도 정비와 시스템 구축에 많은 노력을 기울였다. 인재들이 적재적소에서 맡은 바 소임을 충실히 수행할 수 있도록 하려는 의도였다. 그래서 이세민은 제도를 완전히 정비하고 확고한 시스템을 구축했다. 그렇게 이세민은 신료들이 일할 수 있는 분위기를 조성해 나갔다. 당 태종은 즉위 이후 10년간의 노력 끝에 율령을 마련했다. 그가 마련한 율령을 당률(唐律)이라 한다.

당률은 직전 왕조인 수나라의 율령을 기초로 하여 시대 상황에 맞게 수정·보완하여 만들었다. 형법이 주를 이루고 있으나, 보조적으로 민법과 소송법도 담고 있다. 당률은 이후 한국, 일본 등 동양 문화권 정치제도의 근간이 되었다. 당나라의 법률과 통치체계를 모델로 하여 동아시아의 각국이 율령제를 도입했다. 당률은 한참 후인 명나라의 대명률 제정에도 큰 영향을 끼칠 만큼 완성도가 높은 율령이었다. 우리나라에서도 삼국과 발해와 고려 그리고 조선에 걸쳐 1,300여 년 동안 당률을 채택했다. 그만큼 당 태종 이세민은 국가 행정조직을 체계적이고 효율적으로 정비했다. 당태종이 중국 역사상 최고의 황제라고 불리는 가장 큰 이유도 그가 율령체제를 완비했기 때문이다.

율령체제란 나라의 법질서를 세우고 국가를 운영하기 위한 기본 틀을 말한다. 실상 이런 기본 율령체제는 수나라 때 이미 도입되었다. 그러나 수나라가 너무 일찍 멸망하는 바람에 미처 시행되지 못한 것들이 많았다. 대표적인 것이 중앙 행정조직인 3성 6부제였다. 이세민은 수나라의 중앙 행정체제인 3성 6부제를 정비하고 분장업무를 보완하여 직무를 명확하게 규정했다. 중서성에서 조칙(詔勅, 황제의 명령을 일반에게 알릴 목적으로 적은 문서) 및 법안을 기초하면 문하성에서 그것을 심의한 후 상서성에서 시행했다. 그리고 상서성에는 이조(吏曹), 호조(戶曹), 예조(禮曹), 병조(兵曹), 형조(刑曹), 공조(工曹)의 6부를 배속시켜 실무를 담당케 했다. 그렇게 해서 당태종은 효율적인 국정 운영이 가능한 명실상부한 시스템을 갖추었다.

조세 체제도 수나라의 조용조 제도를 이어받아 보다 간편하게 정비했다. 이전에는 조세제도가 완비되지 못해 백성들의 원성을 사는 경우가 많았다. 조세제도가 문란해져 왕조가 멸망한 경우도 있었다. 조세 체제를 정비하자 안정적인 국가 운영이 가능해졌다. 조(租)는 토지를 대상으로 일정량의 곡물을 부과토록 했다. 역(役)은 중앙정부가 노동력을 부과할 수 있도록 규정했다. 실제 역에 종사하지 않을 경우에는 용(庸)이라 하여 물납(物納), 특히 비단이나 면포로 납부케 했다. 조(調)는 호(戶)를 대상으로 토산물을 납부케 했으며, 잡요는 지방관아에서 필요에 따라 노동력을 부과하게 했다. 따라서 조용조 세제의 기본은 토지에 대해서 조(租), 사람에 대해서 용(庸), 호(戶)에 대해서 조(調)를 부과하여 징수하는 효과적인 제도였다.

군사제도 부문에서는 부병제(府兵制)를 정비했다. 부병제는 서위(西魏)에서 시작하여 수나라도 이 제도를 계승했다. 당태종은 부병제를 좀 더 효율적으로 정비했다. 부병제는 병농일치를 기반으로 했다. 균전(均田) 농민 중에서 일정 인원을 뽑아 군인인 부병(府兵)으로 삼았다. 주로 농한기인 겨울에 훈련시키고 1년에 1~2개월은 상경해 수도 경비를 맡게 했다. 부병제를 관할하는 응양부(應揚府)에 병적을 둔 부병에게는 군역 외에는 조세납부 의무를 면제해 주었다. 또한 복무기간 중 1회에 한하여 3년에 걸쳐 진(鎭, 지방의 상설 군사 거점)과 수(戍, 국경·요새의 수비시설)에서 복무하며 국경을 방위할 의무를 지도록 했다.

당태종 이세민이 보여준 제도 정비와 소통하는 리더십은 당나라 제국을 중국 역사에서 손꼽히는 위대한 나라로 만드는 원동력이 되었다. 제도 정비와 고른 인재등용으로 나라는 부강해졌다. 위징, 장손무기, 방현령, 두여회 등은 능연각에 오른 당나라의 공신들이다. 이세민은 당나라의 개창에 큰 공을 세운 개국 공신 24명의 초상화를 능연각에 걸어두고 그들의 공을 기렸다. 여기에 오른 공신들은 당 태종 이세민이 직접 고르고 발탁한 인재들이었다. 이들이 바로 '정관의 치'를 탄생시킨 공로자들이었다.

> 황태자 이건성의 핵심참모로 태자에게 자신을 죽이라고 간했던 위징을 용서하고 너그럽게 포용하다. 한때 반대 진영에 섰던 인사라도 능력이 뛰어나면 핵심 인재로 과감히 기용하다.

> 현대의 리더에게도 가장 중요한 덕목 중 하나가 인재 발굴과 활용(talent acquisition & utilization) 이다. 리더는 편 가르기에 매몰되지 않아야 한다. 그래서 탁월한 역량을 가진 인재라면 과거의 대립을 넘어 포용해야 한다. 네 편 내 편을 가르는 것은 리더의 자세가 아니다. 역량이 출중한 인재라면 리더는 넓은 아량으로 품어 기용해야 한다. 이러한 포용적 리더십(inclusive leadership)은 조직 내 다양성 확대(enhancing organizational diversity)와 경쟁력 강화를 이끄는 핵심 자산이 된다.

위징(魏徵, 580~643)은 당나라 초기 위군(魏郡) 내황(內黃) 사람으로 조적(祖籍)은 거록(鉅鹿) 곡성(曲城)인데, 관도(館陶)라고도 한다. 자는 현성(玄成)이고, 시호는 문정(文貞)이다. 어려서 부모를 여의고 실의에 빠져 집안일을 돌보지 않았으나 큰 뜻이 있어 책(策)과 술법(術法)에 통달했다. 수나라 시절 위징은 고구려 침공을 위한 징집령이 내리자 징집을 피하기 위해 거짓으로 도사(道士) 행세를 했다. 독서를 좋아했고, 자기 생각을 말로 잘 표현했다. 수나라 말 혼란기에 무양군승(武陽郡丞, 군 태수의 보좌관) 원보장(元寶藏)의 전서기(典書記)가 되었다가 원보장을 따라 이밀(李密)에게 귀순했다. 다시 이밀을 따라 당고조 이연에게 귀순하여 태자 이건성의 측근이 되었다. 위징이 능력 있는 인물이라는 평판을 듣고 이건성은 동궁에서 서적을 관리하는 태자세마(太子洗馬)라는 작은 벼슬을 주었다. 위징은 태자 이건성과 진왕 이세민의 황태자 쟁탈전이 날로 격화되는 것을 보고 태자 이건성에게 여러 차례 계책을 주청했다. 태자가 먼저 진왕 이세민을 제거해야 한다는 주청이었다.

현무문의 변이 끝난 직후 이세민은 위징을 불러 질책했다. "그대가 황자인 우리 형제 사이를 이간한 것은 무엇 때문인가?" 현장에 있던 수많은 대소 신료들은 모두 이세민이 위징을 교수형에 처할 것으로 생각했다. 그러나 위징은 굽히지 않고 태연하게 대답했다. "태자께서 만일 신의 간언을 들으셨다면 틀림없이 오늘 같은 재앙은 없었을 것입니다." 태종은 위징의 당당한 모습에 경의를 표하고 그를 예우했다. 또한 위징을 황제에게 잘못이 있으면 간하는 간의대부(諫議大夫)로 발탁했다. 적장까지도 품는 그의 아량과 인품을 보여주는 인재 활용의 리더십을 엿볼 수 있는 대목이다.

태종은 진나라 시절 객경(客卿, 다른 나라에서 와 공경〈公卿〉의 높은 지위에 있는 사람)으로 있던 이사(李斯)가 진왕 영정(嬴政, 후의 진시황)에게 올린 간축객서(諫逐客書)의 의미를 잘 깨우쳤던 황제였다. 그것은 출신성분을 가리지 않고 우수한 인재를 등용하는 것이 국가를 경영하는데 매우 중요하다는 사실이었다.

「축객령(逐客令)」: 진(秦)나라 때 타국 출신 객경들을 모두 진나라 밖으로 추방시키기 위해 진왕이 내린 명령

「간축객서(諫逐客書)」: 초(楚)나라 출신의 이사(李斯)가 진나라를 떠나며 진왕의 축객령에 대하여 간하는 상서(上書) 형식의 산문(散文), 곧 편지글

> 泰山不讓土壤(태산불양토양)
> (태산은 작은 흙덩이도 양보하지 않았기에)
>
> 故能成其大(고능성기대)
> (그렇게 거대해질 수 있었고,)
>
> 河海不擇細流(하해불택세류)
> (강과 바다는 작은 물줄기도 가리지 않았기에)
>
> 故能就其深(고능취기심)
> (그처럼 깊어질 수 있었다.)

황제로 즉위한 후, 황태자 이건성의 핵심참모였던 왕규를 찾다. 음모사건에 연루되어 유배형을 받고 초야에 묻혀 잊힌 왕규를 사면·복권하다(talent redemption & utilization). 그의 인품과 능력을 높게 평가하고 핵심 측근으로 기용하다.

현대의 리더 역시 국내외 학계와 업계, 심지어 비주류 영역에까지 시야를 넓혀 우수한 인재를 전략적으로 발굴해야(strategic

> talent scouting) 한다. 인재 확보는 단순한 채용이 아니다. 미래를 설계하는 전략적 선택(stategic choice shaping the future)이다. 또한 뛰어난 인재는 조직의 혁신 역량을 강화하고, 지속 가능한 경쟁력(sustainable competitive advantage)과 장기적 가치 창출의 기반을 제공한다.

왕규(王珪)는 산서성(山西省) 태원(太原)의 기현(祁縣) 출신으로 당 태종 때 명재상이었다. 조부인 왕승변(王僧辯)은 양나라에서 태위, 상서령을 지냈고, 부친인 왕의(王顗)는 양나라에 살다가 북제로 망명하여 낙릉군 태수를 지냈다. 왕규는 성품이 총명하여 숙부인 왕규(王頍)로부터 많은 칭찬을 받았다.

수나라 때인 개황 13년(593년) 왕규는 비서성으로 들어가 태상치례랑(太常治禮郎)을 지냈다. 그러다 숙부가 한왕(漢王) 양량의 반란에 연루되어 처벌을 받자, 자신도 연좌되어 처벌될까 두려워 종남산으로 달아나 10여 년 동안 은거하였다. 왕규가 종남산에서 은거하는 동안, 수나라에서는 제2대 황제인 양제의 폭정으로 인해 도처에서 반란이 일어났다. 수나라는 혼란에 휩싸였고 그 와중에 당국공 이연이 거병하여 관중으로 입성하였다. 이연은 황태손(皇太孫) 양유를 허수아비 황제로 옹립한 다음 자신은 당왕(唐王)의 자리에 올랐다. 이연의 수하인 승상부사록 이강(李綱)은 왕규를 이연에게 천거했고, 이연은 왕규를 세자 이건성의 자의참군(諮議參軍)으로 삼았다.

무덕(武德) 원년인 618년 이연은 양유로부터 선양을 받아 당나라를 건국하고 황제로 즉위했다. 이건성은 세자에서 태자가 되었다. 이에 따라 왕규는 동궁부 소속의 정5품 벼슬인 태자중사인(太子中舍人)으로 임명되었다. 이윽고 동궁부 소속의 정2품 벼슬인 태자중윤으로 승진하였다. 왕규는 출중한 능력으로 태자 이건성의 큰 신임을 받았다. 그러나 왕규는 이건성의 음모에 연루되어 수주(巂州)로 유배되었다. 그가 유배 중이던 626년 진왕 이세민이 현무문의 변을 일으키고 황제의 자리에 올랐다. 왕규는 이세민이 제2대 황제인 당태종으로 즉위한 뒤에 그의 부름을 받았다. 비록 이건성의 측근이었으나 태종 이세민은 왕규의 재주와 능력을 익히 알고 있었기 때문에 그를 사면 복권하고 간의대부(諫議大夫)로 임명했다.

왕규는 영령현남(永寧縣男)의 작위를 받았고, 기밀문서를 다루며 황제의 고문역할을 하는 황문시랑(黃門侍郞)으로 승진했다. 태자의 교육을 맡아보는 벼슬인 태자우서자(太子右庶子)도 겸했다. 또한 628년(정관 2년) 고사렴을 대신하여 시중(侍中)이 되어, 방현령, 이정, 온언박(溫彦博), 위징 등과 함께 국정(國政)을 지휘했다. 633년에 궁중의 얘기를 누설한 죄로 동주자사(同州刺史)로 좌천되기도 했으나, 다음 해에 다시 조정으로 복귀했다.

왕규는 두여회와 방현령, 그리고 위징과 더불어 태종 이세민을 보좌하여 정관성세를 이루는데 크게 기여했다. 또한 위징과 함께 태종에게 간언을 서슴지 않았던 인물이기도 했다. 장점을 잘 살린 인물평으로 인재를 추천하고 자신의 처지를 아는 지혜가 있었다. 왕규는 639년 중병에 걸려 세상을 떠났다. 사후 예부상서로 추증되었으며 의(懿)라는 시호를 받았다. 태종은 일찍이 왕규에게 "그대가 오랜 기간 간의대부로 봉직한다면, 내가 영원히 큰 허물을 범하는 일은 없을 것이오."라며 우대했다. 그가 죽었을 때 태종 이세민은 소복(素服)을 입고 오랫동안 애도했다. 유배형을 받고 궁벽한 시골에서 한적하게 지내던 인재를 발굴하여 등용한 모범적인 사례였다.

허심납간(虛心納諫) : 마음을 비우고 간언을 적극 수용하는 황제가 되다.

현대의 리더 역시 자신의 심기를 거스르는 의견이라도 열린 마음으로 수용해야 한다(open leadership). 또한 전문성과 다양한 경험을 갖춘 소속 조직과 구성원들이 사실에 기반한 목소리를 내도록 장려해야 한다. 또한 기관이나 조직의 보고는 가감 없이 정확한 사실에 입각해야 한다. 리더는 비판적 피드백을 청취하고 이를 전략적으로 의사결정에 반영해야 한다(fact-based decision

> making). 아울러 보고 체계가 왜곡되지 않고 투명하게 작동되는 환경과 분위기를 조성해야 한다(transparent communication culture). 이는 신뢰 기반의 커뮤니케이션 문화를 정착시키고, 장기적으로 지속가능한 성장을 견인하는 핵심 자산으로 기능한다.

신민(臣民)은 군주국이나 황제국의 관원과 백성을 아울러 이르는 말이다. 신민이 군주나 황제에게 충고하거나 비판하는 것을 간(諫)이라 하고, 군주나 황제가 이를 받아들이는 것을 납간(納諫)이라 한다.

현대의 관점에서 볼 때 중국의 역대 제왕들 가운데 조정 안팎의 소리를 가장 허심탄회하게 경청하고 납간을 잘 한 황제가 당 태종 이세민이었다. 납간은 태종의 정치 기술 가운데 최고라는 평가를 받는다. 『구당서』는 태종 이세민을 "신하들의 간언을 듣고 흔들림 없이 판단해, 물이 흐르듯 자연스럽게 선(善)을 따르는 것이 가히 천 년에 한 명뿐일 듯하다."고 높게 평가한다.

태종은 거울이 없으면 자신의 생김새를 볼 수 없듯이 신하들의 간언이 없다면 군주가 정치적 득실에 관해 정확하게 알 방법이 없다고 지적했다. 또한 먹줄을 따라 자르면 굽은 나무도 바르게 켤 수 있고, 기술이 정교한 장인이 있으면 보옥(寶玉)을 얻을 수 있다는 말을 새겨들었다.

이세민은 시세(時勢)와 정세(政勢)를 꿰뚫어 보는 혜안을 가진 신하들의 충언을 적극 수용했다. 그런 충언이 황제를 바로 서게 하고, 천하를 태평성대로 이끌 것이라고 굳게 믿고 그렇게 실천했다.

당태종은 겸허한 태도와 함께 고상하고 현명한 방법으로 간언을 받아들임으로써 그 효과를 극대화했다. 당태종은 위엄이 있고 엄격한 성격이라서 신료들이 무척 어렵게 생각했다. 하지만 신료들을 대할 때는 항상 온화한 표정을 잃지 않음으로써 그들이 하고 싶은 말을 다할 수 있는 분위기를 만들었다. 한번은 여러 신료들에게 건의를 하도록 했다. 아무도 입을 떼는 사람이 없었다. 유계(劉洎)가 나섰다. "황제 폐하께서 논리적이지 못한 신료에게는 즉시 면박을 주기 때문에 낭패스러우며, 이는 납간을 하는 바른 자세가 아닌 것 같다."고 말했다. 태종은 기꺼운 표정으로 유계의 지적을 받아들이며 고치겠다고 다짐했다.

이세민은 또한 신하들이 바른 말을 하도록 격려했다. 태종이 방현령에게 말했다. "군주는 바른 말을 하는 신하를 곁에 두어야 하오. 하루에도 수많은 정사를 처리하다 보면 과실을 피할 수 없소. 그런데 이를 지적하는 신하가 없다면 곤란하지 않겠소. 위징은 매사에 짐에게 직언을 했소. 대부분 짐이 저지른 실수를 거울에 비추듯이 짐에게 알려준 것이라오. 짐은 위징이 그립소." 또 이런 말도 했다. "짐은 어렸을 때부터 활쏘기를 좋아하고 활로 천하를 평정했지만 아직도 좋은 활과 화살을 분

간하기가 어렵소. 하물며 천하의 일을 짐이 어떻게 다 이해하겠는가!" 이세민은 황제라도 모든 일을 다 알 수는 없다는 사실을 인정했다. 그는 신하가 황제의 잘못을 지적하지 않고 아첨만 한다면 나라가 위기를 맞을 것이라는 사실도 잘 인식하고 있었다.

당태종은 어떤 문제에 대해서는 여러 차례 간언을 하는 것도 허락했다. 언젠가 이세민이 경력을 속인 관리에게 화가 나서 그를 극형에 처하려 했다. 형옥을 관할하는 대리시(大理寺)의 소경(少卿) 대주(戴州)가 법률에 의거 유배를 보내야 한다고 강하게 주청했다. 자신의 뜻에 거스르는 주장을 펼치는 대주 때문에 당태종은 더욱 화가 났다. 대주는 "법률이란 국가가 신뢰를 얻는 근거인데 황제가 순간의 분노 때문에 사람을 죽여서는 안 된다."는 원칙을 들어 설득했다. 이세민은 자신의 주장을 접고 대주가 공평하게 법을 집행한다고 칭찬했다. 이세민은 조정대신 이외에 황후, 태자, 비빈, 외신(外臣, 다른 나라에서 온 신하) 및 말단 관리들의 제안도 흔쾌히 받아들였다. 심지어 신분을 초월해서 간하는 것도 허용했다. 무엇보다 중요한 것은 간하는 사람을 벌하지 않는 원칙을 지켰다. 벌을 내리지 않음은 물론 간언하는 신하에게는 반드시 상을 주었다. 오늘날 공사(公私) 조직의 지도자들이 하위 직급자들의 건의와 제안을 어떻게 수용해야 하는지 벤치마킹해서 적용할 만한 점이 많다고 하겠다.

> **겸청(兼聽)** : 여러 사람으로부터 널리 두루 듣는 황제가 되다. 다양한 채널을 통해 의견을 폭넓게 골고루 수렴하다(diverse opinion gathering). 그래서 독단이나 편향 없이 정무를 처리하다.
>
> 오늘날의 리더들도 다양한 이해관계자와 소통하며 폭넓은 관점을 수용해야 한다. 그렇게 해야 균형 잡힌 판단(balanced decision making)이 가능해진다. 또한 의사결정 과정에서 리스크를 최소화할 수 있다. 독단적 판단이나 소수 측근의 의견에만 의존하면 잘못된 결정을 내릴 위험이 커진다. 반대로 다양한 의견을 청취하고 종합적으로 판단하면 구성원의 동의와 실행력을 확보할 수 있다. 이는 조직의 지속가능성을 강화(ensuring organizational sustainability)하고, 장기적 성장 기반을 확립하는 결과로 이어진다.

태종 이세민은 겸청(兼聽)에도 능한 황제였다. 겸청은 널리 두루 듣는 것이다. 태종은 위징(魏徵)에게 "군주가 어떻게 해야 정확한 판단으로 정사(政事)를 현명하게 처리하고, 어떻게 하면 아둔하게 처리하게 되는 것인가?"라고 물은 적이 있었다. 위징은 "군주가 현명해지는 것은 여러 의견을 두루 듣기(兼聽則明 겸청즉명) 때문이며, 군주가 아둔해지는 것은 한쪽으로 치우쳐 몇 사람의 말만 듣기(偏聽則暗 편청즉암) 때문"이라고 답하였다.

리더는 정책을 결정할 때 찬반양론을 고루 들어야 한다. 그렇게 해야 현명하고 올바른 판단을 내릴 수 있다. 리더가 한쪽 의견만 일방적으로 듣고 믿으면 정사를 잘못 판단하게 될 위험이 따른다. 태종 이세민은 늘 이점을 마음속에 새기고 실천한 리더였다. 오늘날 크고 작은 공공 및 민간 조직에서 몇몇 측근들의 의견만 듣고 최종적인 의사결정을 하는 경우가 드물지 않다. 그렇게 되면 일을 그르치거나 민심이 이반되는 사례가 발생하게 된다. 이런 점에서 당태종의 겸청의 리더십은 시사(示唆)하는 바가 많다 하겠다.

이세민은 23년의 재위 기간 내내 마음을 비우고 충성스러운 간언을 잘 받아들이는 것을 통치의 원칙으로 삼았다. 마음을 비우고 간언을 받아들이는 것을 허심납간(虛心納諫)이라 한다. 태종은 간언하는 신료를 황제의 권위로 위압하지 않았고, 듣기 민망한 직언을 서슴지 않는 신하라도 나무라지 않았다. 위징의 경우 300번이 넘는 상소를 올렸지만 처벌받은 적이 없었다. 황제에게 있어 넓은 도량이란 신료들의 직언을 받아들이는 것이다. 아량과 도량이 커야 큰 정치력을 발휘할 수 있다. 조직을 올바로 이끌려면 간언을 수용함으로써 정책의 득실을 명확하게 여과해야 한다.

정관 16년(642년) 위징이 중병에 걸려 거동을 할 수 없었다. 태종은 위징의 집으로 친히 문병을 갔다. 평생을 검소하게 살아온 위징의 집에는 제대로 된 정당(正堂, 한 구획 내 여러 채의 집 가운데 가장 주된 집) 조차 없었다. 태종은 궁궐의 전각을 지을 때 쓰던 자재들을 가져다 제법 큰 집을 지어주도록 명령했다. 위징의 상소로 중단된 궁궐 공사(工事)용 자재들이었다. 얼마 후 위징이 죽자 태종은 위징의 집을 찾아 조문할 때 다음과 같이 말하며 통곡했다.

以銅爲鑑 可整衣冠 (이동위감 가정의관)
(구리를 거울삼아 의관을 단정히 할 수 있었고,)

以古爲鑑 可知興替 (이고위감 가지흥체)
(역사를 거울삼아 천하의 흥망성쇠를 알 수 있었으며,)

以人爲鑑 可明得失 (이인위감 가명득실)
(사람을 거울로 삼아 나의 득실을 명확히 할 수 있었다.)

朕嘗保此三鑑 內防己過 (짐상보차삼감 내방기과)
(짐은 일찍이 이 세 가지 거울을 가져 안으로 나의 허물을 막았는데)

今魏徵逝 一鑑亡矣 (금위징서 일감망의)
(이제 위징이 세상을 떠났으니 거울 하나를 잃어버렸구나!)

위징이 죽은 후 태종은 조서를 내려 다음과 같이 말했다. "과거 위징만 항상 나의 허물을 지적했소. 그가 죽은 이후로 나에게 잘못이 있어도 그것을 명확하게 지적하는 사람이 없소. 내가 어찌 과거에만 잘못을 저지르고 오늘날에는 전부 옳은 행동만 하겠소. 그 원인은 신료들이 순종만 하고 감히 용의 비늘을 거스르기를 꺼리기 때문이오. 그리하여 나는 허심탄회하게 의견을 구해 나 자신의 의혹스러운 점을 풀고 진심으로 반성하려는 것이오. 만일 여러 사람이 진언을 했는데 받아들이지 않는다면, 나는 그 책임을 달게 받겠소. 만일 나에게 옳고 그름이 있으면, 직언하고 은폐하지 마시오." 지금으로부터 1,400년 전에 지엄한 황제가 한 말이다. 현대 공사(公私) 조직의 수장이나 최고경영자, 또는 국가급 지도자들이 새겨들어야 할 리더의 덕목이 아닐 수 없다.

> 군신간의 원활한 소통을 위해 끊임없이 노력하다. 소통에 필요하다면 황제의 권위도 내려놓다. 신하들과 부단히 소통하며, 옳은 의견이라면 기꺼이 받아들이고(feedback receptiveness), 자신의 주장을 철회(departure from authoritarian leadership) 하기도 하다.
>
> 현대의 리더 역시 역사를 거울삼아 장기적 교훈을 얻어야 한다. 또한 사람을 거울삼아 정책과 전략의 득실과 성패를 점검해야 한다. 조직 운영에서 리더는 구성원과 지속적으로 피드백을 주고받아야 한다. 그래서 잘못된 판단을 수정(continuous self-improvement) 하고, 자신의 한계를 보완해야 한다. 이는 조직의 학습능력과 실행력을 높여, 궁극적으로 조직성과를 극대화한다.

군신 간의 소통과 관련하여 시대를 초월하여 최고로 칭송받는 인물 중 한 사람이 당 태종이다. 당 태종은 늘 넓은 마음으로 조금도 주저하지 않고 신하들의 충고를 수용했다. 조선시대 사간원의 관리들도 당 태종의 간언에 대한 높은 수용성을 자주 인용하고 있다. 조선 태종실록 6년의 한 대목이다. 사간원에서 올린 상소문의 일부이다. 군신간의 소통의 중요성을 얘기하고 있다. 이 대목 이후 당나라 태종 시절의 이야기가 이어진다.

>敢言不諱 (감언불휘)
>(거리낌 없이 말하고 숨기지 않는 것은)
>
>人臣之職 (인신지직)
>(신하의 직분이요)
>
>虛心納諫 (허심납간)
>(마음을 비우고 간언을 받아들이는 것은)
>
>君上之德 (군상지덕)
>(임금의 덕입니다.)

군주가 신하의 충고를 구하는 경우는 적지 않으나, 그 충고를 받아들여 정사에 반영하는 것은 생각만큼 쉽지 않다. 신하들의 충고가 대부분 군주의 생각과 다르거나 반대인 경우가 많기 때문이다. 당 태종 이세민은 신하들의 충고가 옳다고 생각하면 그를 받아들여서 자신의 주장을 철회한 경우가 많았다. 그는 그렇게 함으로써 잘못을 저지르지 않을 수 있었다.

당 태종 이세민은 신하들의 솔직하고도 거침없는 비판을 수용하려고 노력했다. 그렇게 함으로써 나라를 잘 다스릴 수 있었다. 태종이 마음을 비우고 신료들과 소통을 잘 했던 이유는 그가 늘 강조했듯이 '역사'와 '사람'을 자신을 비춰보는 거울로 삼았기 때문이다. 태종이 중국의 역사적 인물 중 자신의 거울로 삼은 사람은 조조와 사마염이었다.

사마염은 진(晉)나라의 개국황제(開國皇帝)인 무제(武帝)이다. 265년에 위 원제(魏 元帝) 조환(曹奐)을 핍박하여 선위 형식으로 몰아내고 진(晉)나라를 세웠다. 280년에는 오(吳)를 멸망시키고 삼국(三國)을 통일했다. 진 무제는 통치 후반기에 주색에 빠져 정사를 돌보지 않은 전형적인 폭군이었다. 그러나 태종이 진 무제를 높이 평가했던 것은 봉건 황제들에게는 드물게 보이는 넓은 도량 때문이었다. 즉위해서 죽을 때까지 25년 동안 진 무제는 신하들을 너그러운 태도로 대했다. 지엄한 황제이면서도 자신을 낮춤으로써 신료들을 포용했고, 막강한 권력을 함부로 행사하지 않았다.

무제는 대쪽같이 곧은 인물로 유명한 유의(劉毅)에게 "경은 짐이 한(漢)나라의 어느 황제와 비슷한 것 같은가?"라는 질문을 던졌다. 유의는 "폐하는 용렬한 황제의 대명사인 환제(桓帝)와 영제(靈帝) 같은데, 어떤 때는 그들만도 못한 경우가 있습니다."라고 답했다. 유의의 말이 떨어지자 모든 신하들은 새파랗게 질렸다. 그러나 무제는 웃음을 띤 얼굴로 "짐의 덕이 옛사람에게 미치지 못하지만, 이렇게 바른 말을 하는 신하가 있으니 그들보다 낫다고 할 수 있겠구나!"라고 했다. 태종 이세민은 무제의 너그러움이 신료들의 충언을 촉진했고, 명신 유의의 목숨을 구했다는 그 유명한 교훈을 늘 가슴에 새기고 살았다.

진 무제와 더불어 당 태종의 또 다른 거울이었던 조조는 반면교사적인 성격이 강했다. 조조의 좋지 않은 사례가 당 태종으로 하여금 신하들을 신뢰하고, 일단 중용한 신하는 의심하지 말고 진정으로 대해야 한다는 것을 깨닫게 만든 것이다. 이세민은 조조가 간사하고 남을 잘 속이는 인물이라고 공식 석상에서 여러 차례 말하며 그를 부정적으로 평했다.

조조가 군사를 이끌고 전쟁에 나갔을 때 군량이 부족했다. 조조는 군량 담당관에게 대책을 물었다. 그는 군량을 내줄 때 작은되를 사용하는 게 어떻겠냐고 답했다. 조조는 그대로 시행하라고 지시했다. 얼마 후 병사들은 기만당했다는 사실을 알았다. 조조는 불만을 품은 병사들이 소란을 일으킬까 두려웠다. 그는 군량 담당자의 얼굴에 "병사들에게 나누어 줄 양식을 착복한 죄인"이라는 글자를 새기는 자자형(刺字刑)을 가한 뒤 효수형에 처했다. 군량 지급의 최종 책임자는 자신인데 그 책임을 신하에게 전가했다. 이세민은 이 사례를 거울로 삼아 신하들을 대하는 자세를 숙고했다. 태종은 잘못을 저지른 대신들에게도 훈계를 한 뒤

반성할 기회를 주었다. 부득이한 경우가 아니면 엄한 벌은 내리지 않았다. 최종 책임은 황제인 본인에게 있다고 믿기 때문이었다. 당 태종보다 1300여년 후에 살았던 미국의 제33대 대통령인 해리 트루먼도 "모든 책임은 내가 진다."(The buck stops here!)는 것을 신조로 삼았다. 그는 이것을 패에 새기고 액자로 만들어 책상 위에 올려놓고 근무했다. 트루먼이 『정관정요』를 읽었는지는 모를 일이다.

당태종은 부강한 제국이었던 수(隋)나라가 한순간에 멸망하는 모습에서 교훈을 얻었다. 그는 자신의 결점과 과오를 직시하려 노력했다. 또한 신료들의 비판적인 충고를 받아들임으로써 자신의 정치적인 실수를 최소화하려고 유념했다. 태종은 "제 흉을 알기는 힘들다."는 말의 의미를 잘 알고 있었다. 한 나라의 군주가 자신을 냉철하고 객관적으로 파악하기란 무척 어려운 일이다. 당 태종은 각기 다른 목적으로, 온갖 수단을 동원하여 자신에게 영향력을 미치게 하거나, 자신의 환심을 사려는 사람들에게 둘러싸여 있다는 현실을 늘 인식하고 살았다.

신하들의 의견을 경청했던 태종은 태자에게도 신료들의 얘기를 잘 듣도록 교육했다. 그래서 교육의 사례가 될 만한 것을 보면 그 자리에서 태자를 가르쳤다. 예를 들어 태자와 배를 탔을 때는 순자(荀子)의 왕제(王制)편에 나오는 구절을 상기시켰다. "백성이 물이라면 군주는 배와 같다. 물은 배를 띄울 수도 있지만, 배를 뒤집을 수도 있다."는 말을 주지시켰다.

제1장 당 태종 이세민

君舟民水 : 순자(荀子)의 왕제(王制)편에 나오는 말

君者舟也 庶人者水也 (군자주야 서인자수야)
(군주는 배요, 백성은 물이다.)

水則載舟 水則覆舟 (수즉재주 수즉복주)
(물은 배를 띄우기도 하지만, 물은 배를 뒤집기도 한다.)

또한 "나무를 곧게 자르려면 먹줄을 써야 하고, 군주가 현명해지려면 신하의 바른 말을 들어야 한다."는 금언을 들려주곤 했다. 당 왕조가 대대로 신하들의 충언을 잘 받아들이는 전통을 이어가기를 바란 것이다.

공자가어(孔子家語)에 나오는 말

木縱繩則直 (목종승즉직)
(나무가 먹줄을 따르면 곧아지고)

人受諫則聖 (인수간즉성)
(사람이 간언을 받아들이면 현명해진다.)

영원불멸할 리더십의 전형 『정관정요』(貞觀政要)를 남기다.

현대를 사는 리더 역시 조직 운영의 모범 사례를 일목요연하게 정리해야 한다(organizational best practices documentation).

> 또한 끊임없이 자신을 성찰하고 주변을 엄정하게 점검해야 한다(self-reflection and rigorous evaluation). 이를 통해 효율적인 조직 운영과 철저한 조직 관리가 가능해진다. 리더가 나태하거나 관리 책임을 소홀히 하면, 조직이라는 유기체는 활력을 잃고 점진적으로 퇴보한다. 지속 가능한 성장을 위해 리더는 조직을 살아 있는 체계로 유지해야 한다(sustainable organizational management). 그렇게 하기 위해서는 구성원들이 역동적으로 참여할 수 있는 구조적·문화적 환경(environment that enables dynamic participation of members)을 조성해야 한다.

당제국의 기틀을 마련하고 태평성대로 이끈 인물은 당 태종 이세민이다. 그가 다스렸던 23년(626년~649년) 간의 연호가 정관이다. 이세민이 통치한 태평성대의 이 시기를 '정관의 치(治)'라고 한다.

『정관정요』는 당태종이 통치했던 시기 정치의 요체(政要)를 8세기 초에 오긍이라는 사람이 정리한 책이다. 정확한 편찬 시기가 언제인지는 논란이 있다. 유력한 설은 오긍이 709년 당 중종(中宗)에게 먼저 『정관정요』를 바쳤고, 이어 729년 당 현종(玄宗)에게 수정판을 다시 바쳤다는 것이다.

『정관정요』는 당 태종 이세민이 신료들과 정치에 관해 폭넓게 대화를 나눈 토론집의 성격을 띤다. 따라서 제왕의 통치술에 관한 책이다. 또한 나라를 부강하게 하고 백성을 편안하게 하는 정치적 지혜를 소개함으로써 역대 제왕들의 통치 교과서가 되었다. 당 제국의 후대 황제들은 물론이고 금나라나 청나라의 역대 황제들도 『정관정요』를 애독했다. 좋은 문구를 발췌하여 병풍을 만든 황제나 제왕도 있었다. 우리나라의 경우 고려 왕조의 기틀을 세운 광종(光宗)과 조선의 세종이 애독했다는 기록이 있다. 일본에서는 역대 천황이나 쇼군들이, 현대 중국에서는 거의 모든 지도자들이 머리맡에 두고 읽는다고 한다.

『정관정요』가 장구한 세월 동안 인기를 끌고 있는 비결은 정관시대의 역사적 사건들을 탁월하게 분석하여 기술했기 때문이다. 군신 간의 의정에 관한 중요한 대화들을 주제별로 정리 수록했다. 또한 항목별로 찾아 읽기가 쉽고 편리했다. 명군(明君)과 양신(良臣)들이 나누는 허심탄회한 대화에는 기품이 있고, 정사를 처리하는 데는 원칙이 있다. 다양한 분야에서 황제와 신하들이 정관의 성세를 이룬 지혜와 전략을 가르쳐 준다. 무엇보다도 신하의 간언과 그것을 수용하는 황제의 포용력 등 책 전체를 관통하는 주제는 태종 이세민이 이룬 소통과 화합의 리더십이다.

정관 10년(636년) 이세민은 측근 대신들에게 "제왕에게 있어 나라의 창업과 수성 가운데 어느 쪽이 더 어려운가?"라는 질문을 던졌다. 방현령은 "창업이 어렵다."고 답하고, 위징은 "수성이 어렵다."고 답했다. 이세민은 두 대신의 말을 종합해서 자신의 견해를 밝혔다. "방현령은 나를 따라 천하를 평정하느라 죽을 고비를 수없이 넘겼으니 창업의 어려움을 알고 있다. 위징은 나와 함께 천하를 안정시키느라 위기를 많이 겪었으니 수성이 어렵다고 생각할 것이다. 이제 창업의 어려움은 과거사가 되었고, 수성의 어려움은 공들이 사려 깊게 해결하면 된다." 이세민은 현명한 황제라는 말에 걸맞게 여러 신하들의 다른 견해를 포용하면서, 각 신하들이 분발하도록 자극할 줄 아는 지혜를 가진 황제였다. 현대는 리더의 자기관리 노력과 소통을 위한 경청의 필요성이 그 어느 때 보다 절실히 요구되고 있다. 당태종은 1400여 년 전의 과거에 살았지만 현대의 리더들이 본받을만한 리더십을 발휘한 탁월한 황제였다.

참고문헌

오긍, 김원중 옮김, 『정관정요』, 휴머니스트 2016.

차오시, 황보경 옮김, 『당 태종 읽는 CEO』, 21세기북스 2009.

황충호, 『제왕 중의 제왕, 당태종 이세민』, 아이필드 2008.

진성위엔 엮음, 김윤진 옮김, 『왕도, 역사를 바꾼 중국 황제 10인의 리더십』, 국일미디어 2008.

자오커야오·쉬다오쉰, 김정희 옮김, 『당태종 평전』, 민음사 2011.

【칭기즈칸】

제2장

칭기즈칸

생각을 공유하는
인적 네트워크를 구축하다

제2장
칭기즈칸

가. 인물의 개요

칭기즈칸(1162년~1227년)은 몽골제국(예케 몽골 울루스)의 건국자이자 초대 대칸이다. 본명은 보르지긴 테무친이다. 칭기즈칸의 유년시절은 불행의 연속이었다. 그는 1171년 아홉 살 때 아버지 예수게이를 잃었다. 그의 가계는 몽골 왕족인 보르지긴 씨족의 후예였다. 아버지는 오랜 불화관계에 있던 타타르족에 의해 독살되었다. 아들 테무친의 배우자를 정하러 나섰던 길이었다. 예수게이는 옹기라트 부족의 족장을 만나 그의 딸 버르테를 테무친의 약혼자로 정하고 돌아오던 중이었다. 몽골 부족이 강성해지는 것을 우려한 타타르족은 예수게이를 환대하는 척하며 독살하였다.

테무친의 아버지가 죽자 부족 사람들은 모두 예수게이와 경쟁 관계였던 타이치우드 씨족을 따라 나섰다. 예수게이의 아내이자 테무친의 어머니인 허엘룬과 그 자식들에게 의지할 수 없기 때문이었다. 리더십을 발휘하기에는 힘이 너무 약하다고 생각했다. 테무친과 가족들은 씨족 사람들로부터 버림을 받았다. 유목민이 부족으로부터 분리된다는 것은 거의 죽음과 다름이 없었다. 『몽골비사』에 따르면, 무리에서 지위가 낮은 가문에 속하는 늙은 노인 한 명이 큰 소리로 이의를 제기했다고 한다. 그러나 차이치우드 씨족의 한 전사가 노인에게 "당신은 우리를 비판할 권리가 없소."라고 고함을 지르며 창으로 노인을 찔러 죽였다고 한다. 길을 막았다는 이유에서였다. 이로 인해 테무친 가족들은 생존 자체에 극심한 위협을 받게 되었다. 가족 전체가 유목민의 일상 음식인 양고기와 우유를 거의 먹지 못했다. 테무친은 사냥한 마멋(다람쥣과의 대형 설치류)과 채취한 풀뿌리, 낚은 물고기 등으로 겨우 연명하며 죽음을 면하는 극한의 가난을 경험하며 불우한 유년시절을 보냈다.

가혹한 환경 속에서도 테무친은 강한 의지로 힘을 키워나갔다. 성장한 테무친은 여러 곳에 흩어져 살던 몽골의 유목 부족을 하나의 세력으로 결집시켰다. 케룰렌강 유역을 중심으로 몽골 고원에 존재하는 부족 연합체였다. 이 연합체는 카마그 몽골이었다. 후일 카마그 몽골은 몽골 제국의 토대가 되었다. 카마그 몽골은 테무친이 몽골 전역을 통일하기 이전의 몽골 부족을 일컫는 명칭이기도 했다. 테무친 이전의 카마그 몽골은 통일과 분열을 거듭했다. 때로 요나라나 금나라의 지배를 받기도 했다. 테무친이 그 카마그 몽골을 재통일한 것이다. 테무친은 1189년 카마그 몽골의 칸으로 즉위했다. 이후 테무친은 서른 개 남짓한 몽골의 유목 부족들을 모두 평정했다. 1206년 몽골의 여러 부족장들은 그에게 칭기즈칸이라는 존호를 지어 바쳤다. 현대 몽골어로 '칭기즈'는 '위대하다'라는 뜻이다. 칭기즈의 어원에 대해서는 다양한 견해가 존재한다. 프랑스의 동양학자인 폴 펠리오(Paul Pelliot)는 '호수'나 '바다'를 의미하는 튀르키예어의 탕기즈에서 유래한 것으로 추정했다. 그의 견해를 따른다면 칭기즈칸은 사해의 군주, 즉 세계의 군주라는 의미가 된다.

칭기즈칸이 몽골부족을 통일하고 칸으로 즉위했을 무렵 몽골 주변은 늘 전란에 휩싸여 있었다. 아시아 초원에서는 다섯 개의 주요 세력들이 치열하게 싸우고 있었다. 현재의 중앙아시아 한가운데에서 북서쪽으로 이르티시강에 이르는 지역에는 나이만족이 살고 있었다. 나이만족 영역의 오른쪽에 있는 예니세이강 상류지역의 동북방에서 카라코룸에 이르는 지역에는 케레이트족이 자리잡고 있었다. 케레이트의 북쪽에는 메르키트족이 둥지를 틀고 있었고, 메르키트족 영역의 동쪽 케룰렌강에서 흥안령 산맥에 이르는 지역에는 타타르족이 살고 있었다. 타타르족 영역의 바로 위, 다시 말해 케룰렌강과 오논강 사이에서 여름과 겨울 계절 이동을 하며 유목생활을 하는 몽골족이 살고 있었다. 주변의 강력한 세력들과 비교했을 때 몽골족은 여전히 보잘것없고 힘이 약했다. 그러나 칭기즈칸은 강력한 이들 부족들을 차례로 제압해 나갔다. 이를 계기로 칭기즈칸은 최강의 군대를 지휘하며 요란한 말발굽 소리와 함께 본격적인 제국 건설의 기틀을 다지기 시작했다.

칭기즈칸은 중국의 금나라와 남송은 물론 중앙아시아와 호라즘제국, 이란, 아제르바이잔, 조지아, 키예프 공국 등 동유럽 일대까지 정복했다. 그는 기마부대에 의한 빠른 기동력과 뛰어난 군사전략을 구사하며 몽골 제국의 영토를 넓혀갔다. 그리고 짧은 기간에 인류 역사상 최대 규모의 단일 제국을 건설했다. 그가 정복한 면적은 약 780만㎢였다. 나폴레옹은 115만㎢, 히틀러는 219만㎢, 알렉산더는 520만㎢의 땅을 정복했다. 칭기즈칸은 이들 통치자들보다 양적으로나 질적으로 훨씬 더 광대한 영역을 차지하고 지배했다. 그는 인류 역사상 최강의 정복군주였다. 후일 그의 손자 쿠빌라이 칸(世祖)이 원(元)제국을 개창했을 때 그에게 태조(太祖)라는 묘호를 추증했다.

칭기즈칸이 정복한 지역을 현대의 지도에 대입해 보면 그 범위는 약 40개국에 걸쳐 있다. 현재 그 지역에 사는 인구는 30억 명이 훨씬 넘는다. 놀라운 사실은 당시 몽골 부족의 전체 인구가 약 150만~200만 명에 불과했다는 것이다. 그는 많지 않은 숫자의 인구 중에서 징집한 10만 명 남짓한 군대로 전무후무한 세계사적 위업을 달성했다. 그는 단절된 비단길을 다시 열었다. 또 상인과 기독교 선교사 등 많은 사람들이 유럽과 아시아를 왕래할 수 있는 동서교통로를 확대했다. 그렇게 함으로써 칭기즈칸은 동서양의 문명과 물자의 교류 증진에 크게 이바지했다. 21세기를 눈앞에 두고 1995년 《워싱턴포스트》, 1997년 《뉴욕타임스》, 1999년 시사 주간지 《타임》이 각각 설문조사를 실시했다. 지난 1천 년 동안 세계에 가장 큰 영향을 미친 인물이 누구인지에 대한 조사였다. 3개 매체 공히 지난 1천 년간 세계에서 가장 큰 영향을 미친 인물로 칭기즈칸을 꼽았다.

칭기즈칸은 시대를 앞서간 사람이었다. 그는 귀족적인 특권과 출생에 기초한 봉건제의 낡은 틀을 깨버렸다. 그는 개인의 역량과 충성심 그리고 개인이 이룬 성과를 중시했다. 그래서 자신이 설정한 기준에 합당한 혁신적이고 특별한 체제를 구축해 냈다. 그의 제국은 주위의 수많은 문명을 연결하고 융합하여 새로운 세계 질서를 수립했다. 그는 비단길 주변에 흩어져 있던 작은 교역도시들을 연결했다. 그렇게 해서 비단길을 역사상 가장 크고 넓은 자유무역지대로 만들었다. 칭기즈칸은 점령지의 세금을 전면적으로 인하했다. 또한 의사, 교사, 사제, 교육기관에는 완전한 면세혜택을 부여했다. 아울러 칭기즈칸은 정기적으로 각종 국세조사를 실시했고, 사상 처음으로 국제적인 역참제도를 구축하고 정착시켰다.

몽골제국은 부와 재물을 축적하는 제국이 아니었다. 칭기즈칸은 전투에서 약탈과 노획을 통해 얻은 물자를 공정하고 널리 분배했다. 그리고 그것이 다시 상업 유통망 속에서 순환되도록 했다. 칭기즈칸은 제국의 질서를 바로잡기 위해 몽골과 점령 지역에서 통용되는 법령을 제정했다. 자신의 명령을 하얀 종이 위에 위구르 문자로 적어 예케 자사크라는 대법령으로 집대성했다. 대법령은 푸른색 함에 보관하여 관리하도록 했다. 당시는 대부분의 통치자가 스스로 법 위에 군림하던 시대였다. 그러나 문자를 깨우친 적도 없는 칭기즈칸은 통치자도 미천한 목동과 똑같이 법의 지배를 받는다고 선언했다.

그는 정복한 영토 내의 모든 신민들에게 종교와 관계없이 완전한 충성을 요구했다. 그러나 영토 내에서는 전면적인 종교적 자유를 허용했다. 아울러 법에 의한 질서를 내세워 고문을 철폐했다. 뿐만 아니라 정복국가의 고관이나 그들의 자식들을 볼모로 억류하는 관행도 없애버렸다. 또한 타국의 모든 사신과 사절들에게 외교상의 면책특권을 부여하는 새로운 제도를 도입했다. 심지어 전쟁 중인 상대국가의 사절들에게도 예외가 아니었다.

1219년 칭기즈칸은 몽골제국의 사신을 죽인 호라즘 제국을 응징하기 위해 원정을 떠났다. 그가 지휘한 몽골군은 이듬해 봄 호라즘의 영역으로 진입했다. 그리고 그 해가 끝나기 전에 부하라, 오트라르, 히바, 사마르칸트 등 호라즘의 주요 도시들을 점령했다. 중앙아시아의 대부분을 정복한 원정은 1222년 여름 현재의 파키스탄 중심부에서 잠시 멈추었다. 본거지로 돌아와 휴식을 취한 후 칭기즈칸은 탕구트, 즉 서하(西夏) 공격을 준비했다. 탕구트는 이미 항복했지만 호라즘 원정 때 지원 병력을 보내지 않았다. 탕구트 원정을 위해 고비 사막을 건너던 1226년과 1227년 사이의 겨울, 칭기즈칸은 야생마 사냥 중 말에서 떨어져 크게 다쳤다. 탕구트의 수도를 포위하고 마지막 승리를 앞둔 1227년 8월 칭기즈칸은 세상을 떠났다. 낙마에 따른 부상과 합병증이 원인이었다. 오늘날 중국의 간쑤성(甘肅省) 칭수이현(淸水縣) 시장(西江) 강변이었다.

칭기즈칸은 사망하기 직전 가쁜 숨을 몰아쉬며 자식들에게 중국정복을 완수하라는 유언을 남겼다. 부상이 깊어지자 자신이 곧 죽으리라는 걸 예감했던 것 같다. 또 칭기즈칸은 자신의 죽음을 주위에 알리지 말라고 했다. 그는 다음과 같이 말했다. "내 죽음을 알리지 말라. 적이 내 죽음을 알지 못하도록 절대로 곡을 하거나 애도하지 말라. 탕구트의 군주와 백성들이 밖으로 나오면 그들을 모두 죽여 없애라!"

칭기즈칸의 병사들은 칸의 시신을 그의 고향 몽골로 운구했다. 운구 행렬이 칭기즈칸의 고향에 도착할 때까지 40일이 걸렸다. 운구 행렬을 호위한 병사들은 그 40일 동안 길에서 마주친 사람과 짐승 등 모든 생명체를 죽였다. 비밀리에 매장을 마친 뒤에는 800명의 기병들이 그 땅을 여러 번 밟았다. 무덤의 흔적을 지우기 위해서였다. 무덤의 위치를 발설하지 못하도록 그 기병들은 다른 병사들에게 죽임을 당했다. 그 병사들은 또 다른 병사들에게 죽임을 당했다고 한다. 따라서 칭기즈칸의 무덤은 오늘날까지도 그 정확한 위치가 밝혀지지 않고 있다. 칭기즈칸은 능력과 성과주의 중심의 강한 몽골제국을 만들었다. 역사상 가장 위대한 군사 전략가이자 인류 최대의 정복군주인 칭기즈칸은 그렇게 역사의 뒤안길로 사라졌다. 그러나 그가 사라진 뒤에도 그의 위대한 이름은 세상에 영원히 기억되고 있다.

나. 출생과 성장과정

1162년 봄 몽골과 시베리아 지역이 맞닿은 헨티산맥에서 발원한 오논 강 유역의 숲에서 한 사내아이가 태어났다. 훗날 '칭기즈칸'으로 전 세계에 이름을 떨칠 아이였다. 아버지는 몽골의 보르지긴 씨족 예수게이 바아토르였고 어머니는 옹기라트 부족 산하 올코노오트 씨족장의 딸 허엘룬이었다. 예수게이는 메르키트 부족장의 사촌동생인 예케 칠레두와 결혼하기 위해 신랑 집으로 가는 중이던 허엘룬을 납치했다. 예수게이는 이렇게 허엘룬과 결혼했다. 12세기 당시 몽골지역에서 유행하던 일종의 약탈 결혼이었다. 이 일을 계기로 메르키트 부족은 예수게이의 보르지긴 씨족과 원수지간이 되었다.

예수게이는 이미 첫 번째 부인 소치겔과의 사이에서 아들 벡테르와 벨구테이를 두고 있었다. 허엘룬과 결혼을 한 후 채 1년이 지나지 않아 예수게이는 타타르족과 전투를 치렀다. 타타르의 적장 테무친 우게를 포로로 잡던 날 아들이 태어났다. 예수게이는 태어난 아들의 이름을 그날 생포한 적장의 이름을 따서 테무친(鐵木眞)이라 지었다. 아이는 주먹을 꽉 쥔 채 태어났다. 주먹 안에는 손가락 마디뼈만한 크기의 핏덩이가 쥐여져 있었다고 한다. 그것은 사람들에게 용기와 전투 그리고 승리의 상징으로 해석되었다.

12세기 몽골 초원 지대에는 수십 여의 부족과 씨족들이 격렬하게 싸우며 살아가고 있었다. 전술한 것처럼 치열한 싸움은 다섯 개의 주요 세력권으로 나뉘어 전개되고 있었다. 아시아 대륙의 가장 서쪽에는 나이

만이 있었고, 나이만의 동남쪽에는 케레이트가, 가장 북쪽에는 메르키트가 자리잡고 있었다. 케레이트의 북동쪽 케룰렌 강으로부터 흥안령 산맥에 이르는 지역에는 가장 강력하고 억센 타타르가 있었다. 타타르의 서북쪽, 즉 케룰렌강과 오논강 사이에서 여름과 겨울 목초지를 따라 이동하며 유목생활을 하던 힘없는 부족이 있었다. 그들이 바로 칭기즈칸이 속한 몽골족이었다.

몽골고원의 주요 부족들 (사진출처 : 네이버 블로그 〈연우의 세계〉)

예수게이는 테무친이 아홉 살이 되던 1171년 옹기라트 부족의 지도자 데이 세첸의 딸 버르테와 약혼시켰다. 당시 몽골의 유목민사회에서 각자의 세력을 키우기 위해 유행하던 정략적인 약혼이었다. 예수게이는 테무친을 버르테와 약혼시키고 돌아오는 길에 타타르족 유목지를 방문했다가 독살당하고 말았다.

예수게이의 보르지긴 씨족은 타이치오트 씨족 산하에 의탁해 살고 있었다. 타이치오트 씨족은 예수게이가 죽자 그의 가족들을 버리고 이동했다. 예수게이가 이끌던 씨족의 유목 공동체는 붕괴되었다. 예수게이를 중심으로 뭉쳤던 씨족들은 그의 부인 허엘룬과 어린 아들 테무친의 눈물어린 호소를 외면했다. 배반은 오래된 우정과 충성에 어긋나는 행동이었다. 그것을 알면서도 부족민들은 타이치오트 씨족의 족장 타르코타이의 마차 행렬을 따라 나섰다. 예수게이와 가까운 혈족들조차 떠났다. 허엘룬은 그들을 제지하려 했지만 힘에 부쳤다. 예수게이의 갑작스러운 죽음은 남겨진 가족들에게 엄청난 정신적인 충격과 극한의 굶주림을 안겼다. 부족들에게 버림받고 남겨진 가족들은 오논 강 유역에서 들짐승 사냥과 물고기 낚시, 야생 열매 채집 등으로 연명하며 고난의 세월을 보냈다.

어느 해 여름 타르코타이는 테무친의 야영지를 습격했다. 어린 소년을 직접 죽인다면 많은 비난을 받을 터였다. 그래서 그는 테무친을 거친 황야로 내몰아 굶어죽거나 늑대에게 물려죽일 심산이었다. 후환을 없애기 위해서였다. 누군가 미리 알려준 덕에 테무친은 도망칠 수 있었다. 그러나 굶주림에 못 이겨 아흐레 째 되던 날 숨어 있던 숲에서 나왔다.

그는 죄인처럼 목에 채우는 칼을 받았다. 대신 테무친의 어머니 허엘룬과 다른 사람들은 풀려났다. 아들을 두고 떠나야 하는 허엘룬은 구슬피 울부짖었다. "나의 아들 테무친아! 네 아버지 예수게이 곁으로 가거라. 그리고 고난에 찬 이승을 잊어라. 너를 구하지 못하는 이 한 많은 어미를 용서해다오." 다행히 테무친은 예전에 아버지 예수게이를 따르던 소르칸 시라의 도움으로 탈출에 성공했다. 테무친은 타르코타이 군사들의 수색과 추격을 따돌리고 가족들을 찾아 나섰다. 풀이 눌린 흔적을 따라 오논강을 거슬러 올라갔다. 서쪽에서 흘러드는 키모르카 냇물로 들어섰다. 조금 더 올라가 베데르산 산마루에 위치한 코르초코이 언덕에서 가족들과 재회했다.

보르칸산이 보이는 푸른 호수 주변에서 테무친은 늠름한 청년으로 성장했다. 그러던 어느 날 예기치 못한 일이 발생했다. 초원을 배회하던 도둑들이 간밤에 칭기즈칸의 목초지에 있던 여덟 마리의 말을 훔쳐 사라진 것이다. 말 도둑들은 그의 목초지가 보잘 것 없고 감시를 하는 사람도 거의 없어 얕잡아 보았다. 테무친은 홀로 말 도둑들을 추격하기 시작했다. 테무친은 이제 방어적 태도를 버리고 공세적 태도를 취해야 할 때가 왔음을 깨달았다. 말을 뒤쫓기 시작한 지 나흘째 되던 어느 날, 테무친은 우연히 한 젊은 사내를 만나 말 도둑들에 대한 소식을 들었다. 그 사내는 도둑들이 말을 몰고 지나간 것을 기억한다고 말했다. 그는 테무친이 타고 갈 말을 내주었다. 그 자리에서 자신도 말에 올라 테무친과 함께 달렸다. 그 사내의 이름은 보오르초였다. 이때 보오르초가 칭기즈칸에게 했다는 말을 『몽골비사』는 다음과 같이 전하고 있다. "벗이여! 홀로 고생하고 있구나. 무릇 사내대장부란 고통을 함께 나누는 법. 내가 너의 동지가 되어 주겠다. 내 이름은 보오르초, 나코 바얀의 아들이다." 그들은 도둑들의 야영지에 숨어들어 말들을 데리고 나왔다. 말 도둑들이 뒤쫓아 왔다. 테무친은 화살을 쏘아 추격자들을 따돌렸다.

테무친은 보오르초에게 신세를 진 대가로 말을 몇 마리 주겠다고 제의했다. 보오르초는 한사코 거절하며 이렇게 말했다. "벗의 고통을 함께 나누는 것은 벗의 의무이다. 도움의 대가를 받는다면 그게 어찌 벗이겠는가!" 이 감동적인 만남은 칭기즈칸이 맺어가는 평생 동지적 인간관계의 시작이었다. 혹독한 자연환경을 극복하려면 사람과 사람 사이에 강한 믿음과 결속이 있어야 한다. 그렇게 맺은 관계를 몽골어로 '안다'와 '너커르'라고 한다. '안다'는 평생의 친구, '너커르'는 평생의 동지라는 뜻이다. 많은 친구와 동지들은 먼 훗날 칭기즈칸에게 4맹견(猛犬, 네 마리의 사나운 개)과 4준마(駿馬, 네 마리의 빼어난 말)가 되어 주었다.

1178년 16살이 된 테무친은 버르테와 결혼을 했다. 그리고는 유력한 케레이트 부족의 옹 칸(일명 토오릴 칸)에게 복속하여 일족의 안전을 도모했다. 그러나 메르키트족은 오래 전의 원한을 잊지 않고 있었다. 자기 부족의 사람이 될 예정이던 허엘룬을 테무친의 아버지 예수게이가 납치하여 생긴 응어리를 늘 가슴속에 안고 살았다. 그에 대한 복수로 17년 뒤 테무친의 게르(몽골의 이동식 천막집)를 습격했다. 테무친은 도망쳤다. 메르키트족은 그의 아내 버르테를 납치해 갔다. 테무친은 아내를 되찾기 위해 옹 칸에게 메르키트족을 공격하겠다는 뜻을 밝혔다. 메르키트와 구원(舊怨)이 있던 있던 옹 칸은 흔쾌히 동의했다. 테무친과 의형제를 맺은 자다란 씨족의 자무카까지 합류했다. 그들은 메르키트를 공격하고 승리했다. 테무친은 수많은 게르를 뒤져서 아내 버르테를 찾아 데려 왔다. 버르테는 메르키트 부족 어느 사내의 아이를 잉태하고 있었다. 이렇게 태어난 아이가 주치였다. 주치는 '손님' 또는 '나그네'라는 뜻이다. 칭기즈칸은 주치를 큰 아들로 받아들였다. 모든 과정을 지켜본 어머니 허엘룬이 번민하던 칭기즈칸의 마음을 다잡아 준 덕분이었다. 허엘룬은 며느리 버르테를 위로하며 칭기즈칸에게 좋은 아내가 되도록 격려했다. 그러나 이것은 후일 주치가 동생 차가타이 및 오고타이와 후계자 문제로 갈등을 빚는 원인이 되었다. 결국 주치는 칭기즈칸의 후계자가 되지 못했다. 나중에 역사가들은 이것을 '메르키트 콤플렉스'(Merkit Complex)라고 불렀다.

주치는 1221년 우르겐치 점령 전투에 참전한 것을 끝으로 아버지 칭기즈칸을 보지 못했다. 우르겐치는 현재 우즈베키스탄공화국의 도시이다. 고도(古都) 히바로부터 서남쪽으로 40km 떨어진 지점의 아무다리야강 하류에 위치하고 있다. 그 후 주치는 1222년부터 1227년까지 자기 속령으로 카자흐스탄의 북부에 위치한 투르가이와 서부에 위치한 우랄스크에 칩거했다. 그 동안 칭기즈칸이 주도한 원정에 참여하지 않았다. 주치는 후일 그의 아들들이 계승하게 될 킵차크 칸국의 토대를 다지고 있었다. 주치의 아들 바투로부터 시작되어 240년(1240년~1480년)간 계속된 몽골의 러시아 지배는 그런 기반 위에서 이루어졌다. 러시아의 몽골 지배를 일컫는 '타타르의 멍에'(Tatar yoke)는 주치가 가장 먼저 그 멍에를 씌움으로써 시작된 일이었다.

주치의 이러한 행동은 아버지 칭기즈칸을 불안하게 만들었다. 칭기즈칸은 주치에게 몽골로 돌아오라고 명령했다. 그러나 주치는 칭기즈칸의 명령에 따르지 않았다. 칭기즈칸은 주치가 모반을 꾀하고 있는 게 아닐까 의심하기 시작했다. 그래서 칭기즈칸은 주치를 토벌하려고 생각했다. 그런데 주치가 아랄해 북쪽 초원에서 죽었다는 소식이 들려왔다. 1227년 2월이었다. 사실, 주치가 돌아오지 못한 것은 그가 아팠기 때문이었다. 주치가 죽음으로써 아버지와 아들 사이의 갈등은 해소되었다. 칭기즈칸은 주치가 죽었다는 소식을 들은 직후부터 슬픔에 잠겼다고 한다. 그는 다음 날까지도 자신의 게르에 홀로 틀어박힌 채 아무도 들어오지 못하게 한 것으로 전해졌다.

테무친은 의형제이자 먼 친척 관계인 자무카 무리와 함께 공동 유목 생활을 하며 평온을 찾았다. 그러나 1181년 자무카와 결별하고 독자적인 세력을 구축하기 시작했다. 1189년 여름 스물일곱 살의 테무친은 옹 칸의 승인 아래 전통적인 씨족·부족 회의인 쿠릴타이를 소집했다. 그 자리에서 '카마그 몽골 칸'의 존칭을 부여받고 칸으로 즉위했다. 1196년에는 옹 칸과 함께 타타르 원정에 나서 대승을 거두었다. 이 전쟁을 통해 테무친은 금나라가 타타르, 케레이트, 몽골 등 여러 부족들을 이간질하여 싸우게 만드는 이이제이(以夷制夷) 전략을 구사하고 있음을 분명하게 인식했다.

1197년 테무친은 주르킨 부족을 공격하여 무너뜨렸다. 그리고 케룰렌강과 쳉게르강이 만나는 곳 일대에 새로운 근거지를 만들었다. 이곳이 몽골제국의 수도 아바르가(Avarga, 현 몽골공화국의 헨티 지역)가 되었다. 아바르가는 1227년 칭기즈칸이 세상을 떠날 때까지 대외원정을 위한 전진기지 역할을 했다. 1203년 테무친은 자신을 헤치려던 옹 칸을 기습공격으로 격파했다. 그리고 1206년 봄 쿠릴타이를 개최했다. 성산(聖山) 부르칸 칼둔 근처 오논강의 상류와 가까운 초원 위에서였다. 즉위식을 거행하기 전 부족장들은 그에게 존호를 지어 바쳤다. 칭기즈칸이라는 존칭이었다. 그가 두 번째로 받는 칸의 직위였다. 즉위식을 거행하면서부터 그에게는 칭기즈칸이라는 존칭이 사용되었다. 칭기즈칸으로 즉위했을 당시 몽골은 인구가 대략 100만 명에 이르고 약 2000만 마리의 가축을 보유했다. 칭기즈칸과 함께 그의 부족도 강력한 세력으로 성장한 상태였다. 칭기즈칸은 자신의 나라를 '대 몽골의 나라'라는 뜻의 '예케 몽골 울루스'라 명명했다. 고난과 시련을 극복한 테무친은 이렇게 칭기즈칸으로 등극하고, 세계사의 무대 전면에 화려하게 등장하게 되었다.

다. 칭기즈칸의 리더십

씨족과 가문 중심의 조직 구조를 해체하다. 그리고 군대와 사회 전반을 십진법 기반의 모듈형 조직 구조(decimal-based modular organizational structure)로 재편하다. 기존의 씨족·부족 단위로 유지되는 이질적인 계층 구조와 수직적인 직위 체계를 전면적으로 철폐하다. 대신 수평적이고 표준화된 조직 구조(flat and standardized organizational structure)로 전환하다.

현대의 리더는 조직을 민첩하고 효율적인 유닛 단위로 설계해야 한다(modular organizational design). 각 유닛은 독립적으로 운영되면서도 유기적으로 연결되어야 한다. 또한 유기적인 결합과 분리가 용이하도록 하기 위한 통제 시스템을 유지해야 한다. 아울러 직위 체계를 단순화하고 프로세스를 표준화(standardization)해야 한다. 그래야 단위조직 간 호환성(interchangeability)과 상호운용성(interoperability)이 극대화된다.

경화(硬化)된 조직으로는 유연하면서도 급변하는 세상을 담아낼 수가 없다. 경직된 사고와 조직으로는 불시에 닥쳐오는 고난과 역경을 극복하면서 앞으로 나아가기 어렵다. 칭기즈칸은 몽골을 통일하고 칸으로 즉위하면서 내부개혁을 단행했다. 더 큰 세계를 경영하기 위해 필요한 혁신적인 대책이었다.

백호·천호제는 칭기즈칸이 구축한 생활 조직이자 군사행정 조직이었다. 십호(十戶)는 열 명의 기병, 백호(百戶)는 백 명의 기병, 천호(千戶)는 천 명의 기병, 만호(萬戶)는 만 명의 기병을 의미했다. 열 개의 백호가 모여 천호를 이루었고, 열 개의 천호가 모여 만호를 이루었다. 만호와 천호, 백호 및 십호의 대장은 각각 만호장(투멘), 천호장(밍간), 백호장(자우트), 십호장(아르반)이라 불렸다. 백호·천호제는 기존의 씨족이나 가문 단위의 편제를 해체하고 사회와 군대 조직을 10명, 100명, 1,000명, 10,000명 단위로 묶고, 각 단위에서 공이 큰 사람을 리더로 뽑았다.

칭기즈칸은 1206년 오논강에서 개최된 쿠릴타이에서 몽골제국의 칸으로 즉위했다. 그는 몽골제국의 부족제를 재정비하여 새로운 백호·천호제를 도입했다. 사실 몽골 이전의 여러 유목민족에게도 이미 십, 백, 천을 단위로 하는 군사·행정 조직이 존재했다. 그러나 전대의 백호·천호제는 해당 세력의 부족장이나 군주를 중심으로 운용되지 않았다. 백호장·천호장 간에 다툼이 일어나 세력이 약해지거나 병합되기를 반복했다. 최고 리더를 중심으로 세력이 결집되지 않고 내부 분열로 자멸에 이르는 경우가 일상사였다. 반면 칭기즈칸이 조직한 백호·천호제는 옛것을 계승하면서도 오직 몽골제국의 칸에 의해서만 움직이도록 설계되었다.

  칭기즈칸은 백호·천호제를 도입하면서 기존 유목 민족의 귀족들에게 세습되던 천호·백호제를 해체했다. 그리고 해체한 유목 민족을 자신의 일족인 황금씨족과 전공을 세운 공신들에게 배정했다. 천호장은 칭기즈칸에 대한 충성도에 따라 임명되었다. 노예나 천민이라도 출신 배경은 전혀 문제되지 않았다. 천호장은 하나의 천호만이 아니라 여러 개의 천호를 다스릴 수도 있었다. 여러 개의 천호나 열 개의 천호를 거느린 천호장은 만호장으로 불렸다. 백호장과 십호장은 천호장의 추천에 의해 임명되었다. 또한 칸이 천호의 위치를 정하면, 천호장이 백호·십호의 위치를 정했다. 칸에 의해 천호의 규모, 위치, 목초지, 관할권 등이 정해졌다. 천호장 등의 직위는 기본적으로 세습되었지만, 경우에 따라 칸의 명령에 의해 바뀌기도 했다.

  일단 배정된 천호, 백호, 십호의 범위는 유목 민족을 강하게 통제했다. 만일 소속된 천호·백호·십호를 무단으로 이탈하거나 다른 천호·백호·십호로 이주하면 군율에 따라 처벌을 받았다. 위치를 벗어난 자를 받아준 천호, 백호, 십호도 처벌을 받았다. 또한 군사 소집령이 떨어지면 천호장, 백호장, 십호장은 신속하게 자신이 관할하는 유목 부족을 징발하여 집결지로 이동해야 했다.

사회와 군대 체제가 십진법 체계로 조직되었기 때문에 조직의 변화와 이동이 자유자재였다. 만 명으로 이루어진 각 부대는 전체 군대의 축소판처럼 움직였다. 만호의 지휘관은 자신이 직접 통제하는 천호 부대의 중앙에서 지휘권을 행사했다. 나머지 아홉 개의 천호는 필요에 따라 각 방향에 적절하게 배치했다. 더욱 놀라운 것은 단위부대의 호환성을 높인 점이었다. 칭기즈칸은 부대의 위계를 정하지 않고, 마치 여러 개의 동심원을 그려나가듯 군대를 조직했다. 『유목민 이야기』의 작가 김종래는 그것을 "일종의 레고 조직이었다"라고 표현했다. 칭기즈칸은 장기간에 걸쳐서 몽골 고원에서 유럽에 이르는 정복활동을 펼쳤다. 전쟁을 치르는 동안 전사자와 부상자도 늘어났다. 칭기즈칸은 결원이 생긴 병력을 현지동원 인력으로 충원했다. 그는 적국의 포로나 노예 등에게도 차별 정책을 쓰지 않았다. 오히려 자신의 군대와 조직 내부로 이들을 편입시켜 새로운 기회와 가능성을 제공했다. 이른바 '피로스 승리'(Pyrrhic victory)의 함정에 빠지지 않을 수 있었다. 피로스의 함정이란, 이겼으나 아군의 손실도 커서 패배나 다름없는 승리를 의미한다. 고대 그리스 지방의 에페이로스 왕 피로스는 로마와의 두 번에 걸친 전투에서 모두 승리했다. 그러나 전투 중 전사한 장병들의 손실을 보충하지 못해 최후의 전쟁에서는 패배했다. 1885년에 영국의 데일리 텔레그래프는 이런 피로스의 승리를 상처뿐인 승리라고 묘사했다. 이후 많은 희생이나 비용의 대가를 치른 승리를 '피로스의 승리'라 부른다. 칭기즈칸 군대는 즉각적인 현지동원이 이루어져 '실속 없는 승리', '상처뿐인 영광'과는 거리가 멀었다.

몽골군은 야영지나 진지를 자주 옮겨 다녔다. 그러나 각 부대의 중앙 지휘소는 늘 정확하게 똑같은 형태로 배치했다. 새로 도착하는 병사들도 어느 곳에 보고를 하고 필요한 것은 어디에서 찾아야 하는지 쉽게 알 수 있었다. 몽골군은 천호마다 자체의 의무대를 보유했다. 의무대는 통상 한족 의사들로 구성되어 있었다. 의무대는 병이 들거나 부상당한 병사들을 돌보았다.

백호·천호제의 장점은 부족이나 씨족마다 많은 계급과 직위로 나뉘어 있던 수직적인 체계를 전면 해체한 데 있었다. 혁신한 편제에서는 모든 직위를 단 두 단계로 단순화시켰다. 현대의 조직사회에 적용하면 일종의 결재단계 축소인 셈이다. 뿐만 아니라 각 개인은 능력과 성과에 따라 누구나 빠른 신분 상승을 기대할 수 있었다. 특히 주목할 점은 정복지에서의 개별 약탈을 금지하고, 오늘날 공공과 민간 기관에서 시행하는 성과급 제도와 같은 분배 방식을 채택한 것이었다.

칭기즈칸은 백호·천호제를 통해 유목 민족 전통의 부족제도를 해체했다. 그렇게 해서 유연하고 효율적인 통치 체제로 개편했다. 칭기즈칸이 혁신한 백호·천호제는 조직화된 생활·군사·행정 편제의 기본이 되었다. 이런 조직을 바탕으로 몽골제국은 사상 유례가 없는 정복왕조로 눈부시게 성장하게 되었다. 유연하고 효율적인 조직을 구축하고, 모든 직위를 단순화한 백호·천호제는 결과적으로 대몽골 제국을 건설하는데 엄청난 위력을 발휘했다. 13세기 초 당시 다른 국가에서는 찾아볼 수 없는 효율적인 조직이었다. 칭기즈칸은 평등과 민주적인 기회 제공이 보장되는 체제를 도입했던 것이다. 칭기즈칸은 누구든지 열심히 노력하고 능력을 발휘할 수 있게 한 통찰력을 지닌 지도자였다. 칭기즈칸의 리더십은 현대의 리더들이 연구하고 활용할 만한 많은 시사점을 던져주고 있다.

제국 전반에 적용되는 몽골 대법령 '예케 자사크'를 제정하다. 최고 통치자인 자신에게도 엄격히 적용하여 준법경영(compliance management)의 모범을 보이다. 칸에서 일반 구성원에 이르기까지 공정한 법 집행으로 기강을 바로 세우고 통제 체계를 확립하다. 신뢰 기반의 권한 위임(trust-based empowerment)을 통해 핵심 인재인 텝 텡그리에게 가족 관리 책임을 부여하다. 또한 제국 전역에 적용되는 윤리규범과 행동기준(ethical code of conduct)을 수립해 구성원들의 윤리적 기준을 명확히 하다.

오늘날의 리더 역시 윤리경영(ethical management)과 준법경영 체계를 통해 조직의 기강 해이와 나태를 방지해야 한다. 이를 통해 조직의 신뢰와 책임 문화를 강화하고, 안정적 운영과 전략적 경쟁력을 확보할 수 있다.

현재까지 알려진 몽골 최고의 성문법전은 칭기즈칸의 대법령(예케 자사크)이다. 그것은 당시의 유목사회에서는 전례가 없는 성문화된 법이었다. 칭기즈칸은 문자를 깨우친 적이 없었다. 학교 근처에는 가보지도 못했다. 그야말로 자기 이름조차 쓸 줄 모르는 일자무식이었다. 그런 그가 법치주의에 눈을 뜬 리더였다는 것은 놀라운 사실이다. 칭기즈칸은 제국 전체를 다스리기 위해 새로운 법률들을 제정했다. 그리고 통치영역에 속하는 광대한 제국 전역에서 그 법을 시행했다. 그렇게 법률에 의한 지배를 확립하기 위해 칭기즈칸은 먼저 문자 체계를 도입했다. 그는 1204년 나이만을 정복했을 때, 타양칸이 서기를 두고 그의 말을 위구르어로 받아 적게 했다는 보고를 받았다. 또 받아 적은 것에 공식적인 국가 인장을 찍는다는 것을 알았다. 그는 그 시스템을 도입하기로 결정했다. 현재 중국 서부 신장(新疆)지역에서 사용하는 위구르어는 몽골어와 친족관계였다. 위구르 문자는 초원지대 부족들에게 기독교를 전파한 선교사들이 사용한 시리아 알파벳에서 파생된 문자이다. 실제로 몽골어를 글로 적을 때 위구르 문자는 응용하기가 편했다. 칭기즈칸은 위구르어를 차용하여 몽골문자를 창제하였다.

몽골고원의 통일을 달성하자 칭기즈칸은 부족이나 지방의 풍속에 따라 각기 다른 관습법을 통일할 필요성을 느꼈다. 또 동맹 부족 간의 관계를 원활하게 하기 위해 성문화된 법률의 제정이 필요하다고 생각했다. 이렇게 해서 1206년 쿠릴타이의 승인을 거쳐 성립된 법이 예케 자사크이다. 예케 자사크는 몽골의 유목생활에 맞는 규정을 마련할 목적으로 제정되었기 때문에 토지법이 결여되어 있다. 그러나 대법령은 유목사회의 낡은 과거를 청산하고 보다 넓은 문명 세계를 향해 나아가기 위한 최소한의 장치였다. 아울러 스스로 고쳐야 할 내부문제들을 해결하기 위해 필요한 법이었다. 흥미로운 것은 이 법의 특징이 규정은 최소로 정해 두고 어느 누구든 최대로 지켜야 한다는 점이다. "서로 사랑하라. 도둑질하지 말라. 위증하지 말라. 노인과 가난한 사람을 돌보아 주어라. 그렇지 않으면 사형에 처한다."와 같은 조항이다. 인간으로서 마땅히 지켜야 할 도리를 정해 두고 위반하는 자는 엄격하게 다스린다는 원칙이었다.

법 집행과 그것을 지키는 책임은 가장 높은 수준, 즉 칸 자신으로부터 시작되었다. 칭기즈칸은 통치자를 포함하여 그 어떤 개인보다 법이 우위에 있다는 원칙을 선포했다. 통치자를 법에 종속시킨 것은 그때까지 그 어떤 문명도 해내지 못한 업적이었다. 다른 문명, 특히 군주는 법 위에 군림하며 신의 뜻에 따라 다스린다고 했던 서유럽과는 근본적으로 달랐다. 칭기즈칸은 자신의 대법령이 다른 모든 사람들과 마찬가지로 통치자에게도 엄격히 적용된다는 사실을 분명하게 밝혔다.

칭기즈칸은 문맹이었으나 관료들을 통해 제국을 다스리는 법체계를 보완해 나갔다. 칭기즈칸의 명령은 서기(비체치)들이 글로 기록하여 보관했다. 『몽골비사』의 저자로 알려진 시기 쿠투쿠(Shigi-Qutuqu)는 타타르족 출신의 전쟁고아였다. 칭기즈칸은 쿠투쿠를 어머니 허엘룬의 양자로 입적하고 친형제처럼 지냈다. 쿠투쿠가 성장하자 칭기즈칸은 법과 명령을 하얀 종이 위에 문자로 정리하게 했다. 또한 그렇게 정리된 예케 자사크를 푸른색 함에 보관하는 책임을 그에게 맡겼다. 아울러 자신의 명령이나 법들이 집행되는 과정을 확인하기 위해 최고재판관이라는 직책을 만들고 그 책임을 쿠투쿠에게 맡겼다.

예케 자사크에는 짐승들이 새끼를 낳아 기르는 3월부터 10월까지는 사냥을 금지하는 조항도 들어 있었다. 나아가 짐승을 사냥하는 방법과 도살하는 방법까지 구체적으로 규정하여 자원의 낭비를 막았다. 오늘날로 치면 공공기관이나 민간기업에서 시행중인 윤리헌장이나 ESG 규정과 같은 내용을 담고 있었던 것이다. ESG는 Environment, Social, Governance의 머리글자를 조합한 경영분야의 신조어다. 기업 활동에 친환경, 사회적 책임 이행, 지배구조 개선 등 경영의 투명성을 강화하는 기준들이다. 그렇게 함으로써 지속 가능한 발전을 이룰 수 있다는 경영철학을 담고 있다. 지금은 개별 기업을 넘어 자본시장과 한 국가의 성패를 가를 기관 성과평가의 핵심요소로 부상했다. 또한 칭기즈칸은 신임하는 텝 텡그리에게 어머니 허엘룬, 막내동생 테무게 옷치긴, 아들 차가타이 등 가족들을 감독하는 역할도 맡겼다. 텡그리교는 중앙아시아와 동북아시아의 유목민족들이 믿던 천신(天神) 신앙의 일종이었다. 애니

미즘, 토테미즘, 샤머니즘이 복합적으로 혼합된 토속적인 종교였다. 텝 텡그리는 텡그리교의 수석 샤먼으로 요즘으로 치면 최고 종교지도자 쯤에 해당한다. 칭기즈칸의 주변 관리는 현대 우리 사회에서, 대통령실 민정수석비서관실에 국가수반인 대통령의 친인척 관리를 맡기고, 민간기업의 감사실 또는 준법경영실에 회장의 부인이나 자식들을 감독하는 역할을 맡긴 셈이다. 새로운 사회를 구축하려는 그의 치열한 개혁정신이 돋보이는 대목이다.

 칭기즈칸의 대법령은 다른 통치자들의 법과는 본질적으로 달랐다. 근본적인 법연원은 몽골의 관습법이었고, 보조적인 연원은 본인의 입법명령과 중국법이었다. 그는 이 법을 통해 유목민 부족들의 관습과 전통을 강화했다. 동시에 자신이 건설하려는 새로운 사회의 운영에 방해가 되는 낡은 관행들은 없애버렸다. 또한 각 집단이 독자적인 영역에서 대법령과 충돌하지 않는 한 고유의 전통을 따르는 것을 허용했다. 이렇게 제정된 대법령은 모든 사람이 준수해야 하는 최고의 법 또는 관습법 역할을 했다.

 그리고 징키스칸은 "이 푸른 글은 절대로 바꾸지 말라."라고 경고했다. 그러나, 적절한 판단을 가하여 현재의 상황과 필요에 부합될 수 있도록 적용하라고 지시했다. 따라서 대법령은 한 번에 성문화된 법이 아니라, 그의 여생 20년과 후대 칸들에 의해 계속 발전시켜 나가야 할 미완의 법률체계였다. 칭기즈칸은 사회개혁과 법치를 시행하면서 그것을 추진하는 권력의 중추기관인 회의체를 만들었다. 그것은 현대의 입법기관과 같은 부족회의 기구인 쿠릴타이였다. 몽골족 전통의 쿠릴타이를 발전시킨 모형이었다. 쿠릴타이는 기본적으로 합의제 기구였다. 쿠릴타이의 가장 중요한 특징은 반대 세력들에게도 충분한 시간을 주어 완벽한 동의를 받아내는데 있었다. 최고 권력을 선출하는 과정도 마찬가지였다. 몽골 대법령은 아무리 강력한 군사력을 보유한 후손이라도 형식적인 쿠릴타이일망정 반드시 쿠릴타이를 통과하는 절차를 거치도록 규정하고 있다.

조직·지역·국가 간의 제도적·물리적 장벽을 제거(removal of institutional and physical barriers)하여 글로벌 상품 유통과 문화 콘텐츠의 확산을 촉진시키다. 다민족·다종교·다문화를 포용하는 차별 없는 통합정책으로 대제국을 건설하고(global network building), 이를 성공적으로 운영하다.

현대의 리더 역시 조직 내의 사일로(silo) 구조를 해체하여 칸막이에 따른 폐쇄성을 타파하고, 개방형 조직문화를 조성해야 한다(open organizational culture). 폐쇄적 구조는 조직 성장과 시장 확대에 심각한 장애요인이 되기 때문이다. 또한 리더는 구성원의 다양한 의견과 제안을 적극적으로 수용할 수 있는 포

> 용력을 갖추어야 한다(embracing diversity). 이를 위해 리더는 항상 너그러운 마음과 겸허한 태도로 경청 능력(active listening)을 유지해야 한다.

칭기즈칸이 건설한 몽골제국은 인종, 언어, 종교 및 문화의 차이에 구애를 받지 않은 사회였다. 권력층과의 별다른 연고가 없어도 능력이 있고 성과만 좋으면 누구라도 쉽게 등용이 되고 승진이 되는 사회였다. 능력주의, 실력주의 그리고 성과주의의 인재등용이 사회 전반을 관통하는 공정한 사회였다. 절대 다수의 농민과 서민 등 하위 계층에게도 출세와 성공의 기회가 보장되는 열린 사회였다. 칭기즈칸은 문자를 깨우치지 못했다. 그러나 돌궐 제2제국의 명장 아시테 톤유쿠크(645년~725년)의 비문에 있는 문장들을 가슴으로 깨우쳤다. "성을 쌓는 자는 반드시 망할 것이고, 끊임없이 이동하는 자만이 영원히 살아남는다." 칭기즈칸은 이 말을 경험으로 체득하고 있었다. 그래서 칭기즈칸은 "내 후손들이 비단옷을 입고 벽돌집에서 살 때 내 제국은 멸망할 것이다."라고 경계했다. 국가든 조직이든 유무형의 칸막이가 존재하면 그것은 닫힌 사회이다. 닫힌 사회는 성장과 발전에 커다란 장애요소로 작용한다.

대몽골 제국은 지금의 중국 전역과 중앙아시아, 러시아, 아랍, 동유럽을 하나의 정치·경제·문화권으로 아우르는 글로컬(glocal) 체제를 구축했다. 글로컬 체제란 국제(global)와 지역(local)을 합성한 용어로 지역 특성을 살린 세계화를 말한다. 칭기즈칸의 제국은 13세기 말까지 동서로는 태평양에서 동유럽까지, 남북으로는 시베리아에서 페르시아 만까지 확장을 거듭했다. 그와 그의 후손들은 유라시아 대륙을 아우르는 거대한 자유무역 지대를 만들어 냈다. 그리고 동서양 문명의 연결을 강화했다. 그것은 중세의 WTO 체제라 불러도 손색이 없을 정도였다.

칭기즈칸 덕분에 국제 교역이 폭발적으로 증가하고 이질적인 문명들 간의 통합이 이루어졌다. 칭기즈칸이 정복한 지역과 나라는 인종과 종교가 달랐다. 언어와 문화, 풍속 등 모든 것이 각양각색이었다. 피정복 국가들을 하나의 경제 단위로 통합하는 것은 여간 어려운 일이 아니었다. 그에 따라 효율적인 단일 경제권을 운영하기 위한 제도가 필요하게 되었다. 칭기즈칸의 몽골 제국은 이를 해결하기 위해 단일 지폐를 유통시켰다. 유럽보다 무려 400년이나 앞서서 만든 지폐였다. 물론 지폐가 대량으로 발행되고 본격적으로 유통된 것은 그의 손자 쿠빌라이의 통치 시기부터이지만 그 초석은 칭기즈칸이 놓았다.

칭기즈칸은 이질적인 사람이나 사회를 받아들여 차별을 가하지 않는 포용정책을 펼쳤다. 그래서 칭기즈칸은 광활한 지역에 걸친 다민족, 다종교, 다문화의 대제국을 경영할 수 있었다. 칭기즈칸과 몽골인들은 샤머니즘을 신봉했지만, 후에 라마교를 국교로 받아들였다. 그렇다고 타

종교를 탄압하지도 않았다. 모든 종교에 대해 자유로운 신앙과 포교 활동을 허용했다. 이슬람교, 티베트의 라마교, 전통 불교, 기독교의 한 분파인 네스토리우스파 등 다양한 종교와 문화를 허용했다. 심지어 적지 않은 수의 몽골 귀족들이 기독교 세례를 받기도 했다. 후대의 일이지만 칭기즈칸의 막내아들 톨루이의 아내이자 손자 쿠빌라이칸의 어머니였던 소르칵타니도 네스토리우스파 기독교인이었다.

칭기즈칸의 몽골제국은 멜팅팟(melting pot)의 사회였다. 멜팅팟은 서로 다른 금속들이 들어가 하나로 용해되는 용광로를 의미한다. 용광로처럼 여러 인종·민족·문화가 뒤섞여 하나로 동화된 사회에 대한 비유적 표현이다. 세계 각국에서 모여든 이민자로 구성된 사회, 그 중에서도 대표적 이민자 국가인 미국을 가리키는 말로 자주 사용된다. 최근에는 문화의 다양성을 존중해 여러 문화가 하나로 용해하지 않고 각각의 정체성을 유지하려는 노력이 강하다고 하여 '샐러드 볼(salad bowl)'로 부르기도 한다. 칭기즈칸이 구축한 몽골제국이야말로 그 어느 제국도 넘볼 수 없는 용광로의 사회이자 샐러드 볼의 사회였다.

> 역참제(驛站制)로 정보의 전달과 공유를 위한 효율적인 네트워크(efficient information-sharing and communication network)를 구축하다.

> 오늘날 커뮤니케이션 전략에 기반한 조직 내 정보 공유는 기관·부서 간 협업, 조직 혁신, 갈등 조정에 필수적인 조직문화로 기능한다. 리더는 이러한 정보 공유를 촉진하고 확산시키는 핵심 역할을 담당한다. 리더는 솔선수범하여 지식 공유 활동(knowledge sharing)에 참여하고, 개방적이고 자유로운 소통 문화를 조성해야 한다(open communication culture). 리더의 열린 태도는 정보 공유의 가치를 조직 전반에 확산시키며, 이는 조직의 성과와 경쟁력(organizational performance and competitiveness)을 지속적으로 강화하는 기반이 된다.

역참은 전통시대 공공 업무를 수행하기 위해 설치된 교통 통신기관이었다. 칭기즈칸은 각종 행정 명령과 공문서 전달, 긴급한 군사 정보 및 공공 물자 운송 등을 위한 제도로 역참을 발전시켰다. 죄인의 체포·압송, 통행인 규찰, 유사시 국방의 임무까지 담당하는 중요한 시스템이었다. 칭기즈칸은 전통적으로 존재하던 기존의 파발제도를 정비했다. 수도를 중심으로 각 속령에 이르는 교통로 상의 일정한 지역마다 참이라는 역을 세웠다. 참과 참 사이의 거리는 약 30~40km였다. 대략 세 마리 정도의 말을 번갈아 타며 지치지 않고 빠른 속도로 한 번에 달릴 수 있는 거리였다. 참고로 우리말의 '한참'은 참에서 유래했다. 참과 참 사이를 오가는 시간이 '한참'이 된 것이다.

전쟁이 잦아지고 영토가 확대되자 칭기즈칸은 몽골 유목민의 전통적인 통신방법을 행정·군사 목적으로 제도화했다. 역참에는 늘 말과 기병이 배치되어 있었다. 신속하게 전달되는 통신체계를 유지하기 위해 전령의 역할은 승마에 능한 기병들에게 맡겼다. 이들 전령은 화살 전령(arrow-messenger)으로 불렸다. 역참은 군대가 기병을 제공하고 지역민은 역참을 관리·운영하는 민관합작 방식이었다. 역전(驛傳) 업무는 군사 업무에 견줄 수 있는 중요한 일이었다. 따라서 몽골제국은 역전 업무 종사로 군역을 대신할 수 있었다. 각 역참에는 25 가족 정도가 배속되어 역참의 유지관리와 운영을 책임졌다. 또한 참에는 넓고 깨끗한 숙소가 마련되어 있어 칸의 사신이나 전령들이 숙박 장소로 이용할 수 있었다. 참 중에는 말이 200 마리 내지 400 마리나 되는 곳도 있었다. 전령들과 사신들은 이 말들을 자유롭게 이용할 수 있었다. 참은 길이 없는 곳에도 만들어졌다. 역참 주변에 백성들을 이주시켜 농사를 지으며 살도록 해 촌락이 형성되기도 했다.

역참은 당시 수도였던 카라코룸을 중심으로 유라시아 대륙 전역을 종횡으로 거미줄처럼 엮고 있었다. 이러한 역참제는 당시 세계에서 가장 넓고 빠른 정보망이었다. 동서양의 상인들이 오고갔던 13세기의 실크로드에도 정보망은 이어졌다. 역참제는 단순히 중앙집권을 강화하기 위한 교통로로만 기능한 것이 아니었다. 당시 거대한 제국의 다양한 정보를 수집하기 위한 빠르고 효율적인 네트워크였다. 각 역의 기병은 아무 역이든 가장 빨리 닿을 수 있는 역까지만 전속력으로 달리면 되었다. 전달 경로가 직선적으로 고정되어 있지 않고 유연했다. 홍수나 산사태와 같은 자연재해에도 명령이나 정보의 전달이 끊기는 경우는 없었다. 몽골평원은 오늘날에도 통신상황이 어려운 편인데 중세시대였던 그 시절에 참으로 경탄할 만한 시스템이었다.

칭기즈칸은 전황을 파악하고 3개 대륙을 아우르는 제국을 통치하는 데 많은 정보가 필요했다. 빠른 정보를 바탕으로 신속한 판단을 내려야했기 때문이었다. 그래서 자신이 필요로 하는 정보를 가능한 한 빨리 알고 싶어 했다. 전쟁사가(戰爭史家)들에 의하면 몽골제국이 유럽 원정에 나섰을 때 전령들은 잘 구축된 역참제도를 이용해 하루 동안 무려 352km의 속도로 이동했다고 한다. 하나의 역에 속한 전령과 말들은 한 구간만 달리면 되었다. 칸의 명령이나 현장의 보고 사항들은 역에서 역으로 빠르게 이어졌다. 제국의 광대한 통치영역 전역에서 명령과 보고는 신속하게 전달되었다. 유럽의 전쟁터에서 카라코룸에 이르는 수천km의 먼 길을 2주일 이내에 주파했다고 한다. 오늘날의 고속버스의 속도와 비교해도 크게 뒤지지 않는 속도였다. 칭기즈칸의 사망(1227년) 후 300년이 지난 후일 대영제국을 건설한 엘리자베스 1세(재위 1558년~1603년) 시대 왕실 공문은 하루 96km를 이동했다고 한다. 비슷한 시기 임진왜란(1592년)의 발발을 알리기 위해 경상좌수사가 부산에서 띄운 파발은 4일이 지나 한양에 도착했다. 하루에 105km쯤의 속도로 이동한 셈이었다

『유목민 이야기』에서 김종래 작가는 몽골제국의 역참제가 "오늘날 전 세계를 빠른 네트워크로 묶어주는 인터넷의 모델"이라고 적고 있다. 칸의 명령과 제국 내 곳곳에서 벌어지는 사건들이 역참을 따라 끊임없이 보고되고 하달되는 방식이 프로토콜 방식이라는 것이다. 칸을 비롯한 몽골제국의 통치자들은 당시 현장의 소식을 세계의 어느 군주보다 먼저 들을 수 있었다. 그래서 상황을 기민하게 판단하고 신속하게 의사결정을 내릴 수 있었다. 더욱 놀라운 점은, 유선전화처럼 고정되어 있는 정보 수신자에게만 전달되는 게 아니라는 것이었다 . 정보의 중간 또는 최종 수신자가 이동 중에도, 역참제는 이동 중인 정보 수신자의 이동방향과 속도에 맞춰 전달 경로를 변경했다는 것이다. 800년 전에 제국 전역에 오늘날의 인터넷과 유사한 원리의 통신망을 갖추고 있었다니 감탄하지 않을 수 없다.

> 속도 중시 전략(speed-centric strategy)과 경량화된 전투장비 및 휴대형 전투식량 개발로 군대 운영방식을 혁신하다(business process innovation). 이를 통해 기존 군대의 기동, 전투 및 보급 방식을 근본적으로 개선하다.
>
> 현대의 리더 역시 조직 운영 측면에서 업무 프로세스를 혁신하여 운영의 효율성을 높여야 한다(enhancing organizational

efficiency). 나아가 조직 내의 낭비와 비효율적 요소를 제거(lean management through the elimination of organizational waste and inefficiencies)함으로써 업무 프로세스를 최적화하고, 조직의 업무 실행력을 제고해야 한다(strategic execution capability). 리더의 전략적 판단과 실행이 곧 조직 성공의 결정적 요소이다.

칭기즈칸의 몽골제국은 우리에게 중요한 유산들을 남겨 주었다. 그 중의 하나는 유목민적 사고에 의해 속도를 중시하고 모든 장비와 물품을 간소화, 경량화, 휴대화 했다는 것이다. 어쩌면 몽골 부족과 사회 전체의 이러한 사고방식이나 생활방식이 장거리 여행이나 전투에 이상적인 조건을 제공했을지도 모르겠다.

칭기즈칸이 대제국을 건설할 수 있었던 배경 중 가장 중요한 요인은 승마가 가져다주는 속도의 경쟁력이었다. 한 곳에 정착해 살아가는 농경민들은 씨를 뿌려 곡물과 채소를 수확한다. 그들에게는 곡물과 채소가 잘 자라 많은 수확량을 거두는 것이 최고의 가치이다. 그들에게 속도란 별 의미가 없다. 유목민들은 가축을 몰고 다니며 사냥을 하고 약탈과 전쟁을 수행한다. 그렇게 하자면 말이 필수였다. 걸음마를 떼면 바로 말타기를 배우는 유목민인 몽골군은 기본적으로 말과 친숙했다. 다시 말해 그들은 살아남기 위해 속도가 중요했고, 속도를 내려하니 말이 필수였다. 걸어 다니며 싸우는 보병과 말을 타고 달리며 싸우는 기병과의 싸움에서 승패의 결과는 명백했다.

디지털과 AI 혁명 시대에 국가의 경쟁력은 영토의 크기가 아니다. 국가 경쟁력은 그 속에서 움직이는 사람들의 사고와 행동의 속도에 좌우된다. 칭기즈칸은 인구수가 적은 몽골에서, 인구를 늘릴 수는 없지만 속력을 높일 수는 있다고 생각했다. 몽골 기병의 진격 속도는 전장의 상황이나 지형에 따라 하루 96km에서 160km 정도였다. 1220년 몽골군의 호라즘 정복 시 진군 속도는 하루 평균 130km를 넘었다. 제2차 세계대전 초 탱크를 앞세운 독일군의 진격 속도가 하루 42km였던 점을 생각하면, 호라즘 정복 속도는 차라리 경주마의 질주 속도에 가까웠다. 호라즘 정복 이후 계속된 유럽 정복 전체 기간에 걸친 몽골군의 진격 속도는 하루 평균 100km를 넘었다. 몽골 기병은 한 사람당 5~7필의 예비 말들을 데리고 다녔다. 하루를 달린 말은 반드시 휴식을 취하게 했다. 별도의 병참부대나 거추장스러운 보급부대는 없애버렸다.

군사 장비를 경량화 하고, 전투 식량의 무게를 줄인 것이 군대의 진격 속도를 빠르게 한 비결이었다. 당시 유럽의 중무장한 기사 한 명의 갑옷과 무기의 무게는 70kg에 달했다. 몽골 기병의 갑옷은 7kg에 불과했다. 몽골군의 갑옷은 옷 속에 얇은 철사로 된 스프링을 넣어 가볍고 창검이나 화살을 막는데 효과적이었다. 활은 복합 재질로 만들어 작고 가볍지만 최대 사거리가 300m일 정도로 강력했다. 그밖에 대량으로 휴대해도 가벼운 화살 등을 만들 수 있는 신소재들을 끊임없이 개발했다. 무기로서 가치가 없거나 불필요한 것들은 과감하게 버렸다. 오늘날의 조직 관리로 치면 낭비적·비효율적 요소를 없애고 일하는 방식을 개선함으로써 업무 프로세스를 획기적으로 혁신한 것이다.

경무장으로 속도를 내는 이점을 살리는 것과 함께 몽골 군대는 꼭 필요한 것만 휴대하고 다녔다. 양털 겉옷 밑에 바지를 입고, 귀 덮개가 달린 모피 모자를 쓰고, 밑창이 두꺼운 장화를 신은 몽골군은 악천후에도 몸을 따뜻하게 보호할 수 있었다. 더워서 필요 없을 때는 벗어버리면 그만이었다. 어떤 전투 현장에서도 그렇게 적응할 수 있었다. 숙영을 할 때도 마찬가지였다. 십호마다 작은 천막을 하나씩 가지고 다녔다. 숙영할 때 천막을 쳤다가 이동할 때 걷어내면 그것으로 숙박 문제는 해결되었다.

각 개인이 자신의 식량을 휴대함으로써 앞서 기술한 것처럼 이동 속도가 느린 보급부대는 따라 다닐 필요가 없었다. 몽골군은 고깃가루, 육포, 건조 유제품, 설렁탕, 햄버거 등 현대 인스턴트식품의 기원이 된 전투식량을 만들어 무게를 가볍게 했다. 특히 '보르츠'라는 고깃가루는 많은 영양소를 골고루 갖추고 있으면서 부피도 작았다. 당시 이에 비견될 만한 전투식량은 없었다. 보르츠는 주로 야크 고기나 쇠고기로 만들었다. 그늘에서 말린 후 고기를 절구에 빻아 잘게 부수었다. 고깃가루의 비중이 있어서 바람에 날리지도 않았다고 한다. 이 고깃가루를 깨끗이 씻은 소의 위나 방광에 넣어 보관했다. 위나 방광 주머니 하나에 소 한 마리가 통째로 모두 들어가 병사 한 명의 1년 치 식량이 되었다. 위나 방광 주머니는 기후 변화에 대한 적응력이 뛰어나 저장능력이 탁월했다. 그래서 오랜 시간이 지나도 상하지 않았다. 세계정복 시절 몽골의 병사들은 이 보르츠 주머니를 두 개씩 말 안장 양쪽에 싣고 다녔다고 한다. 모든 병사들이 소 두 마리, 즉 병사 한 명의 2년 치 전투식량을 휴대하고 다닌 셈이었다.

이동하던 병사들은 쇠고기나 야크 고기의 각을 떠서 말린 육포와 건조 유제품을 씹어 먹었다. 야영 시엔 물에 엄지손가락 두 마디 정도의 보르츠와 말린 육포, 건조 유제품, 말린 야채나 현지에서 조달한 생야채를 넣고 2~3분 간 끓여 탕으로 먹었다. 이 탕이 '슐런'이다. 학술적으로 고증된 바는 없지만, 몽골군대의 이 고전 전투식사인 슐런이 기원이 되어 현대의 곰탕이나 설렁탕 혹은 진한 크림수프가 되었다고 한다.

몽골제국의 군대가 전투를 치르면서도 꾸준히 100km가 넘는 속도를 유지할 수 있었던 것은 그들의 철저한 현장주의(現場主義)에 기인했다. 그것을 가능케 한 것이 전투장비 경량화와 전투식량 휴대화를 통한 업무 프로세스 개선이었다. 몽골군은 칸의 명령에 따라 방향과 목표가 정해지면 취사 등 불필요한 일로 시간을 낭비하지 않았다. 목표가 정해지면 바로 행동으로 옮겼다. 전장에서의 낭비적·비효율적 요소를 제거하고 세부적인 사항은 현장 상황에 맞게 지휘관이 그때그때 결정을 내렸다. 오늘날의 기업경영 용어로 말하자면 '철저한 현장주의'로 전투의 성과, 다시 말해 업무 실행력과 실적을 극대화 할 수 있었다.

비전과 목표를 공유하는 '안다'(평생의 친구)와 '너커르'(평생의 동지)를 중심으로 견고한 인적 네트워크를 구축하다(building human networks). 개인 약탈은 금지하고, 전리품은 철저히 기록한 뒤, 사회적 약자에게까지 정해진 비율에 따라 공정하게 분배하다(fair reward system).

오늘날의 리더 역시 조직 운영에 필요한 내외부 협력체계를 확립하고(establishing internal and external collaboration systems), 이를 지속적으로 확대해야 한다. 동시에 성과와 보상을 강력하게 연계하여 방관자와 무임 승차자를 철저하게 방지(minimizing bystander effects and free-rider problems)하고 관리해야 한다. 아울러 리더는 목표 달성을 위해 설정된 객관적 지표를 바탕으로 실적을 평가할 수 있는 시스템을 갖추어야 한다(goal achievement evaluation system). 이를 통해 보상의 공정성을 확보하고, 책임 소재를 명확히 하여(clarification of

> accountability) 의사결정의 효율성과 실행력을 높이며, 조직의 성과와 지속가능성을 강화할 수 있다.

　몽골 유목민들은 척박한 자연환경을 극복하려면 사람과 사람 사이에 강한 믿음과 결속이 있어야 한다고 생각했다. 그렇게 맺은 관계를 '안다'와 '너커르'라고 불렀다. '안다'는 평생의 친구, '너커르'는 평생의 동지라고 할 수 있다. 많은 역사가들은 칭기즈칸의 대제국 건설 비결을 '인재경영'의 승리라고 평가한다. 칭기즈칸의 인간관계가 탁월했다는 의미일 것이다. 그는 원대한 목표를 달성하는데 필요한 인재를 알아보고, 그 인재를 적절히 활용할 줄 알았다. 나아가 상황에 맞게 사람의 마음을 움직이는 친화력과 전투에 동원하는 재능이 뛰어났다. 그의 용인술과 용병술은 결국 엄청난 성공을 거두었다. 칭기즈칸은 핵심 참모 및 장수들과 위대한 몽골제국을 함께 건설하기로 맹세했다. 그들은 모두 칭기즈칸의 안다와 너커르들이었다. 칭기즈칸은 그 인재들과 함께 현실 세계에서 자신의 꿈을 실현할 수 있었다.

　칭기즈칸의 곁에는 평생 충성을 바친 '4준마'(駿馬, 빠르게 달리는 말)와 '4맹견'(猛犬, 매우 사나운 개)이 있었다. 4준마는 칭기즈칸의 본부에서 전략수립, 정책자문 및 참모역할을 담당했다. 4준마는 보오르초, 모칼리, 칠라운, 보로콜을 일컫는다. 4맹견은 최전선에서 뛰어난 전투지휘관으로 활약했다. 그들의 손에 의해 칭기즈칸의 세계정복이 이루어졌다고 해도 과언이 아니다. 4맹견은 제베, 수베테이, 젤메, 코빌라이를 이르는 말이다.

　예나 지금이나 '인재는 조직의 미래'이다. 국가 경영도 기업경영도 성패는 인재활용에서 비롯된다. 리더에게는 인재를 알아보고, 그 인재를 적재적소에 활용하며, 구성원들을 결집시켜 그들의 잠재 능력을 최대로 발휘하게 하는 선구자적 혜안(慧眼)이 필요하다. 이렇게 선발된 인재들은 단순한 모방이 아니라 전대미문의 뛰어난 성과를 창출해낸다. 여기에 칭기즈칸의 인재 경영의 비결이 있었다.

　당나라의 정치가이자 사상가인 한유(韓愈)는 『잡설』(雜說)에서 인재를 알아보는 지도자의 혜안을 이렇게 강조했다.

> 世有伯樂 然後有千里馬(세유백락 연후유천리마)
> (세상에 백락이 있고 그 연후에 천리마가 있다.)
>
> 千里馬常有 伯樂不常有(천리마상유 백락불상유)
> (천리마는 항상 있지만 백락은 항상 있는 것이 아니다.)

　백락은 춘추 시대 주나라 사람으로 뛰어난 말 감별사였다. 한유는 세상에 천리마가 없는 게 아니라 천리마를 알아보는 감별사가 없다고 했다. 말을 감별하는 백락의 뛰어난 안목을 인재를 알아보는 지도자의 혜안에 비유하고 있는 것이다.

보오르초는 원래 몽골 부족의 한 갈래인 아틀라스 씨족 출신이었다. 칭기즈칸이 청년 시절 말을 도둑맞았을 때 일면식도 없는 그에게 아무런 대가없이 말을 빌려주었다. 뿐만 아니라 말 도둑 추적에 동행을 해준 것이 인연이 되어 최초의 너커르가 되었다. 모칼리는 천민출신으로 그를 고려계 후손이라고 주장하는 학자도 있다. 금나라 정벌군 총사령관을 지냈으며, 후에 권황제(權皇帝)에 임명되었다. 칠라운은 칭기즈칸이 타우치우트 씨족의 포로가 되었을 때 그를 풀어준 사람인 소르킨 시라의 아들이었다. 충성심과 용맹이 뛰어났다. 보로콜은 주르킨 씨족의 전쟁고아로 칭기즈칸의 어머니 허엘룬의 양자로 입양되었다. 방패를 들고 칭기즈칸을 경호했으며, 음식의 맛을 보는 부케울과 요리를 책임지는 바우르치의 역할도 겸했다.

제베는 별명이 화살촉으로 명사수였다. 원래 자무카의 부하였으나 전투에서 패해 칭기즈칸의 포로가 되었다. 그러나 포로로 잡힌 뒤에도 시종일관 의연한 태도를 보였다. 이에 감명을 받은 칭기즈칸은 그를 설득하여 자신의 장수로 발탁했다. 제베는 남러시아 킵차크지역을 정벌했으며, 러시아 제후들의 연합군을 격파했다. 수베테이는 오리앙카이족 출신으로 형 젤메와 더불어 기마군단장 및 전차부대장을 맡아 활약했다. 칭기즈칸 사후 대몽골제국을 확장하고 기반을 닦는 데 크게 기여했다. 젤메는 수베테이의 형으로 어려서 대장장이인 아버지가 칭기즈칸에게 맡긴 아이였다. 칭기즈칸과 죽마고우로 지냈으며, 칭기즈칸이 가장 신임하는 충신이었다. 코빌라이는 원래 자모카의 부하였다. 그러나 칭기즈칸이 자모카와의 공동유목을 청산하고 갈라설 때 칭기즈칸을 따랐다. 몽골군의 군율을 담당했다.

  칭기즈칸과 평생을 함께 했던 안다와 너커르들의 면면을 살펴보면 천민이나 포로 출신들이 많았다. 칭기즈칸이 혈연보다는 능력과 성과와 충성심을 중시했다는 것을 알 수 있다. 칭기즈칸은 부하들과 동고동락하며 자신이 직접 그들의 능력과 성과를 평가했다. 능력과 성과를 철저하게 검증한 다음, 검증을 통과한 인재에게만 중책을 맡겼다. 조직이 살고 제국이 살아남아야 하는 생존전략 차원에서 도입된 성과와 실적 중심의 인재등용이었다.

  몽골군의 전리품이나 약탈품은 현대 기업에서는 영업이익에 해당한다. 그런 영업이익이 제멋대로 분배·지급되어서는 안 된다. 칭기즈칸은 장병들의 개인 약탈을 금했다. 전리품은 집단 사냥에서 잡은 동물처럼 위계와 성과에 따라 공정하게 분배되었다. 칭기즈칸은 황동 단추 하나, 금은 조각 하나까지 정확한 규정에 따라 인센티브를 지급했다. 그 규정은 장래를 위해 비축해 두는 몫 30%, 칸에게 돌아가는 몫 10%, 몽골족 고아나 과부에게 지급되는 일정한 비율 등을 빈틈없이 정하고 있었다. 조직이나 사회에는 늘 약자가 존재하기 마련이다. 칭기즈칸은 그런 소외계층들까지 놓치지 않고 배려하는 리더였다.

칭기즈칸은 약탈을 국가의 중대사로 생각했다. 그래서 몽골군 최고재판관인 의형제 시기 쿠투쿠에게 조직적으로 개인 약탈을 감독하고, 모든 전리품을 꼼꼼하게 기록하는 책임을 맡겼다. 몰래 개인 약탈을 한 사실이 드러나면 약탈품은 모두 몰수했다. 또한 군대 내에서 말을 치는 사람들이나 목수와 같은 낮은 신분의 사람들에게도 골고루 인센티브를 지급했다. 능력만 있으면 누구든 천호장으로 발탁하는 능력 중심의 인사제도를 도입하여 조직이 활력을 유지하도록 노력했다.

큰 꿈을 꾸고 그 꿈을 실현하는 것은 리더의 전략적 사고에 의존한다. 그러나 대업을 추진하여 성공시키기 위해서는 첫째, 그 꿈을 조직원들과 공유해야 한다. 둘째, 조직원들의 전폭적인 공감을 얻어야 한다. 셋째, 조직원들의 전술적인 실천 노력이 필요하다. 국가나 조직의 비전과 목표는 국가원수나 최고위 경영자와 현장 구성원들의 협력과 소통을 통해서만 완성된다. 전략과 전술의 조합, 큰 틀과 세부사항들의 결합, 머리와 손발의 유기적인 연계만이 성공을 보장한다. 칭기즈칸은 유능한 인재를 발탁하고, 자신이 세운 목표를 그 인재들과 공유했다. 그렇게 해서 이루어 낸 성과물이 대몽골제국이었다. 손자병법의 모공편(謀攻篇)에 상하동욕자승(上下同慾者勝)이라는 구절이 나온다. 상하가 똑같은 비전과 목표를 가지고 일치단결하여 매진할 때 목표를 달성할 수 있다는 것이다. 칭기즈칸은 안다와 너커르들로 인적 네트워크를 구축하여 목표를 공유하고 공동의 목표를 달성했다.

어린 시절부터 다양한 환경적 위험과 개인적 위기를 극복하다. 분노 조절과 자기 통제(self-control)를 통해 일관된 자기관리를 실천하다. 아버지 사후 어린 나이에 가장이 되었으나, 가정환경이나 경제적 제약, 교육의 부족을 탓하지 않다. 역경 속에서도 불굴의 집념과 전략적 낙관주의(strategic optimism)를 바탕으로 원대한 목표를 세우다. 지속적인 동기 부여와 비전 중심 리더십(vision-centric leadership)으로 힘을 길러 마침내 위대한 '세계의 지배자'가 되다.

오늘날에도 진정한 리더는 언제나 겸손을 바탕으로 자기 절제를 유지해야 한다. 리더는 권위를 갖추되 오만과 자기도취에 빠지지 않도록 성찰해야 하며(leadership reflection), 기업이나 국가의 몰락은 대체로 리더의 무절제, 자만, 그리고 판단력 상실에서 비롯된다는 사실을 잊지 말아야 한다. 결국 리더의 품격과 절제가 조직의 운명을 결정짓는다.

"시련이 없으면 성공도 없다. 역경은 사람을 강하게 만든다. 시련으로 강해지지 못한 사람은 쓰러지고 만다. 행복할 때는 고난을 어떻게 견딜 수 있는지 알지 못한다. 고난 속에서 비로소 우리는 자기 자신을 알게 된다." 고난과 시련과 역경을 극복하라는 명언들이다. 하나같이 칭기즈칸의 사례를 들어 얘기하고 있다. 가진 게 없고 배운 게 없었지만 그는 위대한 리더가 되었다. 그가 남긴 어록으로 그가 어떻게 역경과 시련을 극복하고 자기 자신을 억제했는지, 또 그가 그의 병사들을 어떻게 생각했는지, 어떤 자세로 인생을 살아왔는지 그의 정신세계를 들여다보자.

"집안이 나쁘다고 탓하지 말라. 나는 아홉 살 때 아버지를 여의고 고향에서 쫓겨났다. 어려서는 이복형제와 싸우면서 자랐고, 커서는 사촌과 육촌의 배신 속에서 두려움에 떨어야 했다."

"가난하다고 말하지 말라. 나는 마멋(몽골의 대형 설치류)을 잡아먹으며 연명했고, 내가 살던 땅에서는 시든 나무마다 비린내가 났고, 마른 나무마다 누린내가 났다. 천신만고 끝에 부족장이 된 뒤에도 가난한 백성들을 위해 전장을 누비며 먹을 것을 찾아다녔다. 나는 먹을 것을 훔치고 빼앗기 위해 수많은 전쟁을 치렀다. 목숨을 건 전쟁이 내 직업이고, 유일한 일이었다."

"작은 나라에서 태어났다고 말하지 말라. 나는 그림자 말고는 친구도 없고, 꼬리 말고는 채찍도 없는 데서 자랐다. 내가 세계를 정복하는 데 동원한 몽골인은 병사로는 고작 10만 명, 백성으로는 어린애와 노인까지 합쳐도 채 200만 명이 되지 않았다. 내가 말을 타고 달리기에 세상이 너무 좁았다고 말할 수는 있지만, 결코 내가 큰 것은 아니었다."

"배운 게 없고 힘이 없다고 탓하지 말라. 나는 글이라고는 내 이름도 쓸 줄 몰랐고, 지혜로는 친구 자모카를 당할 수 없었으며, 힘으로는 동생 카사르에게도 졌다. 대신 나는 항상 남의 말에 귀를 기울이면서 현명해지는 법을 배웠다."

"세력이 약하다고 주눅 들지 말라. 나는 세력이 없기 때문에 평생 친구와 동지들을 많이 사귀었다. 그들은 나를 위해 목숨을 바치고, 나를 위해 들판에서 비를 막아주고, 나를 위해 끼니조차 굶었다. 나도 그들을 위해 목숨을 걸고 전쟁터를 누볐고, 그들을 위해 의리를 지켰다. 나는 내 동지들과 처자식들이 부드러운 비단옷을 입고 빛나는 보석으로 치장하고, 진귀한 음식을 실컷 먹는 모습을 꿈꾸었다. 나는 죽을 때까지 쉬지 않고 달린 끝에 그 꿈을 이루었다. 아니, 그 꿈을 향해 달렸을 뿐이다."

"너무 막막하다고, 그래서 포기해야겠다고 말하지 말라. 나는 목에 칼을 쓰고도 탈출했고, 땡볕이 내리쬐는 무더운 여름날 하루 종일 양털 속에 숨어 땀을 비 오듯 쏟기도 했다. 뺨에 화살을 맞고 죽었다 살아나기도 했고, 가슴에 화살을 맞고 꽁지가 빠져라 도망친 적도 있었다. 적에게 포위되어 빗발치는 화살을 칼로 쳐내고, 어떤 것은 미처 막지 못해 부하들이 몸으로 대신 막는 가운데 탈출한 적도 있었다. 나는 전투를 할 때면 언제나 죽음을 무릅쓰며 싸웠고, 그래서 마지막에는 반드시 이겼다.

"무슨 말이 더 필요한가. 극도의 절망감과 죽음의 공포가 얼마나 큰 힘을 발휘하는지 아는가? 나는 사랑하는 아내가 납치됐을 때도, 아내가 남의 자식을 낳았을 때도 눈을 감지 않았다. 숨죽이는 분노가 더 무섭다는 것을 적들은 알지 못했다."

"나는 전쟁에 져서 자식과 부하들이 뿔뿔이 흩어져 돌아오지 못하는 참담한 현실 속에서도 절망하지 않고 더 큰 복수를 결심했다. 군사 1백 명으로 적군 1만 명과 마주쳤을 때에도 바위처럼 꿈쩍하지 않았다. 숨이 끊어지기 전에는 어떤 악조건 속에서도 포기하지 않았다. 숨을 쉴 수 있는 한 희망을 버리지 마라."

"나는 흘러가 버린 과거에 매달리지 않고 아직 결정되지 않은 미래를 개척해 나갔다. 알고 보니 적은 밖에 있는 것이 아니라 내안에 있었다. 그래서 나는 내게 거추장스러운 것들은 모조리 걷어내 버렸다. 나 자신을 극복하는 순간 나는 칭기즈칸이 되었다."

"내 병사들은 밀림처럼 떠오르고, 병사들의 처와 딸들은 붉은 꽃잎처럼 빛나야 한다. 내가 해야 할 일은 내가 무엇을 하든 그 모든 목적은 그들의 입에 달콤한 설탕과 맛있는 음식을 물게 하고, 가슴과 어깨에 비단옷을 늘어뜨리며, 좋은 말을 타게 하고, 그 말들을 달콤한 강가로 데려가 맑은 물과 싱싱한 풀을 마음껏 마시고 뜯도록 하며, 그들이 지나가는 길을 그루터기 하나 없이 깨끗하게 청소하고, 그들에게 근심과 고뇌의 씨앗이 들어가지 못하도록 막는 것이다."

"예순베이는 아무리 싸워도 지치지 않는 훌륭한 전사다. 그래서 모든 사람들이 자신과 같이 지치지 않고 싸울 수 있다고 생각한다. 그래서 자기만큼 싸우지 못하거나 약한 모습을 보이면 화를 낸다. 최고의 사람은 절대 지휘관이 될 수 없다. 군대를 통솔하려면 병사들과 똑같이 갈증을 느끼고, 똑같이 허기를 느끼며, 똑같이 피곤해야 한다."

"한사람이 꿈을 꾸면 단지 꿈에 불과하지만 우리 모두가 동시에 꿈을 꾸면 그 꿈은 반드시 이루어진다."

"열 명을 통솔하여 작전을 성공적으로 수행할 수 있는 사람에게는 천 명, 만 명도 맡길 수 있다."

"상인들이 이익을 얻기 위해 물건을 잘 고르고 값을 잘 매기는 것처럼, 자식을 잘 가르치고 훈련시켜야 한다."

"명분이 있어야 확고하게 지배한다."

"자신을 알아야 남을 알 수 있다."

칭기즈칸은 리더의 첫 번째 덕목은 자기절제라고 가르친다. 특히 자만심과 분노를 억제하는 것이 중요하다고 말했다. 자만심을 억제하는 것은 사나운 사자를 제압하는 것보다 어렵고, 분노를 이기는 것은 버흐(몽골 씨름)에서 가장 힘센 장사를 이기는 것보다 어렵다고 했다. 그래서 자만심을 억제하지 못하면 지도자가 될 수 없다고 했다. 자신이 가장 강하거나 가장 똑똑하다고는 절대 생각하지 말라고 했다. 그는 아무리 높은 산이라도 그 산에 사는 짐승들이 있고, 그 짐승들이 산꼭대기에 오르면 그 산보다 높아진다고 가르쳤다. 지도자는 위엄을 갖추되 자만하지 않고 늘 겸손을 유지할 수 있도록 자신을 경계하라고 했다. 이것이 그가 우리에게 들려주는 리더의 필요조건이었다.

참고문헌

김종래, 『유목민 이야기』, 자우출판 2002.
잭 웨더포드, 정영목 옮김, 『칭기즈칸, 잠든 유럽을 깨우다』, 사계절 2005.
배석규, 『칭기즈칸, 천년의 제국』, 굿모닝미디어 2004.
이상기, 『칭기즈칸의 매력과 마력』, 계몽사 2022.
권희준·이강석, 『칭기즈칸 리더십』, 매경출판 계몽사 2010.
서정록, 『코스모폴리턴 칭기즈칸』, 학고재 2021

【율리우스 카이사르】

제3장

율리우스 카이사르

화합과 관용으로
제국의 초석을 놓다

제3장
율리우스 카이사르

가. 인물의 개요

    가이우스 율리우스 카이사르(Gaius Julius Caesar, 기원전 100년~기원전 44년)는 고대 로마 공화정 말기의 장군이자 정치가였다. 또 그는 최고제사장으로 탁월한 웅변가이자 문필가였다. 그는 로마 공화정(共和政)이 제정(帝政)으로의 이행을 가능하게 한 징검다리 역할을 했다. 황제를 뜻하는 영어의 시저(Caesar), 프랑스어의 세자르(César), 독일어의 카이저(Kaiser), 러시아어의 차르(Czar)는 모두 카이사르라는 그의 이름에서 유래했다. 7월을 가리키는 영어의 줄라이(July)도 율리우스라는 그의 이름에서 비롯되었다. 그러나 정작 카이사르는 단 하루도 황제로 지낸 적은 없었다.

    작가 시오노 나나미는 현대 이탈리아의 고등학교에서 사용되는 역사 교과서에 이런 글이 적혀 있다고 소개한다. "지도자에게 요구되는 자질은 다음의 다섯 가지이다. 지적 능력, 설득력, 육체적 내구력, 자기 제어 능력, 지속하는 의지. 카이사르만이 이 모든 덕목을 가지고 있었다." 여기서 '지적 능력'이란 현상을 정확하게 파악하여 문제를 해결하는 능력을 말한다. 통찰력이나 선견지명이 포함되는 개념이다. 그런 최고의 평가를 받을 만큼 카이사르는 아는 게 많았고 재능이 뛰어났다.

  카이사르는 기원전 58년부터 갈리아 총독을 지냈다. 총독으로 지낸 약 8년 동안 그는 갈리아 전쟁을 지휘했다. 카이사르는 갈리아 지역을 평정하고 로마화함으로써 현대 유럽의 기초를 다졌다. 갈리아는 고대 켈트족들이 살던 지역이었다. 로마인들은 이들을 갈리아인이라고 불렀다. 갈리아는 오늘날로 치면 북이탈리아·프랑스·벨기에 남부 일대를 아우르는 지역을 일컫는다.

  카이사르는 장군이자 정치가로 재무관, 안찰관, 법무관, 속주 총독, 집정관(Consul), 독재관(Dictator) 등 여러 관직을 두루 거쳤다. 카이사르는 기원전 60년에 그 다음 해의 집정관 후보로 입후보했다. 그러나 당선 여부는 불투명했다. 카이사르는 폼페이우스와 비밀 협정을 맺었다. 폼페이우스는 자신의 퇴역병들을 동원하여 카이사르의 집정관 당선을 돕겠다고 약속했다. 카이사르는 집정관이 되면, 폼페이우스의 퇴역병들에게 농지를 분배하고 그가 조직한 동방의 재편성안을 승인하겠다고 화답했다. 카이사르는 크라수스까지 끌어들였다. 그리고 이들과 비밀리에 정치동맹을 맺었다. 이를 제1차 삼두동맹(參頭同盟), 즉 트리움비라투스(triumvirátus)라 한다. 일부 학자들은 카이사르가 크라수스를 끌어들인 것은 채권자인 크라수스를 무시할 수 없었기 때문이라고 본다. 그러나 채권자인 크라수스를 끌어들인 데는 그 나름의 목적이 있었다.

그는 자신과 폼페이우스 간의 힘의 불균형 관계를 크라수스를 이용하여 균형을 맞추려고 했다. 그렇게 해서 카이사르는 무난히 집정관에 선출되었다. 그리고 기원전 59년 로마 공화정의 최고위직인 집정관의 임기를 시작했다. 카이사르, 폼페이우스, 크라수스 세 사람은 충분한 자금 확보와 더불어 공공사업을 발주하는 등의 정치적 영향력을 갖추게 되었다. 나중에 폼페이우스가 카이사르의 딸인 율리아와 결혼을 하면서 삼두동맹은 한층 공고해졌다.

카이사르는 로마 공화정의 최고 관직인 집정관으로서, 그라쿠스 형제가 실패한 농지개혁법을 다시 도입했다. 그리고 그 법에 따라 국유지를 무상으로 분배했다. 로마의 자작농, 곧 중산층을 양성할 목적이었다. 그라쿠스 형제와 달리 카이사르는 체제 내에서 농지개혁을 시행하고 싶었다. 그래서 처음에는 원로원파를 설득하려 했다. 그러나 원로원파는 농지개혁에 완강하게 반대했다. 카이사르는 삼두동맹의 강력한 힘을 이용했다. 삼두의 일파인 폼페이우스는 필요할 때마다 옛 부하들을 동원한 무력시위로 농지개혁법을 지지했다. 크라수스도 원로원에서 큰 힘을 보탰다. 이를 계기로 카이사르, 폼페이우스, 크라수스 간의 삼두동맹은 정체가 드러나게 되었다. 또한 로마 시민들에게도 널리 알려지게 되었다. 아무튼 토지 무상분배 등으로 카이사르는 광범위한 민중의 지지를 얻었다.

카이사르가 집정관으로 선출되었을 때, 원로원파는 카이사르가 집정관 임기를 마친 후에 맡을 '전임 집정관'의 임지를 미리 결정했다. 그의 임지를 속주 총독 대신 '삼림과 가도'로 정해 버렸다. 이탈리아 전역의 삼림과 목초지와 도로를 담당하라는 것이었다. 카이사르에게 군사력을 맡기고 싶지 않았기 때문이었다. 그렇게 함으로써 후일 그의 권력에 제약을 두고자 했다. 그러나 피소와 폼페이우스의 도움으로 이 결정은 취소되었다. 대신 삼두동맹은 청부 입법시킨 '카이사르의 속주 통치권에 관한 바티니우스 법'을 통과시켰다. 이 법에 따라 카이사르의 집정관 임기 후 부임지는 갈리아 키살피나(오늘날의 이탈리아 북부)와 일리리아(오늘날의 발칸 반도 서부) 속주로 변경되었다. 게다가 바티니우스 법은 총독의 임기는 5년으로 하고 카이사르가 지휘할 군사력은 3개 군단으로 한다는 조항을 담았다. 원로원파들은 이 법안에 격렬하게 반대했다. 삼두동맹은 원로원파의 반대를 무력화시키기 위해 호르텐시우스 법에 근거하여 민회를 동원했다. 그렇게 해서 바티니우스법은 가결되었다. 그 후 한 달도 지나지 않아 갈리아 트란살피나(오늘날의 프랑스 남부) 총독이 갑자기 죽었다. 바티니우스 법의 수정안이 제출되었다. 카이사르의 기존 임지에 갈리아 트란살피나를 추가한다는 내용이 통과되었다. 원로원파는 그저 무력감을 곱씹을 뿐 어찌해 볼 도리가 없었다.

기원전 50년 카이사르의 '전임 집정관'의 임기가 만료되었다. 로마 원로원은 카이사르에게 군대를 해산하고 로마로 귀환하도록 명령했다.

원로원은 카이사르가 두 번째로 출마하려는 집정관 선거의 부재중 입후보 요청도 거절했다. 카이사르는 집정관 면책권이 없이 무장해제 상태로 로마에 돌아갈 수 없었다. 빈손으로 돌아가게 되면 반드시 기소되고 정계에서 쫓겨날 것이라고 판단했다. 기원전 49년 집정관 가이우스 마르켈루스가 원로원 최종권고를 발동시켰다. 전권을 위임받은 폼페이우스는 카이사르를 불복종과 대역죄 혐의로 고발했다. 카이사르는 자신의 앞날을 운명에 맡겼다. 1개 군단만 이끌고 루비콘 강을 건넜다. 군대를 이끌고 루비콘 강을 건너면 안 된다는 로마 국법을 어긴 것이다. 이제 주사위는 던져졌다. 그리고 내전의 도화선에 불이 붙었다.

카이사르는 양자회담을 거부하고 무력대결로 나선 폼페이우스와 여러 차례 전투를 치렀다. 그리고 내전을 승리로 이끌어 원로원 중심의 공화정을 무력화시켰다. 그는 1인 지배자인 종신독재관이 되어 사회정책과 역법 등 각종 개혁정책을 입안하고 실행했다. 카이사르는 기원전 7세기부터 사용해 온 태음력을 고쳐 새로운 달력을 만들었다. 이렇게 해서 기원전 46년 태양력이 탄생했다. 이 달력은 카이사르의 이름을 따서 율리우스력으로 불린다. 아울러 카이사르는 루비콘 강에서 알프스에 이르는 북이탈리아 속주의 모든 자유민에게 로마시민권을 주었다. 심지어 해방 노예에게도 관직을 허용함으로써 공무 담임권을 대폭 확대하였다.

카이사르는 다방면에 걸쳐 탁월한 재능을 발휘했다. 통화개혁, 사법

개혁, 복지정책, 식민지정책 등 사회 각 부문에서 새로운 정치를 펼쳐나가기 시작했다. 카이사르의 정치는 원로원과 귀족 중심의 공화정으로는 감당하기 어려운 로마라는 국가를 전면적으로 개조하는 것이었다. 『로마인 이야기』의 작가 시오노 나나미는 카이사르가 "국가 로마를 고도 성장기에서 안정 성장기로 이끌어 가려고 했다."고 표현했다.

　카이사르는 정치·금융·행정 개혁과 병행하여 대규모 토목사업을 벌였다. 그야말로 로마를 완전히 정비하는 국가개조 사업이었다. 그는 로마공화국이 로마 제정(帝政)으로 이행되는데 핵심적인 역할을 했다. 그러나 1인 통치에 따른 지나친 권력의 집중은 '카이사르가 황제가 되려 한다'는 원로원과 공화파의 의심을 샀다. 카이사르는 그를 견제하고자 했던 원로원 의원들과 공화정 지지자들에 의해 기원전 44년 살해되었다. 포룸 로마눔(Forum Romanum)에 있는 정적 폼페이우스의 동상 앞에 서였다. 온 몸에 23 군데의 자상을 입었다. 그의 나이 쉰다섯 살 때였다. 그는 원로원파 귀족 14명이 휘두르는 칼에 격렬하게 저항했다. 암살자들 속에서 두 명의 브루투스를 보았다. 평생 애인이었던 세르빌리아 소생의 양아들 마르쿠스 브루투스와 그날 아침 원로원 회의장까지 자신을 수행했던 법무관 데키우스 브루투스였다. 그리고 한 마디 탄식의 말을 내뱉었다. "브루투스, 너마저!"(Et tu, Brute!). 카이사르가 직접 이 말을 했다는 역사적 기록은 없다. 이 말은 영국의 극작가 셰익스피어의 『줄리어스 시저』에 나오는 대사이다. 지금까지도 다양한 상황에서 널리 쓰이고 있다. 믿었던 상대에게 배신당했을 때 인용되는 유명한 문구이다.

나. 출생과 성장과정

율리우스 카이사르는 기원전 100년 자신과 이름이 같은 아버지 가이우스 율리우스 카이사르와 어머니 아우렐리아 코타 사이에서 태어났다. 아버지가 법무관도 지낸 유서 깊은 가문이었지만, 정치적으로 큰 영향력을 지닌 직계 선조는 별로 없었다. 가문에서 배출한 집정관의 수도 겨우 세 명에 불과했다. 카이사르의 아버지는 공화정 로마에서 두 번째로 높은 공직인 법무관을 지냈다. 그것도 카이사르의 고모부, 즉 아버지의 매형이었던 가이우스 마리우스의 후광 덕분이었을 것으로 추정된다. 어머니 아우렐리아 코타는 집정관을 여러 명이나 배출한 영향력 있는 가문 출신이었다.

카이사르가 태어난 기원전 100년은, 고모부 마리우스의 권세와 인기가 절정에 이른 시점이었다. 카이사르의 삼촌인 섹스투스는 기원전 91년에, 카이사르의 칠촌당숙 루키우스는 기원전 90년에 집정관을 지냈다. 그러나 카이사르 집안은 서민들의 주거지역인 수부라에서 살았다. 비록 명문 귀족이긴 해도 경제사정이 넉넉지 않았던 것이다. 그래서 카이사르의 가정교사도 월급이 비싼 아테네 출신의 그리스인이 아니었다. 그의 가정교사는 갈리아 출신으로 이집트의 알렉산드리아에서 유학한 웅변가이자 문법가인 마르쿠스 안토니우스 그니포였다. 오전에는 가정교사에게 배우고 오후에는 체육관에서 신체를 단련했다. 그래서 소년 카이사르는 말타기에도 능했다. 카이사르의 아버지 가이우스는 집정관이 되지 못하고 기원전 85년에 사망했다.

카이사르는 아버지가 사망한 이듬해인 기원전 84년 민중파 지도자인 킨나의 딸 코르넬리아와 정략결혼을 했다. 그 당시 로마의 정치권은 민중파와 공화파(원로원파)로 나뉘어 권력투쟁을 벌이고 있었다. 민중파는 시민들의 지지를 받고 있었고, 공화파는 원로원을 중심으로 한 귀족세력의 지지를 받고 있었다. 민중파의 대표는 카이사르의 고모부인 가이우스 마리우스와 장인인 킨나였고, 공화파의 수장은 루키우스 코르넬리우스 술라였다. 공화파는 술라의 이름을 따 술라파라고도 했다. 마리우스의 처조카이자 킨나의 사위로, 자신의 정치적 견해 또한 민중파였던 카이사르는 술라에 의해 살생부에 이름이 올랐다. 그러나 술라의 몇몇 측근들이 그를 살려줄 것을 요청했다. 기원전 82년 술라는 그의 목숨을 살려주는 대신 한 가지 명령을 내렸다. 민중파인 킨나의 딸로 그의 아내가 된 코르넬리아와 이혼하라는 것이었다. 카이사르는 술라의 명령을 거부했다. 카이사르는 술라를 피해 로마 밖의 여러 곳을 떠돌며 4년을 숨어 지냈다.

카이사르는 기원전 78년 술라가 사망한 후 로마로 돌아왔다. 이때부터 본격적인 정치생활을 시작했다. 기원전 69년에는 회계감사관, 기원전 65년에는 안찰관(按察官)을 거쳐 기원전 63년에는 종교상의 최고위 직인 최고제사장, 즉 폰티펙스 막시무스(Pontifex Maximus)가 되었다. 기원전 60년에는 폼페이우스 및 크라수스와 동맹을 맺고 제1차 삼두정치를 시작했다. 기원전 58년부터 기원전 50년까지는 속주 갈리아의 총독으로서 갈리아 전쟁을 수행했다. 게르만 족의 영지와 브리타니아(Britain)를 아우르는 광대한 영토가 카이사르의 지휘 하에 평정되었다.

『갈리아 전기』는 카이사르가 갈리아에서 총독으로 지낸 8년 간의 군사 활동을 적은 기록이다. 간결하고 명쾌하며 무엇보다 객관적으로 서술하여 역사적 진실성이 매우 높다. 그가 쓴 문장은 후세 라틴어 문장의 모범이 되었다. 라틴어 사전에서도 명문으로 많이 인용되었다. 또한 라틴어의 초보 교과서로도 널리 애용되었다. 『갈리아 전기』는 갈리아의 정복을 중심으로, 그 동안에 이루어진 게르마니아와 브리타니아 원정까지 언급하고 있다. 그래서 오늘날에도 프랑스, 독일, 영국에 관하여 가장 신뢰할 만한 최고(最古)의 문헌으로 꼽힌다.

기원전 53년 삼두체제의 한 축인 크라수스가 동방의 파르티아 원정에서 전사했다. 그러자 삼두정치 체제는 원로원 공화파와 갈등을 빚기 시작했다. 그동안 카이사르의 정치적 영향력도 확대되어 있었다. 그래서 원로원은 기원전 51년 갈리아 총독으로 있던 카이사르의 로마 소환과 그가 지휘하고 있던 군대의 해산을 결의했다. 그러나 기원전 49년 1월 카이사르는 "주사위는 던져졌다."(Alea iacta est)고 외쳤다. 지금도 인용되는 유명한 말이다. 그리고는 갈리아와 로마의 국경인 루비콘 강을 건넜다.

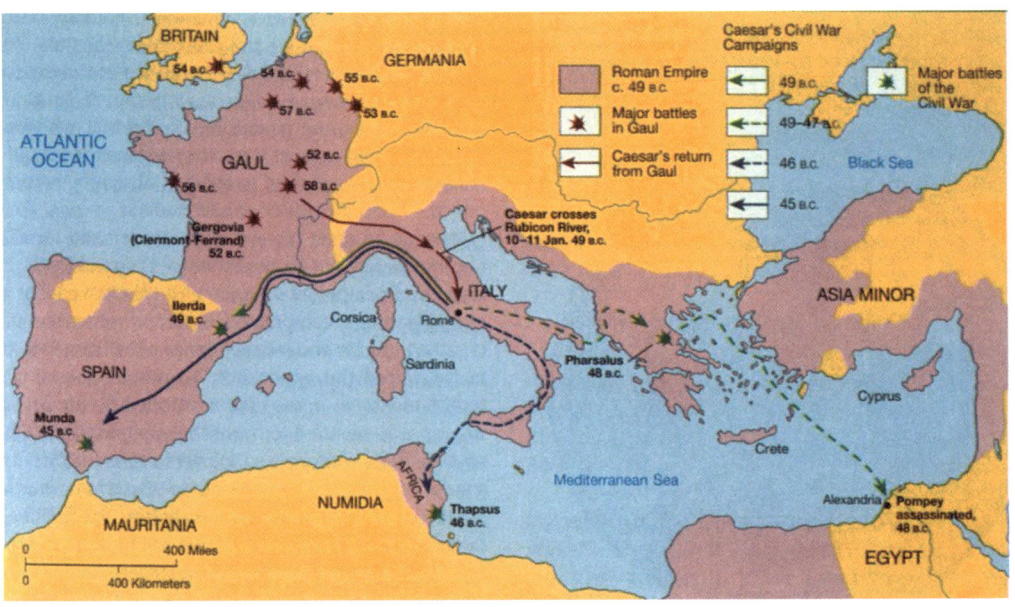

카이사르의 갈리아 원정 및 내전도
(사진출처 : Digital Maps of the the Ancient World)

군대를 이끌고 루비콘 강을 건너는 것은 로마가 국법으로 금지한 사항이었다. 카이사르가 루비콘 강을 건너 로마로 진격함으로써 민중파와 공화파 간의 내전이 시작되었다. 기원전 48년에는 폼페이우스를 추격하여 동방으로 갔다. 카이사르는 기원전 48년 파르살루스 전투에서 폼페이우스에게 완승을 거두었다. 공화파들은 뿔뿔이 흩어졌다. 폼페이우스는 자신의 식솔들을 거느리고 망명길에 올랐다. 폼페이우스는 이집트로 건너갔다. 이집트 왕 프톨레마이오스 13세에게 의탁하여 다시 세를 규합할 심산이었다. 그러나 프톨레마이오스의 마음은 이미 카이사르에게 기울어져 있었다. 폼페이우스는 기원전 48년 9월 29일 그의 쉰여덟 번째 생일날 함선 위에서 이집트 상륙을 대기했다. 그러나 곧 이집트 병사들에 의해 대기하던 배 안에서 결국 죽임을 당했다. 카이사르는 이집트의 알렉산드리아에 도착한 후 폼페이우스의 죽음을 알았다. 그는 한때 정치적 동맹이자 사위였던 폼페이우스의 죽음을 애도했다. 그리고는 곧 클레오파트라와의 사랑에 빠졌다. 카이사르와 클레오파트라는 결혼을 하지는 않았다. 법률에 의거 로마는 오직 로마 시민 간의 혼인만 인정했기 때문이었다. 카이사르는 무려 14년 동안 클레오파트라와의 관계를 이어갔다. 둘 사이에 아들도 하나 생겼다. 이름은 카이사리온(Caesarion)이었다. 카이사리온은 프톨레마이오스 왕조의 마지막 군주이자 최후의 파라오였다. 어머니 클레오파트라와 공동 통치하는 형태였다. 클레오파트라는 적어도 한 차례 이상 로마를 방문했다. 로마 외곽 테베레 강 건너편에 있는 카이사르의 별장에서 지냈다고 한다. 카이사리온은 나중에 옥타비아누스(후일의 아우구스투스 황제)의 지시를 받은 로마군에 의해 살해되었다.

기원전 47년 9월 폰토스 왕국을 되찾으려던 보스포루스의 왕 파르나케스 2세가 로마에 대항하여 반란을 일으켰다. 카이사르는 군대를 이끌고 이집트에서 소아시아로 건너갔다. 카이사르는 소아시아 아나톨리아 북동부의 젤라에서 전투를 치르고 불과 닷새 만에 반란을 완전 진압했다. 로마로 돌아가는 길에 카이사르는 원로원과 로마 시민들에게 전승 메시지를 보냈다. "왔노라, 보았노라, 이겼노라(Veni, vidi, vici, 웨니, 위디, 위키)." 카이사르는 예전 폼페이우스가 그 지역을 평정하는데 5년이나 걸렸던 사실을 상기시켰다. 자신은 단 닷새 만에 반란군을 진압했다는 군사적 우월감을 이렇게 표현한 것이다. 카이사르는 기원전 46년 임기가 6개월이던 독재관의 임기 규정을 개정했다. 카이사르는 원로원과 민회의 승인을 받아 10년 임기의 종신 독재관으로 취임했다. 이후 카이사르는 2년 동안 각종 개혁정책을 시행했다. 카이사르는 원로원의 권한을 크게 약화시키는 개혁도 추진했다. 갈리아를 비롯한 속주의 유력자들에게 원로원 의석도 개방했다. 그래서 600명이던 원로원의 정원을 900명으로 늘렸다. 이는 키케로 등 원로원 공화파들의 반발을 사게 되었다. 특히 키케로가 일관되게 반대의사를 표명해오던 '원로원 최종권고'를 완전히 폐지하여 원로원의 권한을 박탈했다.

　기원전 45년 3월에는 에스파냐에서 공화파의 잔당인 폼페이우스의 아들까지 격파했다. 이로써 약 5년간에 걸친 내전은 카이사르의 승리로 끝이 났다. 기원전 44년 2월 종신 독재관으로 임기를 시작한 카이사르는 성대한 취임식을 치르고 임기를 시작했다. 그리하여 로마는 카이사르에 의해 사실상 공화정이 붕괴되고 제정이 시작되었다.

　기원전 44년 3월 15일 카이사르는 공화파 원로원 의원 일당들에 의해 살해되었다. 그를 지지했던 민중들의 분노는 거셌다. 암살자들은 자신들의 행위가 정당하다고 주장했다. 그러나 그들은 성난 로마 시민들로부터 엄청난 공격을 받았다. 시민들은 카이사르를 살해한 사람들을 암살자라고도 칭하지 않았다. 증오와 슬픔과 분노로 가득 찬 민중들은 브루투스 일당을 '파리키다'(parricída, 아비를 죽인 놈)라고 불렀다. 부모 살해범을 뜻하는 영어 parricide의 어원이 파리키다이다. 살해된 지 며칠 뒤 포룸 로마눔에서 카이사르의 장례식이 열렸다. 안토니우스는 로마 시민들 앞에서 카이사르에 대한 감동적인 추도사를 바쳤다.

카이사르의 유언에 따라 테베레 강변에 있는 그의 개인 정원은 로마 시민들에게 기증되었다. 또한 모든 로마 시민권자들에게 개인당 300 세스테르티우스씩 증여되었다. 로마 노동자들의 평균 3개월 치 급여에 해당하는 금액이었다. 카이사르의 유증으로 로마 시민들 사이에서 카이사르의 인기는 더욱 높아졌다. 그의 죽음에 대한 애도와 암살자들에 대한 분노 또한 고조되었다. 카이사르의 유해는 화장되었다. 그의 유골은 마침 그때 내린 비로 인해 모두 씻겨버렸다. 그래서 카이사르는 자신의 무덤조차 갖지 못했다. 원로원과 민회는 카이사르에게 파테르 파트리아이(Pater Patriae), 즉 '조국의 아버지'라는 명예로운 존칭을 부여했다.

로마의 정체(政體)와 관련된 카이사르의 유언장 내용이 공개되었다. 기원전 45년 9월 폼페이우스의 아들들과 원로원파를 상대로 에스파냐의 문다 전투에서 승리한 후 귀국길에 써둔 유언장이었다. 자신의 조카 손자인 가이우스 옥타비아누스를 양자로 삼아 모든 것을 상속한다고 썼다. 이어 데키우스 브루투스와 마르쿠스 안토니우스를 유언의 공동집행자로 지명하라고 했다. 또 자신이 죽기 전에 옥타비아누스가 먼저 죽는다면, 데키우스 브루투스를 다음 상속자로 지명한다고 적었다. 당시 법무관이던 데키우스 브루투스는 카이사르의 암살 가담자 중 한 명이었다.

다. 율리우스 카이사르의 리더십

국가 로마를 전면적으로 개조하는 종합적인 전략을 수립(strategic leadership) 하여 실행하다.

리더십은 끊임없이 변하는 대내외 환경 속에서 조직의 미래 경쟁력을 확보하기 위한 철저한 준비에서 출발한다. 오늘날의 경영 환경은 기술 혁신과 글로벌 시장 변동 등에 따라 빠르게 재편되고 있다. 이에 대응하기 위해 리더는 시장 변화에 대한 민감한 통찰력(market insight)을 기반으로 선제적이고 차별화된 전략(differentiated strategy)을 수립해야 한다. 그러나 단기적 성과에만 함몰되어서는 안 된다. 조직의 지속 가능성(organizational sustainability)과 장기 성장 가능성을 동시에 고려해야 한다. 이를 위해 리더는 혁신적 마스

> 터 플랜(innovative master plan)을 설계하고, 실행 과정에서 시장 변화와 트렌드를 선도하는 리더십을 발휘해야 한다. 리더십의 핵심은 변화에 수동적으로 대응하는 것이 아니라, 변화를 주도하여 국가나 조직을 세계 무대나 시장에서 유리한 위치로 이끄는 데 있다.

조직체는 유기체와 같다. 지속 가능한 발전을 거듭하며 성장하려면 부단한 업무 혁신과 조직개혁이 필요하다. 현실에 안주하면 조직체는 퇴보한다. 상대국 또는 상대 기업과 치열한 생존경쟁을 벌여야 하기 때문이다. 지금까지 이룩한 성과에 만족하여 혁신을 등한시 하면 미래가 보장되지 않는다. 수없이 많은 제국이나 세계 유수의 기업들이 어떻게 소멸해 갔는지를 돌아보면 답은 자명하다.

개혁은 제도나 기구 따위를 '새롭게 뜯어고치는' 것이고, 개조는 '고쳐 만들거나 바꾸는' 것이다. 카이사르는 다양한 분야에 걸친 개혁을 통해 로마라는 국가를 개조하고자 했다. 개혁은 오래된 것을 모두 폐기하고 새로운 제도나 기구를 만들어 내는 것이 아니다. 진정한 개혁이란 재구축을 하는 것이다. 카이사르가 시행하려고 했던 것도 바로 재구축이었다. 국가든 조직이든 외부에서 체질에 맞지 않는 요소를 들여와 이식하면 성공하지 못한다. 자기 체질이나 풍토에 맞지 않는 개혁은 일시적으로 성공을 거둔다 해도 안정적으로 뿌리를 내리기가 어렵다. 따라서 개혁이란 먼저 자기 조직이 가지고 있는 자질이나 특징을 냉철하고 객관적으로 분석해야 한다. 그런 다음 살릴 것과 버릴 것을 어떻게 적절히 조합해야 하는지를 결정하고 재구축하는 형태를 취해야 한다. 여기에서 자질은 조직이 영위하고 있는 '어떤 분야의 업(業)에 대한 능력이나 실력의 정도'를 말하고, 특징이란 '다른 조직에 비하여 특별히 눈에 띄는 강점'을 의미한다.

카이사르가 실행하려고 한 '신생 로마'의 개혁은 바로 국가 개조였다. 카이사르는 정치, 행정, 경제, 사회, 문화, 수도 재개발 등 거의 모든 분야에 걸친 혁신계획을 수립하고 실행했다. 가히 창조적 천재라는 칭송을 받을 만큼 동시다발적으로 많은 분야를 혁신했다. 리더가 국가나 기업이나 조직을 개조할 정도의 청사진을 제시하려면 철저한 준비와 면밀한 검토가 필요하다. 카이사르는 정계에 입문하여 최고 권좌에 오르는 동안 늘 조국 로마가 나아가야 할 방향을 숙고했다. 정책이나 계획은 오랜 숙성기간을 거쳐야 한다. 그래야 정책과 사업이 정교하고 치밀해져서 시행착오를 겪지 않는다. 국가 운영이나 기업 경영으로 치면 경영진단, 조직 재설계, 인사제도 개선, 정책 및 사업 재조정, 실행, 성과평가에 이르는 전 과정에 최고 리더의 고뇌와 열정이 녹아있어야 한다는 의미이다.

카이사르는 가장 먼저 로마의 정치체제(政治體制)의 변경이 필요하다고 생각했다. 로마제국은 기원전 1세기 초반까지 엄청난 영토 확장이 이루어졌다. 카이사르는 지배 영역이 광대한 로마제국에는 원로원 주도의 공화정보다 제정(帝政)이 적합하다고 판단했다. 넓은 영토를 기능적으로 통치하려면 무엇보다도 효율성이 요구된다고 본 것이다. 원로원 의원이 600명이나 되면, 의견을 조정하여 통일된 의사결정을 내리기가 힘들다. 정부 또한 효율적으로 기능하기가 어렵다. 그래서 카이사르는 로마의 국정을 담당하는 의사결정 기관을 바꾸려고 했다. 그는 수백 명으로 구성된 원로원 중심의 공화정(共和政) 체제를 단 한 사람의 황제가 책임지는 제정(帝政)으로 전환하고자 했다. 그러나 대부분의 원로원 의원들은 그의 원대한 구상을 이해하지 못했다. 그래서 그가 개인적 욕심으로 황제가 되려 한다고 생각했다. 그런 이유로 카이사르는 암살을 당했다. 암살과 함께 그의 원대하고 야심찬 꿈도 끝내 실현되지 못하고 중도에 스러지고 말았다.

카이사르는 로마 제국 전체의 경제를 활성화시키기 위한 일련의 경제 개혁을 고민했다. 우선 그는 제국 내에서 공통으로 유통시킬 수 있는 개정 화폐를 주조할 필요가 있다고 생각했다. 그래서 카이사르는 국립조폐소를 신설했다. 그 때까지 원로원이 가지고 있던 조폐권을 국립조폐소로 이관했다. 카이사르는 이렇게 금화와 은화 및 동화를 주조하는 업무를 체계화했다. 그는 로마 화폐가 로마 제국 전체의 기축 통화가 되어야 한다고 생각했다. 그런 관점에서 금화와 은화의 환산가치를 고정시켰다. 그때까지 로마 화폐는 변동가치제였다. 카이사르는 기축 통화의 가치가 고정되어 있어야 각 속주에서 통용되는 지역 통화와 기축 통화의 관계도 통일된다고 생각했다. 카이사르의 또 다른 경제개혁 중 하나는 새로운 도로와 교량의 건설이었다. 인프라 건설을 통한 유통망 개선으로 제국 전역의 인력과 상품의 이동이 용이해졌다. 한편 카이사르는 로마제국 전체에 걸쳐 도량형을 표준화했다. 그렇게 함으로써 제국 내에서의 상업과 물류체계를 혁신했다. 이것이 기원전에 카이사르가 시행한 경제개혁이었다.

카이사르의 가장 중요한 군사 개혁 중 하나는 전문 군대의 도입이었다. 카이사르가 통치하기 이전의 로마 군대는 한정된 기간 동안만 복무하는 시민군으로 구성되었다. 카이사르는 보수를 받으며 연중 훈련을 받는 직업군대인 상비군을 창설했다. 이로써 로마군은 전장에서 더 효율적이고 효과적인 군대로 변모했다. 또한 군대를 군단 위주로 재편하고, 각 군단은 약 5,000명의 인원으로 편성했다. 이러한 조직적·통일적 편제로 로마군은 효율적인 전투가 가능해졌고 부대 간 의사소통이 원활해졌다.

카이사르는 북이탈리아 속주의 모든 자유민에게 로마 시민권을 주었다. 이렇게 하여 '키살피나'(알프스 남쪽)로 이주한 지 오래된 갈리아 사람들도 로마 시민이 되었다. 또한 시칠리아와 남프랑스 속주민들에게도 라틴 시민권을 주었다. 라틴 시민권을 가진 사람들은 로마 시민권을 가진 사람들에 비해 선거를 통한 국정 참여의 권리만 갖지 못했다. 그 밖의 점에서는 로마 시민권을 가진 사람들과 똑같은 대우를 받았다. 또한 일정 기간 로마 군대에서 복무한 속주 사람들에게는 로마 시민권을 부여했다. 아울러 속주민의 시민권 취득 요건도 완화했다. 로마 시민권의 확대가 제국을 통합하고 로마에 대한 충성도를 높이는 데 도움이 될 것이라고 믿었기 때문이었다. 속주민은 수입의 10%를 속주세로 납부해야 했다. 그러나 로마 시민권자는 이런 세금을 낼 의무가 없었다. 오늘날로 치면 우리 정부가 동남아 등으로부터의 이민과 취업 비자 발급을 확대하고, 대기업들이 비정규직을 정규직으로 전환해 주며, 세계 각국에서 근무하는 현지 채용 직원을 본사 직원으로 전환시켜준 셈이다.

그 밖에도 카이사르는 다양한 분야에서 개혁을 이루었다. 우선 정치 분야에서는 원로원과 민회의 정원을 확대하고 기능을 조정했다. 호민관의 역할도 변경했다. 행정 분야에서는 최고위 행정직인 집정관의 권한을 조정하고, 법무관과 안찰관의 정원을 확대했다. 지방자치단체장은 로마 중앙정부에서 파견했다. 한때 노예였다가 자유를 얻은 해방노예도 지방의회나 지방자치단체의 공무원으로 진출할 수 있도록 문호를 개방했다. 사법 분야에서는 1심 판결에 대한 항소권을 부여하고, 배심원의 자격 요건도 완화했다. 사회 부문에서는 복지정책을 정비하고, 실업대책 및 제대 군인의 속주 식민을 확대했다. 또한 치안대책을 강화하고, 교통대책을 마련했으며 사치 금지법을 제정했다. 한편 포룸 로마눔을 정비하여 수도를 재개발했으며 교사와 의사를 우대하는 정책도 도입했다. 아울러 로마 가도와 항만 시설을 확장하고 정비하는 등 수많은 공공사업계획을 입안하여 시행했다.

결론적으로 카이사르의 로마제국 개조는 세계사적 중요 사건이었다. 로마 제국은 카이사르 이전과 이후가 완전히 다른 모습이었다. 그가 남긴 로마의 유산은 지금도 우리에게 영향을 미치고 있다. 카이사르는 다른 사람의 생각과 관계없이 자신이 해야 한다고 믿는 바를 실행했다. 강력하고 체계적이고 효율적인 조직을 이끌기 위해서 리더가 무엇을 고치고 어떤 제도를 도입하며 무엇을 실행해야 하는지 그는 많은 시사점을 준다.

> 조국 로마의 미래를 위해 관용(clementia)을 기치로 내걸어, 적과 동지를 아우르는 시민 통합과 단결(fostering organizational unity and cohesion)을 이끌다.
>
> 현대의 리더도 국가와 조직이 나아갈 분명한 비전과 방향성을 제시해야 한다. 이를 실현하기 위해 서로 다른 의견을 가진 집단이나 반대 진영까지 포용하는 개방적 리더십이 필요하다. 리더의 포용적 태도(inclusive leadership)는 구성원들에게 자신이 공동체의 일원

임을 인식하게 하고, 심리적 소속감(psychological belongingness)과 조직에 대한 몰입도를 높여 준다. 나아가 조직의 혁신 역량과 협업 시너지를 강화한다. 포용이란 단순한 관용이 아니다. 다름을 인정하고 수용하며 이를 혁신의 자원으로 전환하는 전략적 태도(strategic inclusion)이다.

카이사르는 기원전 48년 그리스 파르살루스 전투에서 폼페이우스에게 결정적인 승리를 거두었다. 이어 기원전 46년 탑수스(현재의 튀니지) 회전에서 승리하여 원로원파와의 내전을 거의 끝냈다. 일부 장군들과 원로원 의원들은 에스파냐로 도망가 카이사르에게 대항할 병력을 모으고 있었다. 그러나 카이사르는 내전은 사실상 끝났다고 생각했다. 기원전 46년 카이사르는 로마로 돌아와 10년 임기의 독재관이 되었다. 원로원과 호민관의 거부권 행사에 구애받지 않는 절대 권력을 손에 넣은 것이다. 그는 앞서 기술한 국가체제의 개조를 구상했다. 방대해진 제국의 영역에서 원로원 중심의 공화정 체제는 통치력을 발휘하기도 어렵고 비효율적이기 때문이었다. 카이사르는 자신이 수립하고자 하는 새로운 국가 질서의 슬로건으로 클레멘티아(clementia), 즉 관용을 내걸었다. 유엔 창설 및 유네스코 헌장 채택 50주년을 맞아 한때 유행했던 프랑스어 클레망스(clémence)나 영어의 clemency도 clementia에서 유래했다.

사전적 정의에 따르면 관용이란 '다른 사람들이 가지고 있는 태도나 신념 또는 그들의 독특한 행동에 대해 공감하거나 찬성하지 않더라도 그것을 허용하는 것'을 말한다. 관용은 자신과 타자의 이질성을 받아들이고 용인하는 것이다. 관용의 정신은 항상 자신의 생각에 한계가 있음을 자각하고 타인의 생각에 대해 마음의 문을 여는 것이다. 다시 말해 타인과의 공존을 인정하고 다른 사람의 의견을 수용하는 것이다. 한 마디로 관용은 능동적이고 개방적인 자세를 말한다. 관용은 소수자들도 탄압받거나 소외되지 않고 다수자들과 더불어 살아갈 수 있다는 것을 인식하고 보장해 주는 중요한 개념이다.

관용은 카이사르가 최고 권력자가 되어 일시적으로 베푼 시혜가 아니었다. 그것은 평소 그의 개인적 신념이었다. 적장까지 포용하는 관용의 정신은 이미 갈리아 전쟁을 통해서도 잘 드러났다. 기원전 52년에 카이사르는 로마 통치에 반대하여 군사반란을 일으킨 갈리아의 족장 베르킨게토릭스(Vercingetorix)를 사로잡았다. 계속 저항을 하는 다른 부족들에게 경각심을 주기 위해 그를 처형할 수도 있었다. 그러나 카이사르는 그의 생명을 보전해 주는 쪽을 선택했다. 베르킨게토릭스와 잠시 대화를 마친 카이사르는 자유를 허락했다. 그에게 관용을 베풀어 여생을 편하게 살 수 있도록 허용했다. 기원전 83년 독재관 술라는 정적들을 제거하기 위해 살생부를 작성했다. 80명 가까운 원로원 의원과 1,600여명의 상인계급을 포함하여 4,700명의 목숨을 거두었다. 그들은 재판도 없이 살해되고 재산은 몰수당했다. 사형은 면했지만 재산을 몰수당한 사람도 헤아릴 수 없었다. 카이사르는 그것을 반면교사로 삼았다. 카이사르는 기원전 46년 최고 권좌에 올랐을 때 살생부 작성을 거부했다. 불가피하게 내전이라는 동족상잔의 전쟁을 치렀지만, 반대편에 섰던 폼페이우스파 장병들과 공화정 지지파 원로원 의원들을 모두 용서했다. 그리고 그들이 망명해 있던 그리스로부터의 귀국도 허락했다. 그들이 예전과 같은 직위에 복직을 원하면 복직시키고, 원로원 의석까지 주었다. 귀국과 복직을 원한 반대파 사람들 가운데 허락을 받지 못한 사람은 단 한 명도 없었다.

　기원전 82년 술라는 정적인 킨나의 딸과 결혼한 카이사르에게 이혼을 강요했다. 그러나 카이사르는 정적인 카토가 죽은 뒤 그의 딸을 아내로 맞이한 마르쿠스 브루투스에게 이혼하라고 명하지 않았다. 아예 언짢은 기미조차 내색하지 않았다. 기원전 46년 카이사르가 로마에 돌아왔을 때 자신의 부하였던 안토니우스가 첼리오 언덕 위의 폼페이우스 저택에서 살고 있다는 것을 알았다. 폼페이우스가 죽은 뒤에 그의 부인에게서 빼앗은 것이었다. 자초지종을 들은 카이사르는 불같이 화를 냈다. 카이사르는 빼앗은 폼페이우스파 사람들의 모든 재산을 반환하라고 명령했다. 안토니우스는 카이사르의 명령으로 폼페이우스의 미망인에게 정당한 집값을 지불했다. 그런 후에야 정식으로 그 집의 주인이 될 수 있었다.

카이사르의 관용에 대한 인식은 철저했다. 기원전 44년 종신독재관으로 취임하자마자 자신의 호위대를 해산시켰다. 그리고 거의 무방비 상태로 로마 시내를 돌아다녔다. "신변의 안전을 걱정하며 사는 것은 살아 있다는 느낌이 들지 않기 때문"이라고 말했다. 이에 관하여 카이사르가 키케로에게 보낸 편지가 남아있다. "내가 자유를 준 사람들이 다시 나에게 칼을 들이댄다 해도 그런 일로 번민하고 싶지 않네. 나 스스로 다짐하는 것은 무엇보다도 내 생각에 충실하며 사는 것이네. 그래서 다른 사람들도 그렇게 사는 것이 당연하다고 생각한다네."

카이사르의 이러한 관용 정신은 여러 가지 요인에 기인했다. 합리적 계산의 결과이기도 하고 그의 개인적 신념이기도 했다. 자신이 관대하다는 것을 보여줌으로써 정적들보다 도덕적 우위에 설 수 있다고 생각하기도 했다. 자신이 베푼 덕이 악덕이 되어 돌아온다 해도 그는 개의치 않았다. 내전 초기 전투에서 카이사르는 폼페이우스의 심복 백인대장을 생포했다. 카이사르는 그가 폼페이우스에게 다시 돌아갈 것을 뻔히 알면서도 조건 없이 그를 석방했다. 코르피니움 전투에서 전직 집정관 등 많은 폼페이우스 동조 세력들이 투항했을 때도 마찬가지였다. 카이사르는 그들에게 몇 마디 짧은 연설을 한 후 그들을 모두 석방했다.

카이사르 암살의 주범들인 카시우스 롱기누스와 마르쿠스 브루투스도 마찬가지였다. 카시우스 롱기누스는 내전이 발발하자 폼페이우스

진영에 가담했다. 그는 폼페이우스로부터 에게해의 제해권을 확보하라는 임무를 부여받았다. 파르살루스 회전에서 승리한 카이사르가 폼페이우스를 추격해 아시아에 도착하자 롱기누스는 카이사르에게 투항했다. 카이사르는 관용을 베풀어 그를 부하 장수로 받아들였다. 그는 카이사르 휘하의 군단장으로 활약했다. 또 다른 한 명의 암살 주모자 마르쿠스 브루투스는 평생 카이사르를 사랑한 세르빌리아의 아들이었다. 말하자면 카이사르의 의붓아들이었다. 그러나 그는 내전이 일어나자 폼페이우스 편에 섰다. 마르쿠스는 파르살루스 회전에서 포로로 잡혔다. 카이사르 반대파의 선봉장이던 열 살 위의 삼촌인 소(小)카토를 따른 결과였다. 그러나 카이사르가 사전에 절대 죽이지 말라고 지시해 둔 덕분에 목숨을 건졌다. 카이사르는 공직경험이 없는 브루투스에게 전직 법무관 직위를 주었다. 그리고는 북이탈리아 속주 총독에 임명했다. 그 후에도 브루투스는 카이사르 덕분에 로마 정계에서 승승장구했다. 데키우스 브루투스도 마찬가지였다. 그는 갈리아 원정 시 카이사르 밑에서 군단장을 역임했다. 카이사르를 암살한 해에는 법무관으로 근무하고 있었다. 카이사르가 자유를 준 사람들이 다시 그에게 칼을 들이댄 나쁜 사례였다.

마르쿠스 브루투스의 삼촌인 카토는 카이사르의 이러한 관용 정신에 비판적이었다. 모든 시민이 평등한 권리를 갖고 있는 이상 한 로마인이 다른 로마인을 사면하고 용서하는 행위는 용납되지 않는 특권이라고 비판했다. 그런 특권을 가진 개인의 존재를 인정하는 것은 공화제 정신에 어긋난다는 것이 카토의 생각이었다. 폼페이우스가 패한 후 카토는 북아프리카의 우티카를 방어하고 있었다. 전세가 불리해졌을 때 충분히 도망갈 여유가 있었지만 카토는 그렇게 하지 않았다. 그렇다고 항복하고 싶지도 않았다. 그는 카이사르의 친척인 루키우스 카이사르를 불러 자신을 따르던 귀족들과 그 가족들의 안전을 보장해 달라고 부탁했다. 그토록 비판하던 카이사르의 관용에 기대어 가족과 지인들의 목숨을 구하려 했다. 카이사르라면 어떤 대가도 요구하지 않고 그들을 본국으로 보내줄 것으로 확신했기 때문이었다. 그 후 카토는 자결로 생을 마감했다. 카이사르의 관용을 거부한 유일한 사례였다.

카이사르는 로마의 정치체제를 바꾸고 국가를 개조하려는 큰 꿈을 가졌다. 지금까지 훌륭하게 기능을 발휘해 온 기존 체제를 바꾸고 혁신한다는 것은 매우 어려운 일이다. 무엇보다 자기 자신부터 개혁해야 하기 때문이다. 개혁을 완수하려면 원로원과 로마 시민들의 많은 지지와 화합이 필수적이었다. 카이사르는 적과 동지의 구분 없이 로마 시민을 일치단결시켜 로마라는 국가의 개조를 이루고 싶었다. 카이사르는 로마 시민들의 단결과 통합을 이루기 위한 수단으로 관용을 내걸었다. 관용은 어쩌면 어떤 지위에 있는 사람에게나 적용할 수 있는 자기 자신과의 싸움이라고 볼 수 있다. 자기만 옳다고 해서는 관용의 정신이 발휘될 수 없다. 그러므로 국가, 공공기관 또는 기업을 경영하는 위치에서 리더십을 발휘해야 하는 리더에게 이런 관용 정신의 구비는 필수적이라 할 수 있다. 뛰어난 관용정신을 보여준 국가급 리더로서 카이사르의 유산은 오랫동안 지속되어 왔으며 오늘날까지도 많은 리더들에게 귀감이 되고 있다.

> 계절에 맞지 않은 태음력을 과감히 폐기하고, 태양력을 도입하다. 달력 개정 작업을 로마인이 아닌 속국의 이집트인과 그리스인들에게 맡기다(open innovation).
>
> 현대의 리더 역시 시대 변화에 맞지 않는 불합리한 관행은 신속하게 개선해야 한다. 또한 가치 창출에 도움이 되지 않는 업무 프로세스는 과감하게 폐기해야 한다. 아울러 로마가 달력 개정을 속주민에게 맡겼듯이, 조직 내부의 관성에 얽매이지 않고 외부의 전문 역량과 지혜를 적극적으로 활용해야 한다(utilization of external expertise). 나아가 경쟁자나 적대 세력에게서도 학습할 만한 장점을 찾아내(benchmarking), 이를 조직 혁신과 성과 향상의 자원으로 활용할 수 있어야 한다. 결국 리더십의 핵심은 조직의 비효율을 과감하게 제거하고(elimination of organizational inefficiencies), 외부 우수 사례를 전략적으로 수용하여 지속적인 경쟁우위와 혁신 역량을 확보하는 것이다.

고대 로마에는 농사를 짓는 기간에만 사용하는 달력이 있었다. 그 달력은 1년의 길이가 304일이었다. 그러나 이는 로마인들이 실제 1년을 그렇게 생각했기 때문이 아니었다. 다만 농사를 짓지 않는 겨울을 달력에 산입하지 않았기 때문이었다. 기원전 46년까지 로마인들이 사용하고 있던 달력은 기원전 710년 경 제2대 왕 누마가 정비한 태음력이었다. 이 달력은 달이 차고 기우는 현상에 근거하여 1년을 12달로 나누었다. 그래서 1년은 355일로 이루어졌다. 남는 날수는 몇 년마다 한 달을 늘리는 방법으로 조정했다. 따라서 1년의 날수가 연도에 따라 355일, 378일, 355일, 377일로 들쑥날쑥 일정하지 않았다. 이런 조정이 수백 년 간 누적되다 보니 날수의 차이는 계속 커졌고, 기원전 46년에는 달력상의 계절과 실제 계절의 사이에 무려 세 달 가까운 차이가 생기고 말았다.

카이사르가 달력을 개정하기로 결심한 것은 계절상의 차이를 없앨 필요가 있었기 때문만은 아니었다. 두 번째 목적은 표준화된 날짜 시스템을 확립하기 위한 것이었다. 카이사르는 로마 제국 전역에서 공통적으로 사용할 수 있는 고정된 날짜 체계를 도입하고 싶었다. 율리우스력 도입 이전에는 지역이나 도시마다 고유한 달력이 있어 행사 일자를 조정하거나 정확한 기록을 유지하기가 어려웠다. 율리우스력은 제국 전역에서 사용할 수 있는 표준화된 날짜 체계를 제공했다. 그렇게 함으로써 전쟁과 행사 계획의 수립, 세금 징수 및 행정 업무를 용이하게 수행하려는 목적이었다.

달력 개정의 세 번째 목적은 카이사르의 정략적인 목표이기도 했다. 새로운 달력을 도입함으로써 카이사르는 자신의 유산을 확립하고 본인의 업적을 홍보하고자 했다. 달력 이름을 자신의 이름을 따서 율리우스력이라고 명명했다. 그의 이름을 기리기 위해 Julius라는 7월(영어의 July)이 추가되었다. 새로운 달력의 도입을 통해 카이사르는 강력한 선구자적 리더로서 자신의 위상과 업적을 널리 홍보했다. 또한 달력은 국가급 리더로서 카이사르의 지위를 공고히 하는 데 도움이 된 중요한 치적으로 여겨졌다.

새로운 달력을 도입한 네 번째 목적은 공통 문화의 구축에 있었다. 율리우스력은 로마 제국 전체가 공유하는 문화행사 등을 결정하는 데 유용했다. 개정 달력은 제국 전역의 사람들이 함께 기념할 수 있는 날짜나 종교 축제의 공유 시스템으로 작용했다. 이것은 로마 제국의 다양한 민족들 사이에 일체감을 부여하고 로마 제국의 정체성을 유지하는 데 크게 기여했다.

다섯 번째, 율리우스력은 로마의 농업 관행을 개선하기 위해 도입되었다. 로마 제국의 경제에서 농업이 차지하는 비중은 매우 높았다. 제국이 확대됨에 따라 증가하는 인구를 먹여 살려야 할 현실적 필요성도 절실했다. 새로운 달력의 도입으로 농작물을 심고 수확하는 날짜가 일정해졌다. 농부들은 농작물을 심고 수확하는 시기와 농사일자를 계획할 수 있었다. 그렇게 함으로써 일 년 내내 안정적인 식량 공급을 확보하는 일이 가능해졌다. 또한 로마 경제의 전반적인 생산성이 향상되었다. 그래서 제국의 장기적인 통치기반이 튼튼해졌으며 안정성이 강화되었다.

카이사르는 기원전 48년부터 47년 사이 이집트에 머무는 동안 이집트력의 정확성에 주목했다. 이집트에서 클레오파트라와 사랑놀음에만 빠진 것이 아니었다. 당시 이집트와 그리스는 선진 문명의 중심지였다. 카이사르는 알렉산드리아에서 활동하던 천문학자 소시게네스(Sosigenes of Alexandria)와 그리스인 수학자들을 초빙했다. 초빙을 받고 로마에 도착한 과학자들은 즉시 달력 개정 프로젝트에 착수했다. 그들은 지구가 태양의 주위를 한 바퀴 공전하는 데 걸리는 시간을 365일 6시간으로 계산했다. 따라서 1년은 365일이고, 이것을 다시 12달로 나누었다. 그리고 1년마다 발생하는 6시간의 오차는 4년에 한 번씩 2월 23일과 24일 사이에 하루를 끼워 넣어 청산하기로 했다. 그런 해를 윤년(leap year)이라고 했다. 따라서 윤년인 해의 2월은 29일이 되었다. 이렇게 해서 태음력이던 로마의 달력은 기원전 46년 태양력인 율리우스력으로 재탄생했다. 율리우스력은 개정 이듬해인 기원전 45년 1월 1일부터 시행하도록 결정되었다.

이렇게 마련된 율리우스력은 시간과 계절 측정의 정확도를 향상시켰다. 이는 농업과 무역 분야에서 대폭적인 생산성의 향상으로 이어졌다.

또한 로마 제국 전역의 날짜와 시간 표시가 표준화되었다. 그렇게 함으로써 행정업무, 제국 내 행사와 축제, 대외 전쟁 등의 일자와 시간에 대한 공통개념을 확립할 수 있었다. 율리우스력은 기원전 45년부터 무려 1,627년 동안 지중해 세계와 유럽 및 중근동에서 널리 사용되었다. 그로부터 1,600년 이상이 지난 서기 1582년 교황 그레고리우스 13세가 율리우스력을 그레고리력으로 개정했다. 그레고리력은 율리우스력보다 1년에 11분 14초가 정확해졌다. 16세기 후반 천문학 연구의 발전으로 지구의 태양 공전 주기가 365일 6시간이 아니라 365일 5시간 48분 46초로 밝혀졌기 때문이다.

그레고리우스력은 시간만 11분 14초 정확해졌을 뿐 달력의 개념은 율리우스력과 똑같았다. 오늘날 전 세계적으로 그레고리력이 널리 사용되고 있다. 그러나 동로마제국의 전통을 이어가는 그리스나 러시아 등 정교회 국가에서는 아직도 교회력으로 율리우스력을 사용하고 있다. 그래서 대부분의 기독교가 12월에 맞는 성탄절을 정교회에서는 율리우스력에 의거 여전히 1월에 맞는다. 카이사르의 육체적 생명은 짧았지만 그의 정신적 유산은 생명력이 길다고 하겠다. 카이사르는 문화는 다양해도 문명은 공통이어야 한다는 통찰력이 있었다. 그는 불합리한 달력을 과감하게 없애버렸다. 그리고는 속국 신민인 과학자들의 자문과 지혜를 빌어 일상생활을 재는 도구인 율리우스력을 만들어냈다. 그는 로마의 개정 달력을 제국 전역이 공유케 함으로써 문명의 통합을 이끈 뛰어난 리더였다.

> 폭넓은 독서와 개인 교육을 통해 인문학적 소양과 통찰력(humanistic knowledge and insight)을 기르다. 또한 부단한 글쓰기와 말하기 훈련을 통해 뛰어난 의사소통 능력과 설득력을 갖추다.
>
> 오늘날 국가나 공공기관이 새로운 정책을 도입하거나, 민간기업이 신사업을 추진할 때는 다양한 이해관계자들로부터 반대와 이견이 제기된다. 이러한 상황에서 리더는 이해관계자 관리(stakeholder management)를 통해 갈등을 조율해야 한다. 또한 상반된 견해를 효과적으로 조정할 수 있는 전략적 커뮤니케이션 역량(strategic communication competence)을 갖춰야 한다. 설득은 단순히 의견을 관철하는 과정이 아니라, 상호 이해(mutual understanding)와 신뢰를 바탕으로 합의를 도출하는 과정(persuasive leadership)이다. 이는 조직의 지속 가능성과 장기적 성과 창출을 위해 필수적인 리더십 역량이다.

카이사르는 뛰어난 정치가이자 작가였다. 특히 그는 말하기와 글쓰기 모두에서 비범한 재능을 갖추고 있었다. 그래서 그는 자신이 상대하는 사람들을 대상으로 탁월한 의사소통 능력과 설득력을 발휘했다. 설득력은 카이사르가 로마 역사상 가장 영향력 있는 인물로 성장할 수 있는 커다란 자산이 되었다.

카이사르는 어린 시절부터 16세까지 가정교사의 개인교습을 통한 기초교육과정을 이수했다. 기초교육 과목은 라틴어와 그리스어 문법, 수사학, 변증학, 역사, 산수, 기하, 지리 등 총 7개 과목으로 구성되어 있었다. 카이사르는 먼저 수사학(rhetoric)을 통해 말을 효율적으로 사용함으로써 자신의 생각을 적절히 표현하는 방법을 배웠다. 또한 변증학(dialectique)을 통해 자신의 생각을 논리적으로 표현하는 능력을 길렀다. 아울러 역사를 통해 인류 사회의 변천과 국가의 흥망 과정을 자세하게 배울 수 있었다. 그의 가정교사는 갈리아 출신으로 이집트의 알렉산드리아에서 유학한 마르쿠스 안토니우스 그니포였다. 그니포는 뛰어난 웅변가이자 문법 학자였다. 그래서 카이사르에게는 더없이 훌륭한 스승이었다.

기초과정을 마친 뒤 카이사르는 유명한 문학가나 철학자, 역사가 등 선인들이 남긴 글을 읽는 중등학습을 이어갔다. 문법, 수사학, 변증학, 역사, 지리 등에 대한 심화학습도 독서를 통해 이루어졌다. 그리스의 서사시인(敍事詩人) 호메로스의 『일리아스』와 『오디세이』, 그리스 역사가 투키디데스의 『펠로폰네소스 전쟁사』, 그리스 철학자 플라톤의 『소크라테스의 변명』, 『국가론』, 『향연』, 로마의 정치가이자 문인인 대(大) 카토의 역사서 『기원론』 등을 열심히 읽고 필사하기도 했다.

　그 후 기원전 75년에 당시 지성의 중심지였던 로도스 섬으로 유학을 갔다. 거기서 수사학과 변증학 및 철학에 대한 고급과정을 이수하고 토론식 수업을 받았다. 특히 키케로를 가르친 바 있는 저명한 수사학자 아폴로니우스 몰론(Apolonius Molon) 밑에서 공부하며 수사학을 완성했다. 몰론은 설득력 있는 화법과 논리적인 작문법 등 수사학 분야의 전문 지식으로 평판이 높았다. 몰론은 웅변에서 감정과 표현의 중요성을 강조했다. 카이사르는 웅변의 이러한 요소가 청중을 감동시키고 설득하는 데 중요하다고 믿은 몰론의 충실한 제자였다. 이 모든 교육과 학습을 통해 카이사르는 폭넓은 인문학적 소양을 쌓았다. 특히 로도스 섬에 유학가기 전까지 그는 모든 과목을 서로 연관지어 한 명의 가정교사로부터 배웠다. 2000년 전의 카이사르가 시대를 앞서 요즘 유행하는 소위 융합적(amalgamative)·통합적(integrated)·통섭적(consilient) 교육을 받은 셈이다. 융합과 통섭의 과정은 교과 간, 지식 간의 영역에서 서로의 경계를 넘나든다. 그래서 복합적이고 유연한 사고가 요구된다. 생각해 보면 카이사르는 타고난 재능에 훌륭한 선생님을 만났고 무척 진취적인 양질의 교육을 받았다고 할 수 있겠다.

　교육에 더해 카이사르는 대단한 독서가였으며 만족할 줄 모르는 지적 호기심을 가졌다. 독서는 정치, 역사, 철학, 군사전략 등 다양한 분야가 망라되었다. 그래서 그는 연설을 하거나 글을 작성할 때면 광범위한 지식과 과거의 사례를 활용할 수 있었다. 그는 독서에 시간을 할애한 만큼이나 배운 내용을 성찰하는데 많은 시간을 보냈다. 그래서 그는 구체적인 현안에 대해서도 세심한 주의를 기울여 문제 해결에 대한 체계적인 접근방식을 견지할 수 있었다. 다시 말해 독서와 자기성찰이 결합되어 말하기와 글쓰기 모두에서 뛰어난 소통능력과 설득력을 발휘할 수 있었다.

카이사르의 의사소통 기법의 특징 중 하나는 메시지를 청중의 수준에 맞추는 능력이었다. 그는 인간의 본성과 문화, 언어 및 군중심리를 예리하게 관찰했다. 또 청중의 행동과 태도를 주의 깊게 연구했다. 그렇게 함으로써 그는 청중의 관심사와 심리를 파악하고 그에 맞는 메시지를 전달할 수 있었다. 그의 친위대나 다름없는 제10군단이 파업을 벌였다. 그들이 표면적으로 내세운 이유는 제대 요구였다. 그러나 실질적인 목적은 급여 인상이었다. 카이사르는 연단에 올라 연설을 했다. "시민들이여, 제대를 허락한다." 카이사르는 전장에서 연설할 때 늘 그의 병사들을 "전우들이여"라고 불렀다. 그런데 카이사르는 이미 자신과 남남이 되어 버린 것처럼 부하 병사들을 "시민들이여"라고 불렀다. 이 한마디의 연설로 파업은 끝이 났다. 병사들은 급여인상도 필요 없으니, 카이사르 밑에서 싸울 수 있게만 해달라고 애원했다. 카이사르는 수천 명이나 되는 병사들의 심리를 꿰뚫고 있었다. 그리고 한마디의 연설로 파업을 자신이 원하는 방향으로 해결했다. 군중심리와 설득력의 대가다운 대처였다. 창조적 해결은 관찰과 통섭 그리고 단순화하는 과정에서 나온다.

카이사르의 독서 및 학습 습관은 그가 성장해 가며 정치가, 연설가 및 작가로 성공하는데 크게 기여했다. 폭넓은 독서에 자기성찰과 타인에 대한 관찰이 결합되어 그는 세련된 문필가이자 탁월한 연설가로 거듭났다. 그리고 의사소통에 능숙한 설득력의 대가가 되었다. 그는 독서를 통한 지식과 정보와 사례를 자기 행동의 기반으로 삼았다. 그래서 전장에서든 정계에서든 올바른 결정을 내리고 대담한 조치를 취할 수 있었다. 문필과 연설의 달인으로서 설득력에 관한 그의 유산은 오늘날까지 많은 리더들에게 연구 과제를 제공하고 있다.

군사작전이나 정치활동 기간은 물론 일상생활에서도 고도의 자제력과 자기 통제를 발휘(emotional self-regulation) 하다.

현대의 리더 역시 위기 상황, 화려한 성공, 혹은 쓰라린 실패 속에서도 흔들림 없이 냉정함과 침착함을 유지해야 한다. 특히 리더는 조직 구성원들에게 심리적 안정과 방향성을 제공하는 구심점 역할을 한다. 리더는 모든 상황에서 현안을 객관적·합리적

> 으로 분석하고(decisive thinking), 근거 중심의 의사결정을 내려야 한다. 위기 발생 시 차분하고 논리적인 사고를 통해 문제의 본질을 파악하고, 이에 맞는 위기관리 전략(demonstrating crisis leadership through calm and analytical decision-making)을 실행해야 한다. 리더가 침착하고 냉철할 때 구성원들은 흔들림 없이 목표에 전념할 수 있다. 이는 궁극적으로 조직의 성과 제고와 신뢰 구축(building trust)을 동시에 보장해 준다.

카이사르는 자기 제어 능력이 탁월한 지도자였다. 사전적 의미로 자제력이란 '자기의 감정이나 욕망을 스스로 억제하는 힘'을 말한다. 다시 말해 자제력은 단기적인 욕구보다는 장기적인 목표를 추구하는 방식으로 자신의 생각, 감정 및 행동을 조절하는 능력이라 정의할 수 있다. 카이사르는 군사작전 지휘, 정치활동 수행 및 개인생활 영위를 포함하여 다양한 영역에서 뛰어난 자제력을 보여주었다.

카이사르가 탁월한 자제력을 발휘한 분야는 우선 그의 군사작전에서였다. 기원전 52년 약 8만 명의 갈리아군이 베르킨게토릭스의 지휘 아래 알레시아 요새에서 반란을 일으켰다. 카이사르의 로마군은 5만 명 남짓이었다. 카이사르는 알레시아 요새에 포위망을 구축했다. 알레시아는 고지대에 위치해 있었다. 지형이 불리했다. 병력의 수도 열세였다. 게다가 약 26만 명의 갈리아 지원군이 바깥쪽에서 로마군의 포위망 가까이까지 진격해왔다. 수적 열세를 무릅쓰고 앞뒤에서 적과 싸워야 하는 진퇴양난의 위기상황이었다. 그런 상황에서도 카이사르는 냉정함과 침착함을 유지하며 자제력을 잃지 않았다. 덕분에 카이사르는 냉철한 전략적 판단을 내릴 수 있었다. 카이사르는 그렇게 전투에서 승리했다. 이 전투로 로마는 갈리아 지역을 완전히 평정하게 되었다. 엄청난 압박 속에서도 자제력을 유지하는 그의 능력이 군사작전 성공의 핵심 요소였다.

군사 분야에서 카이사르가 자제력을 발휘한 또 다른 예는 기원전 48년의 그리스 북쪽 파르살루스에서 치른 전투였다. 카이사르와 폼페이우스가 로마 공화국의 패권을 놓고 싸운 일대 격전이었다. 폼페이우스의 병력은 카이사르 군대의 두 배에 가까웠다. 패배의 위험에도 불구하고 카이사르는 냉정함을 잃지 않고 침착했다. 그리고 절묘한 용병술로 압도적인 승리를 거두었다. 폼페이우스는 이집트로 도망쳤다. 당시에는 패배하고 도망치는 적군을 끝까지 추격하여 완전히 섬멸하는 것이 관례였다. 그러나 카이사르는 폼페이우스를 더 이상 추격하지 않았다. 전략적 실수가 될 것임을 인식했기 때문이었다. 이러한 자제력은 그가 로마에서 자신의 권력을 강화하고 향후 최고 지도자로서의 지위를 확보하는 데 크게 도움이 되었다.

카이사르의 자제력은 정치활동에서도 발휘되었다. 기원전 60년 그는

'먼 에스파냐'(오늘날의 스페인 남부) 속주 총독의 임기를 마치고 로마로 귀국했다. 그는 그 해에 로마 장군들에게 최고의 명예인 개선식을 먼저 거행한 후 다음 연도의 집정관 후보로 등록하고자 했다. 그러나 원로원은 이러한 카이사르의 기대를 무참히 짓밟았다. 개선식 거행이나 집정관 후보 등록 중 하나를 선택하라고 강요했다. 카이사르는 욕심과 분노를 억누르고 자제력을 발휘했다. 그리고 집정관 후보 등록을 택했다. 마침내 집정관이 되어 기원전 59년 1월 1일 그 임기를 시작했다. 개선식 거행과 집정관 출마 둘 다를 고집했다면 아마 둘 다 잃었을 것이다. 그랬다면 국가 개조라는 그의 원대한 정치적 꿈도 달성하기 어려웠을 것이다.

기원전 59년 카이사르는 마르쿠스 비불루스와 공동으로 집정관의 임기를 시작했다. 임기 첫 해인 그 해 카이사르는 부패 혐의로 고발되었다. 고발내용은 기원전 61년부터 60년까지 카이사르가 '먼 에스파냐' 속주 총독으로 재임하는 동안 공금을 유용한 의혹이 있다는 것이었다. 또한 여러 건의 부패행위를 저질렀다는 혐의도 짙다는 것이었다. 그의 사회적 평판을 떨어뜨리고 정치적 권력을 약화시키려는 원로원의 계략이었다. 고발은 카이사르의 동료 원로원 의원 두 명에 의해 제기되었다. 그들은 카이사르가 총독으로서의 지위를 이용하여 국가 로마의 이익을 저버렸다고 비난했다. 또한 삼두동맹의 동지들을 부유하게 만들 행위만 했다고 주장했다. 카이사르는 물리적 해결을 자제했다. 흥분하지도 않았다. 대신 차분하게 혐의를 부인하고 자신의 결백을 밝혀줄 증거를 제시했다. 총독으로 재임하는 동안 발생한 회계오류는 단순한 실수이고 부하들의 일부 부패행위는 인정했다. 카이사르는 혐의를 벗었다.

카이사르는 개인 생활에서도 규율과 자제력을 발휘했다. 그는 음식과 술과 기타 오락거리에 대해서도 규칙을 정해 놓고 절제했다. 미식은 절대 추구하지 않았다. 종종 일정 기간 금식하기도 했고, 오랫동안 술을 마시지 않기도 했다. 수많은 기회와 경제적 여력이 있었음에도 불구하고 비교적 검소한 생활을 했다. 그가 돈을 아끼지 않은 부문이 있었다면 그것은 애인들에 대한 선물 구입비와 지적 탐구를 위한 도서구입비 지출이었다. 그 당시 책은 두루마리 형태로 되어 있어서 값이 매우 비쌌다. 국가급 리더라면 곰곰이 그 의미를 음미하며 성찰할 만한 대목이다.

> 평생 자신의 목표 달성을 위해 헌신하며, 숙고 끝에 내린 결정은 어떤 난관 앞에서도 굽히지 않고 끝까지 실행하다(decisive leadership). 이는 리더십의 핵심인 '지속하려는 의지'(persistent drive)와 '전략 실행력'(strategic execution capability)의 전형적 사례다.
>
> 오늘날 조직의 리더는 복잡하고 불확실한 경영 환경 속에서 수많은 장애와 도전을 극복해야 한다. 이를 위해 리더는 설정한 목

> 표를 끝까지 완수하려는 강한 집념과 일관성(goal consistency)을 보여주어야 한다. 리더의 지속적 추진력은 조직 구성원들에게 목표 달성에 대한 강한 확신을 심어 주고, 동기부여를 촉진하며 조직 전체의 에너지를 결집시킨다. 이는 궁극적으로 국가나 조직의 지속 가능한 성과와 경쟁우위(sustainble performance and competitive advantage)를 창출하는 기반이 된다.

카이사르는 평생 성공에 대한 확고한 의지와 자기 앞에 놓인 어떤 장애물도 극복해 내겠다는 흔들리지 않는 용기를 보여주었다. 그는 수많은 도전과 좌절에 부닥쳤다. 그는 두 번이나 원로원의 소환명령을 받았고, 암살의 위기도 여러 번 겪었다. 극복하기 어려운 난관에도 불구하고 카이사르는 자신의 목표에 전념했다. 또한 성공하려는 의지에 충실하게 행동했다. 매사에 지칠 줄 모르는 열정을 쏟아 부었다. 주위 사람들에게도 영감을 불어넣고 동기를 부여했다. 그는 측근들에게 자주 어떤 장애물을 만나더라도 자신의 목표를 달성하기 위한 노력을 계속하겠다는 의지를 수없이 밝혔다.

카이사르의 '지속하려는 의지'가 가장 돋보이는 사례는 기원전 49년 루비콘 강을 건너기로 한 그의 결정이었다. 당시 카이사르는 원로원으로부터 군대를 해산하고 로마로 돌아오라는 '세나투스 콘술툼 울티

움'(Senatus Consultum Ultimum), 즉 '원로원 최종권고'를 받았다. 원로원의 최종권고는 반드시 따라야 하는 결정으로 존중되었다. 공화국 로마에서 이 전통은 오랫동안 지켜졌다. 최종권고가 발동되면 법률에 따른 로마 시민으로서의 권리는 정지되었다. 또한 원로원 최종권고에 따라 공화국의 적으로 규정된 사람과 그 지지자들에게는 즉결심판이 허용되었다. 이를테면 로마판 비상사태 시의 긴급조치라고 할 수 있었다.

  원로원 최종권고를 따를 것인가, 아니면 반역의 길로 들어설 것인가! 카이사르는 루비콘 강변을 오가며 깊은 생각에 잠겼다. 그러나 어떤 일이 있어도 자신의 의지를 꺾고 싶지 않았다. 그는 병사들에게 연설을 하기 시작했다. "이미 엎질러진 물이다. 이 강을 건너면 인간 세계가 비참해지고, 건너지 않으면 내가 파멸한다. 나아가자, 신들이 기다리는 곳으로, 우리의 명예를 더럽힌 적이 기다리는 곳으로. 주사위는 던져졌다." 카이사르는 군대를 이끌고 루비콘 강을 건넜다. 루비콘 강을 건너는 것 또한 국법에 위반되는 행동이었다. 그러나 카이사르에게는 국가 로마를 개조하려는 원대한 목표가 있었다. 그 목표를 달성하기 위해 카이사르는 흔들리지 않는 의지로 루비콘 강을 건너는 모험을 했다. 루비콘 강을 건넌 카이사르는 신속하게 움직였다. 수도 로마에 있던 공화파 원로원 의원들과 폼페이우스는 충격에 빠졌다. 수도를 방어하기 위해 2개 군단이 있었지만 수도가 아닌 카푸아에 주둔하고 있었다. 폼페이우스는 서둘러 카푸아로 갔다. 원로원 의원들만 남아 있는 로마는 무방비 상태나 다름이 없었다. 결국 겁먹은 원로원 의원들까지 모두 로마를 비워버리는 중대 사태가 발생했다.

이것은 내전에서 중요한 국면 전환의 계기가 되었다. 원로원 공화파들이 유리한 상황에서 싸울 기회는 그들이 수도 로마에 있을 때의 얘기였다. 수도 로마를 비운 순간 다른 지역에서의 권력투쟁은 순전히 무력의 논리만 지배하게 되었다. 결국 갈리아 전쟁에서 전투경험을 쌓은 카이사르와 그의 군대에게 유리한 상황이 전개되었다. 카이사르는 그 후 벌어진 마르세유 공방전, 에스파냐 전쟁, 다라키움 공방전, 파르살루스 전투, 탑수스 회전 등 수많은 전투에서 승리했다. 그는 최종적으로 내전에서 승리를 거두고 결국 로마의 최고 권력자가 되었다.

카이사르의 지속하려는 의지는 갈리아 전쟁에서도 발현되었다. 기원전 58년부터 기원전 50년까지 8년 동안 카이사르는 군대를 지휘하며 갈리아 정복전쟁을 치렀다. 갈리아 정복은 복잡한 정치상황, 혹독한 기후 조건, 여러 부족들의 격렬한 저항을 극복해야 했다. 그것을 헤쳐 나가는 것은 길고도 험난한 과정이었다. 전쟁을 치르는 동안 갈리아인들의 맹렬한 저항에 부딪혀 실제 상당한 군사적 손실을 입기도 했다. 군사작전 중 다른 수많은 좌절과 도전에도 직면했다. 그럼에도 불구하고 카이사르는 자신의 목표를 달성하려는 확고한 의지를 보여주었다. 그는 모든 난관을 극복해 냈다. 국가 로마의 장래를 위한, 그리고 자신의 정치적 미래를 위한 그의 의지는 단호하고 굳건했다. 빈틈없는 전략과 혁신적인 전술을 구사하여 그는 갈리아를 평정했다. 궁극적으로 갈리아를 정복함으로써 카이사르는 로마 제국의 영토를 크게 확장하고 정치적으로 성장할 수 있는 기반을 마련했다.

아마도 카이사르의 '지속하려는 의지'가 잘 나타난 가장 극적인 예는 암살되기 직전의 순간일 것이다. 그는 국가 로마를 원로원 중심의 공화정(共和政)에서 제정(帝政)으로 바꾸려는 신념을 가졌다. 원로원은 카이사르의 이런 입장에 반대했다. 그래서 그의 목숨을 거두려했다. 기록에 따르면 카이사르는 자신에 대한 암살 음모를 이미 알고 있었다고 한다. 그러나 추가적인 경호 조치 없이 원로원 회의에 참석했다. 그날 원로원 회의는 카이사르의 명령으로 건립된 폼페이우스 회랑 한 쪽에서 열렸다. 그곳에는 카이사르에게 패하고 이집트로 도주했다 현지인에게 살해당한 폼페이우스의 석상이 세워져 있었다. 암살자들은 토가 안쪽에 단검을 숨겨 미리 회의장에 입장해 있었다. 카이사르의 암살자들에게 유일한 걱정거리는 그의 동료 집정관인 마르쿠스 안토니우스였다. 안토니우스는 힘이 장사였다. 카이사르 밑에서 오랫동안 군단장을 지낸 트레보니우스가 안토니우스를 대화로 끌어내어 카이사르와 분리시켰다. 한 초선의원이 독재관의 발치에 무릎을 꿇고 그의 토가를 잡아당겨 신호를 보냈다. 암살에 가담한 사람은 모두 14명이었다. 카이사르의 나이 쉰다섯 살 때였다. 독일의 역사가 몸젠이 표현한 바, "로마가 낳은 유일한 창조적 천재"였던 카이사르는 그렇게 쓰러졌다.

　3월 15일을 라틴어로 Idus Martiae(이두스 마르티아이)라 한다. 영어로는 The Ides of March라고 표현한다. 서양에서는 이 날이 카이사르가 암살당한 날이라는 것을 아는 사람이 많다. 카이사르의 암살사건이 기원전 44년 3월 15일에 일어났기 때문이다. 암살자 중에는 브루투스가 두 명 있었다. 한명은 마르쿠스 브루투스였다. 그는 카이사르의 평생 애인이었던 세르빌리아의 아들이었다. 다른 한명은 데키우스 브루투스였다. 그는 현직 법무관이었다. 고위층이 원로원 회의에 참석할 때에는 하위직 관리가 집에서부터 회의장까지 고위층을 수행하는 것이 로마의 관례였다. 그날 카이사르의 관저에서 회의장까지 카이사르를 수행한 사람은 법무관 데키우스 브루투스였다.

　카이사르가 칼에 찔려 쓰러지며 내뱉은 마지막 말은 "Et tu, Brute!"("브루투스, 너마저!")였다. 온 몸의 23군데에 단검에 의한 자상을 입고 죽어가는 그 순간에도, 제정으로의 전환이 절실한데, 브루투스 너마저 몰라주느냐고 외치는 한 맺힌 절규였다. 다만 그 절규가 어느 브루투스를 향한 것이었는지는 역사가들 사이에서도 논란이 있다. 아무튼 이 말은 한번 결심한 것은 지속하겠다는 그의 확고한 의지의 상징이 되었다. 리더는 어떤 어려움이나 난관이 있어도 자신이 옳다고 믿는 바를 지속하려는 의지가 확고해야 한다. 다만, 자신의 의지가 정말 옳은 것인지를 파악하는 합리적인 의견수렴 절차를 거쳤다는 전제 하에서 말이다.

> 카이사르의 말과 글은 그의 인격과 리더십을 비추는 거울이었다. 그는 조리 있게 말하고 간결하게 글을 썼으며, 어휘 선택 또한 탁월했다.
>
> 현대 조직의 리더 역시 명확하고 간결한 커뮤니케이션 능력을 갖추어야 한다(strategic communication). 리더의 한마디는 조직원들의 마음을 움직이고 강한 동기부여 기회를 제공한다(linguistic leadership). 리더의 글 한 줄은 구성원들을 감동시키고, 공동의 목표의식을 강화한다(psychological ownership). 궁극적으로 리더의 언어는 단순한 의사소통 수단이 아니다. 그것은 조직 문화를 형성하고, 목표 달성을 위한 구성원들의 헌신과 참여를 이끌어내는 전략적 자산이다.

주시경 선생은 "말과 글이 거칠면 그 나라 사람의 뜻과 일이 다 거칠어지고, 말과 글이 다스려지면 그 나라 사람의 뜻과 일도 다스려진다."고 말했다. '나라'를 '조직'으로 치환해도 맞는 말이다. 어떤 조직체이건 리더의 말과 글은 정제된 형태로 전달되고 표현되어야 한다.

말솜씨와 글솜씨, 어투(語套)와 필치(筆致), 말과 글의 내용은 그 사람의 인격과 삶을 표현해 준다. 현재 자신의 삶이 어떤 모습인가를 알고 싶으면 근래 자신의 언어표현 방식과 어휘를 보면 된다. 중국 당나라 때의 인재선발 기준은 신언서판(身言書判)이었다. 바른 말솜씨와 조리 있는 글솜씨가 관리선발의 중요한 척도에 들어 있었다.『혼불』을 쓴 최명희 작가는 "언어는 영혼의 무늬"라고 말했다. 말과 글의 중요성을 강조한 표현이다.

카이사르는 교육과 독서와 개인훈련을 통해 말하기와 글쓰기를 연마했다. 그래서 그의 말과 글에는 감동이 있고 전율이 있다. 감동을 주는 말과 글은 굳이 길지 않아도 된다. 카이사르 자신이 직접 말했거나 다른 사람들이 카이사르에 대하여 남긴 유명한 말과 글을 살펴보자.

"나는 로마에서 이인자가 되느니 스페인의 한 마을의 일인자가 되겠다."
(휘하 장수에게 로마의 최고지도자가 되겠다는 야망을 표현하며)

"양이 이끄는 사자의 무리보다 사자가 이끄는 양의 무리가 더 무섭다."
(리더의 역할과 강력한 통제의 중요성을 강조하며)

"첫 번째이자 가장 큰 승리는 자기 자신을 이기는 것이다."
(극기와 자기통제의 중요성을 강조하며)

"왔노라, 보았노라, 이겼노라."
(폰토스 왕국의 반란을 진압한 후 군사적 우월감과 자신감을 표현하며)

"이미 엎질러진 물이다. 이 강을 건너면 인간세계가 비참해지고 건너지 않으면 내가 파멸한다.
(루비콘 강을 건너기 직전 자신의 심정을 피력하며)

"나아가자, 신들이 기다리는 곳으로, 우리의 명예를 더럽힌 적들이 기다리는 곳으로, 주사위는 던져졌다."
(루비콘 강을 건넌 후 장병들과 승리에 대한 확신과 결의를 다지며)

"나는 평생을 두려움 속에 살고 싶지 않다"
(폼페이우스파 잔당들을 처형하자는 휘하 장수의 요청을 거부하며)

"모든 것의 스승은 경험이다."
(경험을 통해 배우고 성장하는 것의 중요성을 강조하며)

"곤경은 친구를 적으로 만든다."
(곤궁한 처지에 놓이면 친구도 돌아선다는 인간성의 현실을 직시하며)

"문장은 거기에 쓰이는 언어의 선택으로 결정된다. 평소에 쓰이지 않는 말이나 동료들끼리만 통하는 표현은 배가 암초를 피하듯 피해야 한다."
  (말과 글에서 어휘 선택의 중요성을 강조하며)

"누구나 현실을 볼 수 있는 것은 아니다. 대부분의 사람은 자신이 보고싶은 현실만을 본다."
  (불리한 현실은 보지 않으려는 인간의 편견과 본성을 경계하며)

"아무리 나쁜 결과로 끝난 일이라 해도, 애초에 그 일을 시작한 동기는 선의였다."
  (선의로 시작한 일도 시간이 지나면 왜곡되고 변질될 수 있음을 경계하며)

"약한 사람에겐 편한 자리를, 위대한 자에겐 명예로운 자리를."
  (몸이 아픈 병사에게 자기 침소를 양보하고, 불편한 곳에서 잠자리에 들며)

"여러분은 카이사르의 행운과 함께 하고 있다."
  (좋지 않은 기상상태에서 배를 띄워야 할 때 겁먹은 선원들을 독려하며)

"사람들은 자신이 원하는 것을 기꺼이 믿는다."
  (편견과 편협한 사고를 극복하지 못하고 주어진 상황을 자신이 원하는 방향으로 해석해 버리는 인간성을 경계하며)

"친애하는 브루투스, 잘못은 별에게서 나오는 것이 아니라 우리 자신에게서 비롯되는 것이다."

(인간의 운명은 자신의 선택과 행동으로 결정된다는 것을 표현하며)

"전쟁에서는 사소한 것들이 중대한 결과로 이어진다."

(전쟁이나 정책이나 사업에서 세부사항들의 중요성을 강조하며)

"인내심으로 기꺼이 고통을 견디려 하는 사람을 찾기보다 스스로 죽으려 하는 사람을 찾기가 더 쉽다."

(역경과 시련을 극복하고 쉽게 포기하지 않도록 충고하며)

"나는 읽을거리가 없는 왕으로 살기보다 책이 가득한 오두막에서 가난하게 살겠다."

(부하들에게 독서의 중요성을 강조하며)

"한 사람의 문장력은 그가 선택하는 어휘력에 달려있다."

(독서를 통한 어휘력의 증진을 강조하며)

"겁쟁이는 죽음을 여러 번 경험하지만 용감한 사람은 단 한 번만 죽는다."

(두려움을 떨쳐내고 용기를 가지라고 격려하며)

"끊임없이 걱정하는 것보다 한 번 고통 받는 것이 낫다."
(역경과 고난을 피하지 말고 용기 있게 맞서 극복하라고 격려하며)

"배우는 것보다 창조하는 것이 더 낫다. 창조야말로 삶의 본질이다."
(피동적인 지식 습득보다 창의력 발휘와 혁신의 가치를 강조하며)

"전쟁은 패자에게 승자가 원하는 어떤 조건이라도 강요할 권리를 준다."
(승리의 중요성과 패배의 가혹함을 강조하며)

"예기치 못한 일이 일어났을 때 불안하지 않는 용감한 사람은 없다."
(용기란 두려움을 모르는 게 아니라 두려움에 맞서는 것임을 강조하며)

"나는 죽음을 두려워하는 것보다 명예로운 이름을 더 사랑한다."
(죽음도 불사하겠다고 평판과 명예의 중요성을 강조하며)

"패자에게 자비를 베푸는 것은 두 번 이기는 것이다."
(용서와 관용의 중요성을 강조하며)

"시민을 위해서라면 무슨 수단이라도 쓰고 어떤 것이라도 감내할 준비가 되어 있다."
(로마 시민들을 위한 자신의 노력과 헌신을 강조하며)

"나는 항상 공화국 로마의 존엄을 생명보다 앞서는 가장 중요한 것으로 여겼다."

(조국 로마에 대한 자신의 사랑을 강조하며)

"모든 나쁜 선례도 정당한 정책으로부터 시작된다."

(정책집행의 역효과나 부정적 결과를 경계하며)

참고문헌

필립 프리먼, 이주혜 옮김, 『제국을 만든 남자 카이사르』, 21세기북스 2009.

시오노 나나미, 김석희 옮김, 『로마인 이야기 4(상)·5(하)』, 한길사 2002.

율리우스 카이사르, 박석일 옮김, 『갈리아전기 / 내전기』, 동서문화사 2004.

율리우스 카이사르, 김한영 옮김, 『갈리아 전쟁기』, 출판 사이 2005.

율리우스 카이사르, 박광순 옮김, 『카이사르 내란기 외』, 종합출판범우 2005.

케이트 길리버 외, 김홍래 옮김, 『로마전쟁:위대한 정복자 율리우스 카이스르와 그의 유산』, 플래닛미디어 2010.

이진희, 『소설 율리우스 카이사르』, 느낌이있는책 2009.

【한니발 바르카】

제4장

한니발 바르카

기상천외한 전략과 창의성으로
상대의 의표를 찌르다

제4장
한니발 바르카

가. 인물의 개요

　한니발 바르카(Hannibal Barca, 기원전 247년~183년)는 고대 카르타고의 장군이자 정치지도자였다. 페니키아어로 한(hann)은 '은총', 바알(baal)은 '바알'신을 의미한다. 따라서 한니발이란 '바알 신의 은총을 입은 자'라는 뜻이다. 한니발은 세계 전사에서 대표적인 명장으로 꼽힌다. 또한 인류 역사상 가장 위대한 군사전략가 중 한 명으로 평가되고 있다. 그는 기원전 218년 수 만 명의 병사와 전투용 코끼리를 이끌고 한겨울에 알프스 산맥을 횡단하는 모험을 감행했다. 한니발의 로마 침공이 본격적으로 시작된 것이다. 페니키아의 식민시(植民市)였던 북아프리카의 카르타고와 로마 간의 전쟁을 포에니 전쟁이라 한다. 포에니라는 말은 라틴어로 '페니키아인'을 뜻한다. 제1차 포에니 전쟁(기원전 264년~241년)에서 한니발의 조국 카르타고는 로마에 굴욕적인 패배를 당했다. 제2차 포에니 전쟁(기원전 219년~201년)에서 한니발은 소수의 병력으로 그렇게 막강한 로마 군단을 상대로 연전연승을 거두었다. 한니발은 로마에게 최대의 난적이라는 강렬한 인상을 심어주었다. 그리고 오랫동안 로마인들에게 두려움의 대상으로 남았다. 한니발의 로마 침공 이후 그의 용맹성에 로마 시민들이 얼마나 공포에 떨었는지를 보여주는 유명한 말이 있다. 어린아이가 울 때 로마의 어머니들은 "한니발이 문 앞에 있다!(Hannibal ad portas! 한니발 아드 포르타스!)"라고 말했다. 그러면 울던 아이가 울음을 그쳤다고 한다. 우리나라에서 아이들에게 "울면 호랑이가 잡아간다"고 했던 옛말과 비슷한 효과가 있었던 모양이다.

  사실 제2차 포에니 전쟁의 주인공은 한니발 그 자체라고 해도 과언이 아니다. 제2차 포에니 전쟁은 한니발이 불구대천의 원수 로마의 멸망을 목표로 개인적으로 치른 전쟁이나 다를 바 없었다. 그는 자기 혼자서 군사전략과 작전계획을 수립하고 전쟁을 지휘했다. 그래서 제2차 포에니 전쟁은 다른 이름으로 한니발 전쟁이라고도 불린다. 한니발은 조국 카르타고의 전략적 열세를 극복하기 위해 고심을 거듭했다. 육상과 해상 그 어느 쪽도 로마군의 눈에 띄지 않고 이탈리아에 접근할 수 없었다. 남은 곳은 단 한 하나 북쪽 방향뿐이었다. 그러나 북쪽은 험준한 알프스 산맥이 가로막고 있었다. 한니발은 전대미문의 대담한 작전계획을 세웠다. 히스파니아(포르투갈, 스페인, 안도라, 지브롤터 등 현재의 이베리아반도의 통칭)에서부터 도보로 행군하여 피레네 산맥을 넘었다. 이어 갈리아지방(현재의 북이탈리아, 프랑스, 벨기에 일대)을 지나 한겨울에 알프스 산맥을 넘는 과감한 작전을 펼쳤다. 대군과 더불어 코끼리 부대까지 이끌고 한겨울에 알프스를 넘은 것은 거의 기적에 가까운 모험이었다. 당시 로마는 최대 75만 명의 병력을 동원할 수 있었다. 반면, 한니발이 보유한 병력은 로마군의 채 10분의 1도 되지 않는 전력이었다. 히스파니아에서부터 데려온 휘하 정예병 2만 6천 명과 북쪽 켈트족(갈리아인) 용병 2만 4천 명이 전부였다. 한니발은 이들을 주요 전력으로 삼아 로마군과 싸웠다.

제2차 포에니 전쟁 주요 전장 (사진출처 : 네이버 블로그 〈방랑자 니샤〉)

한니발은 기원전 218년의 티치노 전투와 트레비아 전투, 기원전 217년의 트라시메노 호수 전투, 기원전 216년 칸나에 전투에서 모두 승리했다. 그것도 지중해 세계가 깜짝 놀랄 정도로 일방적인 압도적 승리를 거두었다. 한니발의 독창적인 군사 전략과 전술에 로마군은 상대가 되지 못했다. 한니발이 지휘하는 카르타고 군대에 의해 20만 명이 넘는 로마 군인들이 전사했고, 5만 명이 포로로 붙잡혔다.

로마제국을 멸망시키기 위해 한니발은 로마연합을 해체해야 했다. 로마연합은 로마를 중심으로 주변의 식민시(植民市)들과 동맹시(同盟市)들로 구성되어 있었다. 한니발은 로마를 무너뜨리기 위해서는 로마연합의 도시들을 각개 격파하는 것이 급선무라고 판단했다. 한니발은 이탈리아 반도의 동쪽과 남쪽으로 진격했다. 칼라브리아 지방 일대에서는 거의 모든 도시가 한니발에게 성문을 열어주었다. 캄파니아 지방에서는 카푸아가 한니발에게 강화를 요청해 왔다. 이탈리아 침공 이후 한니발은 북아프리카의 본국 카르타고로부터 해상을 통해 보급을 받을 수 있는 항구를 장악하는 것이 시급했다. 카푸아와의 강화조약 체결로 한니발은 안도의 한숨을 내쉴 수 있었다. 그러나 로마연합 해체가 한니발의 의도와 달리 완전히 이루어지지는 않았다. 카푸아가 다시 로마의 수중에 떨어졌고, 다른 식민시들과 동맹시들의 해체도 지지부진했다. 로마는 한니발과는 전투를 치르지 않고 그를 이탈리아 안에 고립시킨다는 지구전(持久戰) 전략으로 맞섰다.

한니발은 15년 동안 이탈리아 반도 대부분을 그의 지배하에 두고 있었다. 로마의 숨통을 거의 다 조여가고 있었다. 그러는 동안 로마도 손을 놓고 있지는 않았다. 로마의 히스파니아 방면군 사령관 스키피오 아프리카누스가 그곳에서 웅거(雄據)하던 한니발의 동생 하스드루발을 격파했다. 그리고는 여세를 몰아 카르타고 본국까지 침공했다. 기원전 203년 한니발은 카르타고의 본토 방어를 위해 귀환하라는 명령을 받았다. 기원전 202년 어느 가을날 아침 한니발은 자마 전투를 치렀다. 전장은 오늘날 튀니지의 실리아나 인근 평원이었다. 그러나 한니발은 자마 전투에서 로마의 명장 스키피오 아프리카누스에게 결정적인 패배를 당했다. 스키피오는 15년 동안 조국 로마를 분탕질한 한니발의 전략 전술을 철저하게 연구했다. 그리고 그의 모든 전략 전술을 철저히 배우고 익혔다. 그렇게 해서 스키피오는 로마 역사상 최강의 난적인 한니발을 무찌르고, 제2차 포에니 전쟁을 로마의 승리로 이끌었다.

제2차 포에니 전쟁에서 승리한 로마는 카르타고에 가혹한 강화조약 체결을 강요했다. 전쟁 배상금으로 1만 탈렌트를 50년에 걸쳐 분할 납부하라고 요구했다. 그러나 로마는 한니발의 신병을 넘기라는 요구는 하지 않았다. 존경받아 마땅한 패장이었던 한니발에 대한 스키피오 장군의 배려였다. 카르타고에는 전쟁에 패한 장군을 처형하는 오랜 전통이 있었다. 카르타고 원로원이 한니발을 소환했다. 그러나 스키피오는 카르타고 원로원이 한니발에게 털끝 하나 건드리는 것조차 허용하지 않았다. 한니발은 카르타고를 떠나 그 남쪽에 있는 자신의 사유지에서 조용히 칩거하며 지냈다.

자마 전투가 끝난 지 6년 만인 기원전 196년 한니발은 카르타고로 돌아왔다. 이듬해인 기원전 195년에는 카르타고의 최고행정관인 두 명의 '수페테스'(Sufetes) 가운데 한 명으로 선출되었다. 최고행정관에 취임한 한니발은 피폐해진 국가 재정을 복구하기 위해 동분서주했다. 그는 귀족들의 기득권을 철폐하는 내정개혁을 단행했다. 한니발은 군대를 지휘하던 시절에 쌓은 행정 경험과 지구력으로 맡은 바 직무를 성실히 수행했다. 국가의 재정을 튼튼하게 정비했다. 카르타고의 상선대가 다시 아프리카 해안을 따라 여러 지역에서 교역할 수 있도록 지원하기 위한 다양한 계획을 수립하고 실행했다. 이로 인해 카르타고는 실제로 로마에 치러야 하는 전쟁 배상금 전액을 40년 앞당겨 10년이면 모두 지급할 수 있을 것으로 전망되었다.

그러나 탐욕스러운 카르타고 원로원의 기득권 세력은 한니발을 로마의 원로원에 고발했다. 고발이유는 한니발이 로마의 적국 시리아와 내통했다는 것이었다. 로마의 영웅 스키피오 아프리카누스는 그가 존경하는 카르타고의 패장을 변호하고자 애썼다. 그러나 원로원 내에서 스키피오의 영향력은 약해지고 있었다. 한니발이 시리아와 결탁했다고 믿고 싶어하는 원로원 의원들의 마음을 돌리기에는 역부족이었다. 로마 원로원은 한니발을 체포하여 실형을 선고하라고 카르타고 정부에 요구했다. 카르타고 원로원의 반(反) 한니발파 의원들은 더 없이 기뻐하며 즉시 한니발을 범법자이자 카르타고 원로원의 적으로 선포했다.

기원전 195년 한니발은 맨몸으로 혼자 조국 카르타고를 탈출했다. 미리 준비해 둔 배를 타고 시리아 왕국의 티레(오늘날 레바논의 항구 도시)로 망명했다. 한니발의 정적들은 그가 살던 카르타고 시내의 작은 집을 불사르는 것으로 울분을 달랬다. 아이톨리아인들은 그리스 중부에 살면서 마케도니아 왕국과 북쪽 국경을 접하고 있었다. 그들은 마케도니아에 불만을 가지고 있었다. 아이톨리아인들은 시리아 왕국에 개입을 요청했다. 시리아의 왕 안티오코스는 6만 대군을 이끌고 그리스로 건너가 아이톨리아인들과 합류했다. 그러나 테르모필레에서 로마군에게 크게 패하고 소아시아로 도망쳤다. 로마에 설욕을 다짐하고 다시 8만 명의 병력을 모으고 있던 시리아 왕국의 안티오코스왕은 두 번 치른 해전에서도 로마에 패했다. 두 차례의 해전에 패함으로써 안티오코스는 그때까지 장악하고 있던 에게해의 제해권을 완전히 상실했다. 로마군 앞에 아시아로 들어가는 문이 활짝 열린 셈이었다. 로마군은 소아시아로 건너갔다. 소아시아 서해안에 위치한 에페수스에서 내륙으로 들어간 마그네시아 평원에서 시리아 군을 대파했다. 안티오코스 왕은 조건 없이 항복하고 강화를 요청했다. 로마는 강화 요청을 받아들였다. 로마가 제시한 강화 조건의 마지막에는 어김없이 한니발에 관한 조항이 들어있었다. 로마 측 강화협상 사절은 '로마에 위험한 인물로서 현재 시리아 왕의 보호를 받고 있는 한니발의 신병을 로마에 인도한다'는 조항을 명시했다. 안티오코스 왕은 이 조건을 수락했다. 한니발이 자마전투에서 패하고 오랜 세월이 흘렀지만, 그만큼 로마인의 마음에 심어준 공포심은 컸다. 강화조약을 체결한 시리아왕은 적절한 시기에 한니발의 신병을 인도하기로 결정했다. 한니발은 로마로 송환되기 전 시리아 왕국에서 도망쳤다. 티레에서 곧장 소아시아 에게해의 동부해안에 있는 에페수스(오늘날 튀르키예의 도시)로 갔다. 이어 한니발은 크레타 섬과 아르메니아 고원을 거쳐 소아시아 북서부의 흑해 연안에 있는 비티니아 왕국으로 망명했다. 기원전 183년 공적을 세우고 싶어 안달이 난 로마군의 한 부대장이 비티니아 왕국에 나타났다. 그는 비티니아 왕에게 한니발의 신병을 인도하라고 요구했다. 로마의 신병 요구 사실을 알게 된 한니발은 늘 손가락에 끼고 있던 반지에 숨긴 독약을 삼키고 자결했다. 일설에는 와인에 독을 타 마시고 죽었다고도 한다. 죽어가면서 한니발은 "병든 노인의 자연사도 기다려주지 못하는 로마인은 얼마나 쩨쩨하고 옹졸하냐"고 개탄했다고 한다. 아버지 하밀카르 바르카 앞에서 '평생 로마를 적으로 삼을 것'을 바알 신에게 서약했던 소년 한니발. 자신이 직접 양성한 카르타고 군대와 코끼리 부대를 이끌고 히스파니아의 카르타헤나(스페인의 남동쪽 지중해에 면한 항구도시)부터 걸어서 알프스 산맥을 넘었던 집념의 사나이 한니발. 천재적인 전략과 전투마다 창의적인 작전으로, 이탈리아 반도에서 15년 동안 로마를 쥐락펴락 마음 내키는 대로 뒤흔들던 카르타고의 군사 영웅. 카르타고의 로마 원정군 총사령관 한니발은 흑해의 석양을 바라보며 애도해 주는 부하장병 한 명도 없는 이국땅에서 그렇게 쓸쓸한 죽음을 맞이했다.

나. 출생과 성장과정

한니발 바르카는 기원전 247년 아버지 하밀카르 바르카와 어머니 이밀체(Imilce)와의 사이에서 장남으로 태어났다. 아버지 하밀카르는 카르타고의 장군으로 당시 카르타고의 식민지였던 시칠리아에 파견된 군사 지휘관이었다. 한니발의 성인 바르카(Barca)는 페니키아어로 '천둥'이라는 뜻이다. 그의 어머니의 이름이 실제 이밀체였는지에 대해서는 학자들 간에 다양한 의견이 존재한다. 그럼에도 불구하고, 한니발의 어머니가 카르타고의 정계를 지배했던 유력한 페니키아의 귀족 가문 또는 인근의 부유한 아프리카 왕가 출신이었을 것이라는 주장은 타당한 것으로 추정된다.

한니발은 세 명의 손위 누이와 두 명의 남동생이 있었다. 형제들의 이름은 하스드루발 바르카와 마고 바르카였다. 한니발의 첫째 누나는 후일 카르타고의 최고행정관을 지내게 되는 보밀카르와 결혼했다. 둘째 누나는 아버지 하밀카르의 부관이자 카르타고 최고의 해군 장교인 공정한 하스드루발에게 시집갔다. 마지막으로 셋째 누나는 인근 누미디아의 왕자인 나라바스와 결혼했다. 특히 누미디아 왕자와의 결혼은 바르카 가문이 누미디아 왕국과 동맹관계를 형성하는 중요한 계기가 되었다. 후일 한니발이 수많은 전쟁을 치르면서 그를 충실하게 지원해준 누미디아 기병대와의 돈독한 관계를 유지할 수 있는 토대가 이때 구축되었다.

한니발이 어린 시절 아버지 하밀카르는 임지인 시칠리아에서 복무하느라 자주 집을 비웠다. 그래서 어머니 이밀체 혼자서 한니발의 양육과 교육을 책임졌다. 소년 한니발은 읽기, 쓰기, 음악, 수학과 그 외에 다양한 과목들을 공부했다. 한니발의 부모는 아들을 위해 당대 최고의 가정교사들을 고용했다. 가정교사 중에는 스파르타 출신의 소실로스라는 전설적인 인물도 있었다. 알렉산드로스 대왕의 세계 정복 이후 그리스어는 지중해 세계에서 고등교육을 받는 학생들의 필수 언어였다. 소실로스는 어린 한니발에게 그리스어와 그리스 문학을 가르쳤다. 한니발은 여러 가정교사들에게서 많은 것들을 배웠다. 소수의 그리스연합 군대를 이끌고 페르시아의 대군에 맞서 싸운 스파르타의 레오니다스 왕의 이야기도 들었다. 열세를 끝내 극복하지 극복하지 못한 채 병사들과 함께 테르모필레 계곡에서 장렬하게 산화했다는 이야기를 듣고 감명을 받았다. 한니발은 호메로스의 서사시 일리아스(Illias)와 오디세이(Odyssey)도 즐겨 읽었다. 거기에 나오는 아킬레우스의 모험과 오디세우스의 기지를 배웠다. 또한 알렉산드로스 대왕의 세계 정복 이야기를 들으며 웅대한 꿈을 키웠다. 청소년 시절부터 한니발은 알렉산더의 군사 전략과 전술을 깊이 파고들며 연구했다.

카르타고에는 파피루스 문서 두루마리가 선반마다 꽉 들어찬 도서관이 여럿 있었다. 한니발은 소실로스와 함께 이들 도서관을 제 집 드나들듯 드나들었다. 도서관에서 철학자 플라톤과 아리스토텔레스, 여류시인 사포, 역사가 헤로도토스 등 그리스 철학자와 문인들의 저서들을 열심히 읽었다. 소실로스는 한니발의 생애에 평생 끊임없는 영향을 미쳤다. 그는 한니발을 따라 히스파니아에도 갔다. 나중에 한니발이 로마를 공략할 때도 동행하여 제2차 포에니 전쟁을 기록한 일곱 권짜리 전사(戰史)를 썼다. 그의 전사는 지금은 인멸되어 전하지 않는다. 후일 제1차 포에니 전쟁(기원전 264년~ 241년)부터 기원전 144년까지의 로마사인 『역사』(Historia, 40권)를 저술한 폴리비오스도 소실로스의 전사를 접했을 것으로 보인다. 특히 폴리비오스는 소실로스의 전사에서 한니발의 심리와 행위에 관한 카르타고 쪽의 중요한 정보를 얻었을 것으로 추정된다.

제1차 포에니 전쟁은 로마와 카르타고 간에 벌어진 전쟁이었다. 시칠리아를 전장으로 하여 기원전 264년부터 기원전 241년까지 23년에 이르는 장기간의 싸움이었다. 전황은 처음부터 끝까지 거의 로마의 일방적인 우세 속에 전개되었다. 카르타고는 해전에서 로마에 연달아 패배했다. 전쟁에 돌입한 지 17년째인 기원전 247년 카르타고는 젊고 유능한 장수를 시칠리아에 파견했다. 하밀카르 바르카였다. 30대 초반이었던 하밀카르는 시칠리아 전선의 일부를 담당하게 된 그 해에 아들 한니발을 얻었다. 하밀카르는 시칠리아에 남아있는 방어시설을 관리하는 데 그치지 않았다. 창의적인 전술을 구사하며 로마를 공격했다. 대담하게 이탈리아 남부를 습격하여 로마인들의 간담을 서늘하게 하기도 했다. 하밀카르는 그 후 몇 년 동안 시칠리아에 주둔하고 있던 로마군에게 속공을 펼쳐 여러 차례 승리했다. 그러나 로마는 곧 함대를 재건하고 시칠리아에 남아 있던 카르타고의 해군에 도전해왔다. 카르타고는 마지막 해전에서 로마에 대패했다. 이로써 카르타고 해군은 완전히 섬멸되었다. 지중해는 그야말로 로마의 내해(內海), 즉 로마의 바다가 되었다. 카르타고의 총사령관은 본국으로 달아났다. 그러나 본국으로 도망친 카르타고의 총사령관은 패배의 책임을 물어 죄인을 나무기둥에 묶어놓고 찔러 죽이는 형벌인 책형(磔刑)에 처해졌다.

 카르타고 원로원은 시칠리아에 남아있는 하밀카르에게 전령을 파견했다. 그리고 그에게 로마에 강화를 제의하라고 명령했다. 로마의 집정관 카툴루스와 하밀카르 사이에 제1차 포에니 전쟁을 끝내기 위한 강화교섭이 시작되었다. 양국 정부의 승인을 받아 강화조약이 체결되었다. 강화조약 체결과 함께 제1차 포에니 전쟁은 기원전 241년에 공식적으로 끝이 났다. 이로써 카르타고는 10년에 걸쳐 로마에 거액의 전쟁배상금을 지불해야 했다. 또한 카르타고는 시칠리아에서 400년 동안 쌓아올린 모든 기득권을 송두리째 잃어버렸다. 시칠리아 섬은 물론 서쪽의 에가디 제도와 남쪽의 몰타, 남서쪽의 판텔레리아와 같은 시칠리아 주변의 섬들도 모두 로마의 영토로 귀속되었다. 그것은 카르타고가 지중해의 서쪽 바다 절반을 상실하는 것이기도 했다. 카르타고에게는 참으로 뼈아픈 패배였다.

카르타고는 국방을 외국인 용병에 의존하는 국가였다. 제1차 포에니 전쟁이 끝난 직후인 기원전 240년 2만 명의 용병과 카르타고 속령의 속주민 3만 명 등 총 5만 여명이 반란을 일으켰다. 카르타고 정부는 무력진압을 결의했다. 무력진압의 총지휘는 하밀카르가 맡았다. 반란은 3년 4개월이 지난 기원전 237년 완전 진압되었다. 그사이 로마는 카르타고가 차지해도 좋다고 약속했던 두 섬인 사르데냐와 코르시카를 무단으로 점령했다. 그리고는 추가로 막대한 전쟁배상금을 요구했다. 카르타고 원로원은 코르시카와 사르데냐의 로마 합병을 용인하고, 추가 배상금 지급에도 동의했다. 그런 큰돈을 어떤 방법으로 마련할 것인가가 문제였다. 배상금 마련 방안을 두고 카르타고 정계는 극심한 의견충돌을 보였다. 카르타고 정계는 둘로 갈라져 있었다. 오래 전부터 농업을 최우선시하는 보수계열의 국내 중시파와 상업을 중시하는 진보계열의 해외 진출파였다. 그들 사이에는 알력이 심했다. 국내 중시파의 영수는 한노라는 사람이었다. 그는 먼 훗날 한니발의 숙적이 된다. 해외 진출파의 중심은 한니발의 아버지 하밀카르였다. 한노는 농민들에게 부과하는 세금을 더 늘려 배상금을 마련하자고 주장했다. 그래서 로마의 의혹을 불러일으킬 만한 해외원정 사업은 모두 중단할 것을 촉구했다. 한니발의 아버지 하밀카르와 그의 추종자들은 카르타고의 식민지가 있는 히스파니아에 대한 전면적인 공략을 주장했다. 그들은 공략사업을 과감하게 확대해서 배상금도 마련하고 후일을 도모해야 한다고 맞섰다.

하밀카르는 원로원의 승인도 없이 히스파니아 원정을 준비하기 시작했다. 병력 모집에서 장비 구입에 이르기까지 모든 비용을 자신의 사비로 부담했다. 개인적인 차원에서 전쟁을 준비하는 것까지 보수파가 막을 수는 없었다. 기원전 237년 여름, 아홉 살의 한니발은 아버지와 아버지 휘하의 소수 병력과 함께 카르타고를 떠나 히스파니아로 향했다. 어린 한니발이 히스파니아에 같이 데려가 달라고 부탁하자 그의 아버지는 아들을 바알 신전으로 데려갔다. 그곳에서 한니발에게 평생 로마를 적으로 삼을 것을 맹세하게 한 후에 동행을 허락했다.

한니발은 생애 대부분을 육지에서 군대를 지휘하며 보내게 되지만, 그의 페니키아 유산은 바다에 있었다. 한니발은 호기심이 많은 아이였다. 히스파니아까지 항해하는 동안 세계에서 가장 노련한 카르타고 선원들을 유심히 관찰했다. 그래서 선박과 항해술에 관하여 배울 수 있는 모든 것을 섭렵했다. 헤라클레스의 전설이 서려있는 지브롤터 해협을 지나 가데스(오늘날 스페인의 카디스)에 도착했다. 가데스는 카르타고와 마찬가지로 페니키아의 티레(오늘날 레바논 남부의 항구도시, 기원전 11세기부터 기원전 774년까지 페니키아의 수도이자 문화의 중심지) 사람들이 몇 세기 전에 정착하여 세운 도시였다.

하밀카르는 히스파니아의 부족들을 하나씩 차례대로 정복해 나갔다. 한니발은 아버지 하밀카르의 효과적인 지휘통솔 방식을 호기심으로 지켜보며 많은 것을 배웠다. 하밀카르는 병사들을 단호하지만 공정하게 대우하며 그들의 충성심을 이끌어냈다. 전투가 벌어지면 사령관 자신이 선두에 서서 병사들을 이끌었다. 자신이 꺼리는 일은 부하들에게도 절대 시키지 않았다. 그것이 바로 하밀카르 리더십의 핵심이었다. 하밀카르는 10년도 지나지 않아 히스파니아 남부 전체를 카르타고의 지배 영역으로 편입할 수 있었다. 하밀카르는 히스파니아 남부에 정착하여 독립적인 카르타고 제국의 통치자가 되었다.

한니발은 아홉 살 때부터 성인이 될 때까지 아버지 휘하의 군사령부에서 자랐다. 한니발은 아버지의 베테랑 전사들에게서 전투기술을 전수받았다. 그들에게는 호의나 자비심 따위라고는 찾아볼 수 없었다. 아무 말 없이 그저 칼과 창을 다루는 치명적인 전투기술만 가르쳤다. 그는 기병 장교들에게서 말을 타고 싸우는 기술을 반복하여 익혔다. 얼마 지나지 않아 그는 말과 한몸처럼 움직일 수 있도록 단련되었다. 또 아프리카의 코끼리 조련사들에게서 코끼리의 조련과 사육, 나아가 전투에서의 효율적 활용법까지 배웠다. 한니발은 진지를 자유롭게 돌아다니며 누미디아인, 이베리아인, 켈트족 병사들로부터 그들의 전투기술과 언어와 관습 등을 배웠다. 그러는 동안 전투에서 병사들을 지휘하려면 먼저 그들의 존경을 받아야 한다는 사실을 깨달았다. 어린 한니발은 거의 10년 동안 장래 사령관이 되는데 필요한 최고의 군사훈련을 받았다. 한니발은 동생들과 함께 로마를 철천지원수로 증오하며 자랐다. 하밀카르는 말했다. "내 아들들은 로마를 파괴하고자 내가 기른 사자 새끼들과도 같소." 한니발은 아버지에게서 군사 전략과 전술을 직접 배우며 청년으로 성장했다. 열여덟 살이 되자 아버지 곁에서 직접 전투에 나서며 실전 경험을 쌓았다. 하밀카르는 완강한 토착민 도시 헬리케(오늘날 스페인의 알리칸테 인근)를 포위 공격하는 작전에 아들을 데리고 출정했다. 강 가운데에서 백병전을 벌이던 도중 하밀카르는 전사했다. 죽는 순간에도 그는 자신이 키운 사자 새끼들이 언젠가는 로마를 멸망시킬 전쟁에 나서리라는 것을 확신했다.

열여덟 살의 한니발은 아버지의 히스파니아 지휘권을 넘겨받기엔 너무 어렸다. 카르타고 본국의 바르카 일족과 동맹들은 한니발의 둘째 누나의 남편인 하스드루발을 후계자로 임명했다. 매부 하스드루발의 지휘 아래, 한니발은 점차 많은 군사적 책임을 담당하게 되었다. 지휘권의 일부를 넘겨받아 히스파니아 중부 산간지대의 적대적인 켈트 부족과 전투도 치렀다. 한니발은 일반 병사들과 구분되는 특별한 대우를 바라지 않았다. 한니발은 언제나 가장 먼저 공격에 나서고 가장 나중에 전장을 떠났다. 위험 앞에서도 전혀 움츠러들지 않는 지휘관이라는 평판을 얻었다. 한니발은 병사들 사이에서 빠르게 존경과 신임을 확보해 나갔다.

히스파니아에서 카르타고의 부와 영향력이 급속히 확대되자 로마는 그런 상황을 우려했다. 로마는 하스드루발에게 원로원 사절을 파견했다. 그리고 지중해 서부에서 카르타고와 로마의 세력권 사이에 경계선을 명확히 규정하는 협정을 체결했다. 바로 에브로 협정이었다. 에브로는 피레네산맥 남쪽에서 북부 히스파니아를 가로지르는 강의 이름이다. 협정의 내용은 간단했다. 카르타고는 활동무대를 히스파니아의 중부와 남부지역으로 한정하고, 무장병력을 에브로강 북쪽으로 파병하면 안 된다는 것이었다.

에브로 조약이 체결되고 4년 뒤인 기원전 221년 하스드루발은 살해당했다. 부당한 대우에 불만을 품은 이베리아 동맹국 출신 어느 병사의 소행이었다. 그의 처남 한니발은 이제 스물다섯 살이 되어 있었다. 카르타고 병사들과 히스파니아 용병들은 예리한 사고와 풍부한 창의력, 그리고 대담한 기백을 겸비한 그를 존경했다. 한니발은 히스파니아 거주 카르타고 시민들과 병사들에 의해 총독으로 옹립되었다. 카르타고 원로원도 한니발의 지위를 승인하고 공포했다. 그러나 아버지 하밀카르의 정적 한노는 한니발의 히스파니아 총독 임명에 끝까지 반대했다.

전투에서 병사들의 사기를 진작하는 가장 확실한 방법은 그들과 고통을 함께 나누는 것이다. 그들을 보호하기 위해서는 목숨도 기꺼이 내놓을 각오를 해야 한다. 한니발은 어린 시절부터 아버지에게서 그런 것들을 확실하게 배웠다. 그렇게 성장한 한니발이 이제 본격적으로 히스파니아 공략을 지휘했다. 한니발은 기원전 219년 로마를 도발할 목적으로 로마의 동맹이자 항구도시인 사군툼(오늘날 스페인의 사군토)을 포위 공격하여 점령했다. 그러자 로마에서 카르타고에 사절단을 파견했다. 사절단은 카르타고 원로들에게 한니발의 신병을 로마에 인도하지 않으면 전쟁도 불사하겠다고 경고했다. 카르타고의 최고행정관은 평화냐 전쟁이냐의 문제는 로마가 결정해야 할 문제라고 맞받아쳤다. 로마는 전쟁을 선택했다. 카르타고도 굳은 결의를 다지며 도전을 받아들였다. 이렇게 하여 기원전 218년 로마와 카르타고는 전쟁에 돌입했다. 제2차 포에니 전쟁이 발발한 것이다. 이후 한니발은 천재적인 군사 전략과 전술을 통해 본격적으로 활약하기 시작했다.

다. 한니발 바르카의 리더십

사방이 가로막혀 로마를 공략할 길이 보이지 않을 때, 끈질긴 탐색과 심사숙고 끝에 북쪽 알프스에서 가능성을 발견하다. 대군을 이끌고 스페인의 카르타헤나를 출발하여 도보로 약 1,400 km를 행군해 알프스 산맥에 도달하다. 5만 9천 명의 병력과 37마리의 전투 코끼리를 거느리고, 한겨울의 혹독한 알프스를 넘는 전대미문의 도전을 감행하다.

현대의 리더 역시 위기와 난관에 직면했을 때 대안 경로 탐색(alternative paths exploration)과 혁신적 해결책(innovative

> solutions)을 끊임없이 모색해야 한다. 또한 조직 구성원들을 통합하고 결집시켜(cohesion and unity) 집단 에너지를 위기 돌파의 원동력으로 전환해야 한다. 그것이 위기 극복과 궁극적인 목표 달성의 지름길이다. 위기 대응은 단순한 생존 전략(survival strategy)이 아니다. 그것은 조직을 한 단계 도약시키는 전략적 모험(strategic venture) 이기도 하다.

한니발이 피레네 산맥을 넘어 갈리아(오늘날의 프랑스)로 들어간 것은 스물아홉 살 때인 기원전 218년이었다. 아버지 하밀카르의 유지를 받들어 로마를 공략하기 위해서였다. 그의 궁극적인 목표는 로마를 격파하는 것이었다. 그러나 이탈리아의 밖에서 싸우면 로마를 이길 수 없었다. 그것은 시칠리아가 전장이었던 제1차 포에니 전쟁이 입증하고 있었다. 따라서 한니발은 전쟁터로서 로마의 근거지인 이탈리아를 선택할 수밖에 없었다.

출발지인 히스파니아의 카르타헤나에서 지중해 한가운데에 장화 모양으로 튀어나온 이탈리아로 가는 길은 많았다. 가장 손쉬운 방법은 이탈리아의 서쪽, 남쪽 또는 동쪽의 바다를 건너는 것이었다. 그러나 제1차 포에니 전쟁 이후, 지중해의 제해권은 로마 해군이 장악한 상태였다. 이탈리아 서쪽으로 진격하려면 서지중해만 횡단하면 된다. 그러나 성공 가능성은 희박했다. 항해 중간 지점에 있는 사르데냐와 코르시카 섬이 둘다 로마의 속주였고, 로마 육군과 해군이 상주하고 있었기 때문이다. 북아프리카에 있는 카르타고 본국에서 이탈리아의 남쪽으로 진격하면 거리가 가장 가깝기는 했다. 그러나 코앞에 로마가 속주로 삼은 시칠리아 섬이 버티고 있었다. 그렇다면 이탈리아 동쪽의 아드리아 해에서 진격하는 것은 어떠했을까. 히스파니아에서 아드리아 해까지는 거리가 너무 멀었다. 항해거리가 길어 항해 중 선단 전체가 난파될 위험이 매우 높았다. 요행히 시칠리아를 지난다 해도 이탈리아 남부의 항구도시와 '로마 연합' 동맹국들의 앞바다를 지나게 되어 발각될 위험성이 높았다. 또한 그리스 서해안의 일리리아 지방(오늘날 발칸반도의 서부 알바니아, 몬테네그로, 보스니아, 크로아티아, 슬로베니아 등)까지 세력 하에 두고 있는 로마 해군에 저지당할 위험성이 강했다. 한마디로 기원전 218년 당시 로마의 방어선은 동쪽과 서쪽과 남쪽이 모두 철옹성이었다.

　남은 방법은 이탈리아 북쪽에서 쳐들어가는 것뿐이었다. 그러나 그쪽에도 큰 어려움이 도사리고 있었다. 넓은 갈리아를 횡단하고 알프스 산맥을 넘어야 했다. 한편 그 일대의 원주민인 갈리아인은 로마인의 동맹은 아니었지만, 카르타고인의 적도 아니어서 그나마 다행이었다. 그러나 이들이 행군로를 막고 군량이나 군수품을 약탈할 가능성이 매우 높았다. 한니발은 오래 전부터 로마제국 공략방안을 숙고했다. 그 결과 여러 가지 난관이 있지만 이탈리아 북부에서 로마의 방어선을 뚫을 수 있는 가능성을 발견했다. 군대를 이끌고 알프스를 넘는 모험은 그때까지 아무도 시도해 본 적이 없었다. 매우 힘들고 큰 희생이 따를 것은 분명했다. 그러나 한니발은 당시 로마인들이 생각하고 있던 것과 달리 그것이 전혀 불가능한 일은 아니라고 판단했다.

한니발이 동시대인들에 비해 월등히 탁월한 점 중 하나는 정보의 중요성에 착안했다는 점이다. 그는 이탈리아 쪽에 사는 갈리아인들과 프랑스 쪽에 사는 갈리아 사람들이 가축과 짐을 가지고 알프스를 넘어 왕래하고 있다는 사실을 알았다. 한니발은 갈리아 원주민들이 수행하던 일을 코끼리 부대까지 포함한 대규모의 병력으로 실행하려 했다. 그의 이 '알프스 등반 원정'은 모험이기는 했지만 냉철한 계산을 토대로 실행된 난관 극복 모험이었다.

한니발은 로마 공략에 따른 세부계획을 수립했다. 북아프리카의 카르타고 본국을 수비하기 위해 2만 명의 병력을 파견했다. 히스파니아를 방어하기 위해 보병 1만 2천명과 기병 3천명, 그리고 코끼리 21마리를 남겨놓았다. 한니발이 히스파니아의 카르타헤나를 떠날 때 이끌고 있던 병력은 보병 9만명, 기병 1만 2천명 그리고 코끼리 37마리였다. 에브로 강을 건넜을 때, 한니발은 피레네 산맥에서 에브로 강까지의 방위를 위해 보병 1만 명과 기병 1천 명을 남기고 떠났다. 먼 곳으로 끌려 갈 조짐을 눈치 채고 동요하는 히스파니아 용병들에게는 귀가를 허락했다. 한니발은 행군하는 모습을 보고 병사들을 선발했다. 피레네 산맥을 넘어 갈리아 쪽으로 들어갔을 때 한니발의 병력은 보병 5만 명, 기병 9천 명, 그리고 코끼리 37마리였다. 로마의 동맹국 마르세유와 그 세력권인 남프랑스 일대를 피해 내륙으로 크게 우회했다. 갈리아에 들어간 뒤에도 수많은 부족을 돈으로 매수하거나 힘으로 제압하면서 갈리아 지방을 돌파했다. 오늘날 프랑스의 발랑스 근처에서 론 강을 건넜다. 강을 건넌 뒤 한니발에게 남은 병력은 보병과 기병을 합쳐 총 4만 6천명이었다. 피레네 산맥을 넘었을 때의 병력이 5만 9천명이었으니, 갈리아에 진입한 후로부터 론 강을 건널 때까지 병력 1만 3천명을 잃었다. 그러나 이 손실 또한 한니발의 머릿속에는 이미 다 계산이 되어 있었다.

한니발의 군대가 어떤 경로를 통해 알프스를 넘었는지는 오늘날도 여전히 확실하지 않다. 아무튼 어떤 경로를 선택했던 간에 알프스 산맥을 넘어 토리노를 공략하게 된다. 스물아홉 살의 한니발은 젊은 사령관답게 안전한 행렬 한가운데에서 행군하지 않았다. 산악지대의 갈리아인들은 카르타고 군대를 침입자로 간주하여 끊임없이 공격했다. 그 때문에 희생자가 나올 때마다 맨 앞으로 달려가는 것은 항상 총사령관인 한니발이었다. 천막 칠 곳을 찾지 못해 천막을 몸에 두르고 바람과 추위를 견디는 밤이 허다했다. 그래도 추위를 막을 수는 없었다. 총사령관 한니발도 일개 병사와 마찬가지로 꽁꽁 얼어붙은 음식을 목구멍에 밀어 넣고 낭떠러지 아래서 선잠을 잤다. 한니발은 동고동락하며 병사들을 통합해 나갔다. 산을 오르기 시작한 지 아흐레째에 알프스 고갯마루에 도착할 수 있었다. 고갯마루 근처에 군대 전체가 쉴 수 있는 평지가 있었다. 사람도 말도 코끼리도 모두 기진맥진해 있었다. 총사령관 한니발은 푸른 하늘 아래 희미하게 바라다 보이는 이탈리아 쪽을 가리키면서 연설을 시작했다.

"저곳이 이탈리아다. 이탈리아에 들어가기만 하면 로마 성문 앞에 선 것이나 다름이 없다. 이제 여기서부터는 내리막길뿐이다. 알프스를 다 넘은 뒤에 한두 번의 전투만 치르면, 우리가 이탈리아 전체의 주인이 될 수 있다." 이런 역사적 사실을 알았는지, 그보다 2천 년 뒤에 이탈리아로 쳐들어간 나폴레옹도 알프스 고개에서 병사들에게 똑같은 취지의 연설을 했다고 한다.

한니발이 알프스를 넘는데 들인 날수는 전부 합하여 15일이었다. 알프스를 넘어 이탈리아 땅에 들어섰을 때 한니발의 병력은 보병 2만 명과 기병 6천 명, 총 2만 6천 명이었다. 론 강을 건넌 시점에서의 병력이 보병과 기병을 합쳐 4만 6천 명이었으므로, 알프스를 넘으면서 치른 희생이 보병과 기병을 합쳐 무려 2만 명에 달한 셈이었다. 일찍이 그 누구도 해내지 못한 위업을 달성했지만, 한니발이 치른 희생 역시 엄청난 규모였다. 아무튼 한니발은 로마공략의 난관을 극복하기 위해 알프스 산맥 횡단을 생각해냈고, 병사들을 통합하고 격려하여 그 난관을 돌파했다.

> 역사를 돌아보며 고금(古今)의 흥망성쇠를 살펴, 그 이유와 원인을 파악하고 그 속에서 배울 점을 찾다(success-fail pattern analysis). 키루스 2세, 알렉산드로스 대왕, 피로스 왕 등 위대한 통치자들의 통치술(governance)과 유용한 전법(military tactics)을 배우고 익히다.
>
> 오늘날의 리더 역시 역사를 거울삼아 그 교훈을 학습해야 한다. 더 나아가 역사의 교훈을 자신이 처한 상황 및 조직의 여건과 조화시켜 전략적으로 응용할 수 있어야 한다. 리더에게 역사는 단순한 과거의 기록이 아니다. 그것은 위험을 줄이고 혁신적 기회를 포착하여 지속 가능한 경쟁우위(sustainable competitive advantage)를 확보하는 데 요긴한 지적 자산(intellectual asset)이다. 또한 리더십 이론과 실천을 심화시키는 통찰의 원천이다.

한니발은 성장하는 동안 역사를 공부하며 여러 가지 교훈을 얻고 많은 것들을 배웠다. 그는 아케메네스조 페르시아 제국의 키루스 2세, 마케도니아의 왕 알렉산드로스, 에페이로스의 왕 피로스의 행적을 꼼꼼하게 살피며 그들을 닮으려고 노력했다.

페르시아는 메디아의 속국으로 이란 남부 파르스 지방의 작은 부족에 불과했다. 키루스 2세(기원전 600년~530년)는 페르시아를 인류 역사상 최초의 거대 제국으로 성장시킨 영명한 군주였다. 아케메네스조 페르시아 제국의 창건자로 일명 키루스 대왕(Cyrus the Great)으로도 불린다. 메디아, 리디아, 신바빌로니아 등 중동과 소아시아 지역의 강대국들을 차례로 정복하고 페르시아 제국의 기틀을 다졌다. 키루스 2세는 단순히 영토를 확장했을 뿐 아니라 피지배 민족에 대해 비교적 관대한 통치를 펼쳤다. 그는 제국의 다인종 다민족 통치기법에 관한 하나의 위대한 기본 틀을 제시했다. 신바빌로니아를 정복한 후에는 오래 전 이스라엘에서 바빌론으로 끌려온 유대민족을 해방시켰다. 또한 예루살렘 성전 재건을 도운 일로 유명하기도 하여 성경에는 고레스대왕으로 나온다.

키루스 2세의 생애를 기술한 책은 두 가지가 있다. 헤로도토스가 기원전 425년 무렵에 저술한『히스토리아』(Historia, 역사)와 크세노폰이 기원전 400년경에 쓴『키로파에디아』(Cyropaedia, 키루스의 교육)가 그들이다. 한니발은 이 책들을 읽으며 기병 운용의 중요성과 제왕이 구비해야 하는 다양한 리더십을 배웠다. 현대 경영학의 창시자인 피터 드러커는『키로파에디아』를 두고 "리더십을 체계적으로 다룬 세계 최초이자 최고의 책"이라고 극찬했다.

필리포스 2세(기원전 382년~336년)는 마케도니아의 왕이자 알렉산드로스 대왕의 아버지이다. 그는 고대 군사 공격의 기본전술인 '망치와 모루 전술'(Hammer and Anvil Tactic)의 개념을 처음으로 확립한 인물이었다. 망치와 모루 전술은 보병부대가 적군의 공격을 저지하는 동안 기병부대가 적군의 좌우 측면과 후방을 타격하는 전술이다. 이는 모루 위에 쇠를 올려놓고 망치로 때리는 것과 비슷하다고 해서 붙인 이름이다. 보병이 저지부대 역할(모루)을 하여 적의 공격을 막고, 기병이 타격부대 역할(망치)을 담당하여 적군을 격파하는 전술을 의미한다.

고대 그리스의 전투부대는 밀집대형의 방진 팔랑크스(Phalanx)를 구성하는 중장보병이 주축이었다. 이 같은 중장보병 팔랑크스는 정면은 강했으나 측면이나 후방은 매우 취약했다. 측후방이 적의 공격을 받아 붕괴되면 인접 부대까지 차례로 무너져 전선 자체가 붕괴되는 경우가 많았다. 고대 그리스인들도 팔랑크스 대형의 장단점을 잘 알고 있었다. 그래서 페르시아 전쟁 당시 아테네군은 마라톤전투에서 팔랑크스의 좌익과 우익을 보강하는 전투방식을 취해 승리할 수 있었다. 테르모필레 전투에서 스파르타군은 수적 열세에 밀려 페르시아에게 전멸을 당했다. 그러나 전투 초기에는 지형을 이용하여 페르시아군이 스파르타 진영의 측면으로 쉽게 우회할 수 없도록 밀집대형을 전개하여 상당한 효과를 거두었다.

팔랑크스의 약점을 보완하기 위해서는 기병의 역할이 중요해졌다. 필리포스 2세의 마케도니아군은 팔랑크스가 정면에서 적을 저지(모루) 하는 동안 기병대가 기동성을 살려 적 팔랑크스 대형의 측면과 후방으로 우회하여 강타(망치)하는 전술을 처음으로 확립했다. 이 전술의 핵심은 기병의 충격력과 기동력에 있다. 하지만 팔랑크스는 이동과 방향 전환에 시간이 오래 걸렸다. 그래서 적군이 대응하기 전에 기병대가 신속하게 망치 역할을 수행하는 것이 중요했다. 필리포스 사후 마케도니아군의 이런 망치와 모루 전술을 완성시키고 꽃을 피운 사람이 바로 알렉산드로스 대왕이다.

알렉산드로스 대왕의 부관이었던 프톨레마이오스와 원정에 참여했던 아리스토불로스는 원정 기록을 남겼다. 전투 과정과 전략은 물론, 동행한 지휘관이나 적장의 이름, 직위, 군대의 규모, 전장의 지리와 지형까지 자세히 묘사했다. 군사적인 내용은 프톨레마이오스의 기록이, 지리 관련 내용이나 지형학적 세부 사항은 아리스토불로스의 기록이 비교적 정확하다. 한니발은 이러한 기록물을 읽으면서 전술을 연구하고 자신만의 전략을 완성해 나갔다.

피로스(Pyrrhus, 기원전 318년~272년)는 고대 그리스 북서부 에페이로스의 왕이었다. 그는 알렉산더 대왕에 비견될 만한 전략·전술가이자 병법의 천재였다. 피로스는 야전에서 숙영지 건설의 중요성을 처음으로 인식한 사람이기도 했다. 기원전 297년 피로스 왕은 많은 병사와 코끼리를 이끌고 바다 건너 로마를 침공하여 큰 승리를 거두었다. 헤라클레이아(오늘날 이탈리아의 폴리코로) 전투에서는 전투용 코끼리를 운용하여 로마군을 크게 무찔렀다. 자국 병사들의 손실이 크기는 했지만 아스쿨룸(오늘날 이탈리아 중동부의 아스콜리 피체노) 전투에서도 승리했다. 한니발은 피로스 왕의 병법과 전략을 읽으며 자신의 군사적 능력과 리더십을 키워나갔다.

참고로 '피로스의 승리(Pyrrhic victory)'라는 말이 있다. 전쟁에서 승리했지만, 승자에게도 엄청난 희생과 손실을 안겨 결국 패배나 다름없는 승리를 뜻한다. 상처뿐인 승리라는 의미이다. '피로스의 승리'라는 용어는 1664년 영국의 시인 겸 극작가인 존 드라이든(John Dryden)이 로버트 하워드 경(Sir Robert Howard)과 공동으로 쓴 '인디언 퀸(Indian Queen)'이라는 연극에서 최초로 사용되었다. 오늘날 기업의 인수합병과 관련된 '승자의 저주'도 같은 개념의 용어이다. 인수과정에서 공격적인 경영으로 사세를 키우는 데는 성공하지만, 인수 후에 오히려 경영환경이 악화되는 위험에 빠지는 경우를 의미한다. 인수 기업의 실제가치보다 높은 비용을 치름으로써 불필요한 지출과 손실이 초래된 경우를 말한다. 한니발은 역사와 역사적 인물들로부터 많은 것을 배웠다. 그렇게 배운 역사가 주는 교훈을 늘 가슴 속에 새기고 자기행동의 지침으로 삼았다.

다양하고 이질적인 배경을 지닌 병사들과도 개별적이고 진정성 있는 소통을 통해 신뢰를 구축(trust building) 하다. 또한 그들이 떠나온 출신 국가의 관습과 전통을 존중하며 문화적 차이를 포용(cultural inclusivity) 함으로써 심리적 소속감을 높이다. 엄격한 규율 속에서도 일정한 자율성을 부여(autonomy)하여 내부 경쟁과 참여를 통해 더 높은 성과를 내다.

현대의 리더 역시 뛰어난 커뮤니케이션 역량을 발휘하여 조직을 통합하고, 구성원들에게 효과적인 동기부여(motivation) 계기를 제공해야 한다. 이러한 리더십은 구성원들에게 자부심과 충성심, 그리고 공동 목표 달성에 대한 열정을 확산시키며, 궁극적으로 조직 몰입도와 내부 경쟁력(orgarnizational commitment and internal competitiveness)을 동시에 강화한다. 그렇게 함으로써 결과적으로 조직 목표 달성을 위한 핵심 동력이 확보되는 것이다.

카르타고는 전통적으로 국토방위를 용병에 의존해왔다. 군단의 병사들은 외국 출신 용병들이고, 지휘관만 카르타고인이 맡았다. 카르타고군은 아프리카인(누미디아 기병 등), 히스파니아인, 리구리아인(이탈리아 북서부 및 히스파니아 동북부에 거주했던 토착민), 갈리아의 켈트인, 페니키아인, 그리스인 등으로 구성된 다민족, 다국적의 혼성군대였다. 이들을 효과적으로 지휘통솔 하려면 그에 걸맞은 리더십이 요구되었다.

　한니발은 어려서부터 체계적인 인문학 교육을 받았다. 그는 서아시아 연안(오늘날의 레바논과 시리아 북서부)에서 사용된 페니키아어의 파생어인 포에니어와 라틴어, 그리스어, 이베리아어를 포함한 여러 언어에 능통했다. 한니발은 이런 언어 구사력 덕분에 군대 내 다양한 민족, 다양한 국가의 병사들과 직접 의사소통할 수 있었다. 다양한 언어를 구사하는 그의 능력은 출신 배경이 서로 다른 군대를 지휘하는데 큰 도움이 되었다. 언어 구사 능력은 한니발이 병사들과의 관계에 있어 그들의 이해를 구하고 통합력과 결속력을 키우는 데 크게 기여했다.

　또한 한니발은 자신의 군대를 구성하는 다양한 국가나 민족의 관습과 전통을 존중하는 문화적 감수성을 보여주었다. 이러한 접근방식은 보다 포용적이고 협력적인 조직문화를 조성하는 데 도움이 되었다. 한니발은 자신이 편성한 군대에 균일성과 획일성을 강제하지 않았다. 각 민족 집단이 고유의 전투복장을 갖추고 각자 선호하는 무기를 휴대한 채, 독립적인 개별 전투 단위로 싸우는 것을 허용했다. 그렇게 함으로써 한니발의 지휘를 받는 각 민족의 병사들은 가장 훌륭한 전사가 되고자 자기들끼리 자발적인 내부경쟁을 벌였다. 바로 그것이 그들에게 자율성을 부여한 한니발의 의도였다.

한니발은 필요할 때마다 병사들의 자부심과 충성심과 승리에 대한 열망에 호소하는 즉석연설을 자주 했다. 즉석연설을 통해 병사들에게 영감을 불어넣고, 전투에 참가해야 하는 분명하고도 확실한 동기를 부여했다. 사전적 정의로 동기란 '어떤 일이나 행동을 일으키게 하는 계기'이다. 한니발은 전투동기 부여의 달인이었다. 그의 동기 부여 방식은 전투 개시 전의 연설과 전투 중의 솔선수범, 전투 종료 후의 성과 인정 등 다양했다. 특히 역경 속에서도 목표의식을 전달하고 자신감을 심어주는 그의 연설은 군대의 사기를 높이는 데 결정적인 역할을 했다. 눈 덮인 알프스 산맥을 앞에 두고 장병들의 사기진작에 통달한 한니발은 다음과 같은 연설을 했다. "알프스 산맥 저 너머 로마를 상대로 치를 전투에서 혁혁한 승리가 우리를 기다리고 있다. 승리 후 얻게 될 막대한 전리품도 우리를 기다리고 있다. 알프스 산맥을 넘는 행군은 힘들고 고된 일이 될 것이다. 그러나 앞으로 닥칠 어려움에 우리만큼 잘 준비된 군대는 알렉산드로스 대왕 시대 이후로 없었다." 자신감 넘치는 어조의 연설이었다. 장병들은 총사령관 한니발에게 엄청난 신뢰를 보냈다. 그들은 사령관의 격려 연설에 목이 쉴 정도로 환호했다. 장병 모두가 각자의 인생에서 가장 큰 난관이 될 수도 있는 앞날의 시련에 맞설 단단한 마음의 준비를 했다.

제2차 포에니 전쟁의 제1회전인 티치노 전투를 앞에 두고 한나발은 병사들에게 다음과 같은 연설을 했다. "적장이 누구인지 나는 모른다.

적장이 누구든, 전쟁터에서 태어나 숙영지에서 자라고 용장 하밀카르를 아버지로 둔 나와는 비교될 수 없다. 나와 어깨를 나란히 할 수 있는 장군은 로마에 아무도 없다. 이 전쟁은 반드시 우리가 이긴다. 전쟁이 끝나면 너희들에게 카르타고든 히스파니아든 이탈리아든 원하는 나라의 땅을 주겠다. 땅보다 금화를 원하는 자에게는 그에 상응하는 금화를 주겠다. 카르타고 시민권을 원하는 자에게는 그것도 주겠다." 참으로 멋진 동기부여 연설이 아닐 수 없었다.

기원전 216년 칸나에 전투와 같은 중요한 전투에 앞서서도 한니발은 병사들에게 연설을 했다. 그는 다가오는 전투의 중요성과 승리했을 때의 잠재적인 보상을 강조했다. 칸나에 전투에서 희생된 카르타고군은 약 8천 명, 로마군 전사자는 보병 약 4만 7천명, 기병 약 2천 7백 명이었다. 게다가 2만 명 이상의 로마군이 카르타고 군에 포로로 붙잡혔으며 사령관과 지휘관들은 대부분 전사했다. 칸나에 전투는 1916년 제1차 세계대전 중 프랑스에서 벌어졌던 솜전투(Battle of the Somm) 이전까지 '서양에서 하루에 최다 인원이 전사한 전투'로 기록될 만큼 한니발의 일방적인 승리였다. 솜전투는 1916년 제1차 세계대전 당시 프랑스 동북부의 베르됭 북쪽 솜강 유역에서 벌어진 독일군과 영국·프랑스 연합군의 참호전을 말한다. 연합군과 독일군을 합쳐 120만 명 이상의 사상자를 낸 제1차 세계대전 최악의 전투였다. 한니발은 칸나에 전투에서 완벽한 포위 작전으로 로마군을 거의 전멸시켰다. 오늘날에도 포위

섬멸전의 모범으로 각국 육군 사관학교에서 중요하게 다루고 있다. 역사는 한니발의 전술과 함께 그의 동기부여 연설이 칸나에 전투의 빛나는 승리에 큰 역할을 한 것으로 평가하고 있다.

동기부여 리더십은 효과적인 의사소통의 중요한 결과이다. 군대를 하나의 유기적인 조직체로 통합하려는 한니발의 능력은 병사들 간의 결속력과 헌신을 이끌어내는데 기여했다. 전투가 개시되기 전 한니발은 그의 장교들과 함께 전략 브리핑을 즐겨 실시했다. 브리핑에는 향후 전투에 대한 상세한 논의가 포함되었다. 전투 계획과 관련된 정보공유를 통해 전투 전반에 대한 병사들의 이해도를 향상시키는데 도움을 주려는 의도였다. 목표와 전술을 명확하게 전달함으로써 병사들이 복잡한 전투기동을 수행하는 데 있어 한니발의 군대는 효율성이 크게 향상되었다.

> 진지에서 모닥불 사이를 이리저리 돌며 병사들을 격려하다. (demonstrating hands-on leadership and direct morale building) 전투 중이든 휴식 중이든, 혹한이나 무더위 속에서도 병사들과 함께 고단함을 견뎌내다. 전장에서는 모범을 보이며, 행군이나 전투 중 문제가 생기면 맨 앞에 나서 책임과 헌신을 (responsibility & commitment) 보이다. 한니발은 그런 지휘관이었다.

> 현대 조직의 리더 역시 현장방문과 현장점검(on-site leadership / field presence)을 통해 조직원들의 애로사항과 어려움을 파악해야 한다. 또한 조직원과 성과를 함께 공유하며, 조직과 구성원들을 보호하기 위해 책임을 짊어져야 한다. 때로 개인적 희생도(personal sacrifice) 감수할 수 있어야 한다. 리더가 이러한 태도를 견지할 때, 구성원들은 리더에 대한 신뢰와 몰입(trust & engagement)을 강화하며, 이는 궁극적으로 조직의 지속적 성과와 깊은 결속력으로 귀결된다.

한니발은 휘하 장병들의 고통을 적극적으로 이해하고 함께하는 지휘관이었다. 기원전 217년 그는 토스카나 지방을 공략하기 위해 나섰다. 전군을 이끌고 아펜니노 산맥을 넘어 아르노 강 유역으로 내려왔다. 그러나 예상치 못한 난관에 봉착했다. 거대한 늪지대가 카르타고 군을 기다리고 있었다. 진지의 병사들은 악명 높은 늪지대의 진창을 뚫고 진군할 것이라는 소식에 술렁거렸다.

그러나 한니발은 "나는 이미 꼼꼼하게 현장조사를 마쳤다. 너희들이 헤치고 나아가야 할 물은 얕고 바닥은 단단하다."는 말로 병사들을 안심시켰다. 한니발이 먼저 늪지로 들어섰다. 망설이던 병사들이 한니발의 뒤를 따랐다. 한니발은 나아가는 걸음마다 장병들을 격려했으며, 병사들이 감수하는 모든 고통을 몸소 똑같이 겪었다. 늪지대는 더러운 물이 허리까지 차오르는 곳이 100여 km나 뻗어 있는 험난한 지역이었다. 그럼에도 불구하고 카르타고군은 휴식은커녕 거의 자지도 않고 3박 4일에 걸친 강행군을 펼쳤다. 한니발은 불결한 늪지의 물 때문에 한쪽 눈에 염증이 생겨 극심한 고통에 시달렸다. 어렵고 힘든 행군보다 눈병이 훨씬 더 고통스러웠다. 가장 좋은 방법은 깨끗한 물로 눈을 씻고 젖은 천으로 찜질을 하는 것이었다. 그러나 그 상황에서는 깨끗한 물세척이나 찜질은 불가능했다. 결국 이 눈병으로 한니발은 한쪽 시력을 잃게 되었다. 탁월한 전략가이자 희대의 전술가인 한니발은 이때부터 한쪽 눈이 멀었다. 한니발은 자신의 불행을 오히려 자신을 돋보이도록 활용하는 기지를 발휘했다. 자신의 신체적 결함을 예전의 외눈 장군들의 경우와 비교하며 '빛나는 무공훈장'이라고 말했다. 유명한 외눈장군으로는 알렉산드로스 대왕의 아버지인 마케도니아의 왕 필리포스 2세가 있었다.

한니발은 병사들의 근무 기강이 해이해질 것을 우려해 자주 불시에 무기점검을 실시했다. 일종의 현장 시찰 겸 점검이었다. 어느 날 무기를 잃어버린 병사들이 몇 명 발생했다. 한니발은 병사들을 집합시켜 "무기를 잃어버린 병사는 죽은 거나 다름없다. 죽은 자는 음식을 먹을 필요가 없다."고 호통치며 식량을 지급하지 않았다. 사흘을 굶은 병사들은 다른 병사들의 무기를 훔치려 들었다. 동료 병사들은 자신들의 무기를 도둑맞지 않기 위해 잠을 잘 때도 창과 검을 끌어안고 자게 되었다.

굶은 병사들 중에 나이 어린 소년병이 끼어 있었다. 한니발은 소년 병사에게 어떻게 하다 무기를 잃어버렸느냐 물었다. 병사는 "평소에는 창을 안고 자는데, 눈보라가 심해 막사로 들어가 고향생각을 하다 창을 잃어버렸다."고 대답했다. 한니발은 "앞으로는 고향 생각을 할 때도 창을 품에 안고 있어라."라고 말하며 무기고로 병사를 데려가 무기를 찾아 주었다. 그날 밤 무기고의 한쪽 문이 열렸다. 무기를 분실한 병사들은 무기고에서 본인들의 무기를 찾아내고 배급을 받았다. 한니발은 애초부터 무기관리를 소홀히 하는 병사들이 있다는 사실을 알고, 현장 순시 및 시찰 중 무기를 몰래 빼돌려 병사들에게 경각심을 불러일으켰던 것이다.

한니발은 또한 권위주의를 타파한 포용적 리더십을 발휘한 지도자였다. 카르타고 군의 대다수가 타국 출신의 용병이었음에도 전선을 이탈하는 병사는 거의 없었다. 한니발은 15년 동안이나 적지 로마를 떠돌며 전투를 치렀다. 그러나 그의 군대는 탈주병이 거의 없었고, 한니발에게 매우 강한 충성심을 보였다. 탈주하는 병사도 없고 한결같이 충성심을 보인 데는 여러 이유가 있었다. 그중에서도 가장 큰 이유는 한니발이 권위의식을 내세우지 않았다는 것이다. 한니발은 일반 병사들을 친근하게 대했다. 외투를 바닥에 깔고 병사들 사이에서 잠을 자는 경우도 많았으며, 자주 식사도 함께 했다. 자신의 안락함이나 편의는 전혀 내세우지 않고 진심을 다해 병사들을 대했다. 그러면서도 늘 생각은 자신이 정한 목표를 이루기 위한 전략수립과 전술연구를 향해 있었다. 성과달성을 위해 자신의 모든 것을 바치고 몰입한 리더, 그가 바로 한니발 바르카였다. 진심으로 병사를 보살피는 총사령관에게 진심에서 우러나는 존경심을 표하지 않을 병사는 없다. 그런 한니발을 카르타고 병사들은 '우리 장군', '우리 사령관'이라 불렀다.

칸나에 전투에서 대승을 거두었음에도 곧바로 로마로 진격하지 않다(self-control). 대신 로마를 구심점으로 하는 로마연합을 해체하려는 전략적 대안을 선택하다(strategic alternatives search). 높은 성벽으로 둘러싸인 대도시를 직접 공격하는 데에는 많은 병력과 자원의 소모가 수반한다는 사실을 한니발은 체험을 통해 잘 알고 있었다.

현대의 조직 운영에서도 무분별한 대규모의 인력과 자원의 투입은 조직의 성과를 갉아먹는 핵심 리스크다. 따라서 리더는 직접적인 자원 투입 없이도 목표를 달성할 수 있는 비용 효율적 성과 달성 방안(cost-efficient goal achievement)을 끊임없이 탐색해야 한다. 이는 자원 기반 관점(resource-based view, RBV)과 기회비용 관리(opportunity cost management)의 핵심과 연결된다. 또한 리더는 외부 이해관계자와도 긴밀히 소통해야 한다. 이해관계자들의 신뢰와 지지(stakeholder trust &

> support)는 조직이 최소 비용으로 최대 성과(maxumum efficiency with minimal cost)를 창출하는 필수 조건이다. 단순히 내부 자원만 소모하는 방식이 아니라, 외부 네트워크와의 협력을 통해 효율적이고 지속 가능한 성과를 도출하며, 전략적 기회와 혁신 역량, 그리고 신뢰 자본을 강화하는 것이다.

기원전 216년 치러진 칸나에 전투는 한니발의 완승으로 끝났다. 한니발의 오랜 친구이자 기병대장인 마하르발은 단호하고 강한 주장을 펼치고 나왔다. "지금이야말로 로마 공격에 나서 전쟁을 끝낼 때입니다. 도시가 무방비 상태인 지금, 제가 로마로 기병을 데리고 가겠습니다. 뒤에서 천천히 군사들을 인솔하여 오십시오. 우리는 닷새 안에 정복된 로마의 심장부에 있는 카피톨리노 언덕에서 연회를 벌일 수 있습니다." 이에 한니발은 일단 마하르발의 열의는 칭찬했으나, 그의 주장에 이의를 제기했다. 그리고는 다음 단계의 군사행동은 신중하게 고려할 필요가 있다고 대답했다. 마하르발은 고개를 저으며 다음과 같이 대꾸했다. "총사령관님, 사령관님은 전투에서 승리하는 방법은 알고 계시지만 그 승리를 활용하는 법은 모르는군요."

한니발은 기원전 219년 로마보다 훨씬 작은 규모의 성벽을 갖춘 도시인 히스파니아의 사군툼(로마의 동맹도시, 오늘날 스페인의 사군토)

을 포위 공격한 경험이 있었다. 한니발은 사군툼을 점령하면서 공성전을 벌이느라 몇 달씩이나 고통스러운 시간을 보냈다. 공성전에는 병력의 투입뿐만 아니라 기타 자원도 많이 소모된다는 걸 뼈저리게 체험했다. 또한 역사를 통해 트로이를 침공한 그리스군이 10년 동안 포위 공성전을 벌이며 많은 인명과 자원의 손실을 입었다는 것을 잘 알고 있었다. 한니발의 이러한 판단은 그보다 약 400년 후를 살았던 중국 촉한의 마속이 제갈량에게 똑같은 생각을 얘기했으니 역사를 통해 검증되었다고 할 수 하겠다.

중국 동진(東晉) 습착치(習鑿齒)가 쓴 『양양기(襄陽記)』에 실린 글

삼국 시대 촉한(蜀漢)의 승상 제갈량(諸葛亮)이 남만을 정복하러 갈 때 마속(馬謖)은 제갈량에게 이렇게 말했다.

> 用兵之道(용병지도) 무릇 용병의 원칙은
> 攻心爲上(공심위상) 마음을 공략하는 것이 상책이고,
> 攻城爲下(공성위하) 성채를 공격하는 것은 하책입니다.
> 心戰爲上(심전위상) 마음으로 싸우는 것이 상책이고,
> 兵戰爲下(병전위하) 병력으로 싸우는 것은 하책입니다.

한니발은 칸나에 전투에서 승리하여 이탈리아 남부 대부분의 지역을 지배하게 되었다. 그렇게 되자 한니발이 지켜야 할 도시와 지방이 늘어

났다. 이탈리아 남부는 넓은 지역이다. 아무리 뛰어난 한니발이라도 소수의 정예병력 2만 5천명으로 그 넓은 지역을 관리하기란 쉽지 않았다. 한니발은 당시 정예 병력보다 많은 수의 갈리아 출신 켈트족 용병들을 고용하고 있었다. 그러나, 켈트족 병사들은 변덕스럽고 대체로 장기적인 공성전 수행에 필요한 인내심이 부족했다. 잦은 전투와 약탈로 노획한 전리품을 보장해 주지 않으면 곧바로 대열을 이탈하는 등 비위를 맞추기가 힘들었다.

기원전 213년의 전황은 '로마 연합'의 해체를 노리는 한니발의 전략이 어느 정도 효과를 거둔 것으로 나타났다. 실제로 카푸아와 타란토, 시칠리아의 시라쿠사 등 이탈리아 남부의 3대 도시가 협상에 의해 한니발에게 협조하게 되었다. 한니발은 이들 도시와 동맹관계를 맺었다. 한니발 군대의 병사들 틈에서는 이탈리아 남부 그리스인들의 모습도 목격되었다. 칸나에 전투 이후 로마군은 한니발과의 직접적인 교전은 피하고 한니발의 뒤만 쫓아다니는 지구전 전법으로 바꿨다. 한니발은 협상을 통해 마케도니아의 필리포스 5세와도 동맹관계를 체결했다. 로마는 이를 게릴라 전법으로 교묘히 저지하며 로마와 카르타고의 전선(戰線)은 교착상태에 빠졌다.

그때부터 한니발의 로마 공략도 서서히 한계에 다다르고 있었다. 한니발에 대한 카르타고 본국의 지원은 딱 한 번을 제외하고는 모두 실패로 끝났다. 북아프리카에 있는 카르타고 본국의 한니발 지원 선단은 번번이 로마 해군에 저지당했다. 그럴 때마다 카르타고의 지원 선단은 로마로 향하던 뱃머리를 돌려야 했다. 결국 나중에는 지원병과 물자를 로마로 수송하려는 시도조차 포기해 버렸다. 히스파니아에 있던 한니발의 두 동생도 고전을 면치 못하고 있었다. 로마의 코르넬리우스 형제의 군단에 밀려 이탈리아에 있는 형 한니발을 지원하러 갈 여유가 없었다. 한니발에게 의지하여 로마군에 승리하고 기고만장하던 갈리아 군단도 시간이 지나며 움직임이 현저하게 둔해졌다. 갈리아 군단은 칸나에 전투 이후로는 루비콘 강 이북으로 물러난 채 꿈쩍도 하지 않았다. 동맹관계를 맺은 마케도니아의 왕 필리포스 5세도 진퇴양난에 빠져 있었다. 이탈리아로 진격하기는커녕 삼면에서 로마와 아이톨리아 및 페르가몬의 공격을 받고 고전하고 있었다. 이탈리아 내에 한니발을 고립시키려는 로마의 전략은 눈에 띄게 드러나지는 않았지만 서서히 그 효과를 발휘하고 있었다.

  한니발은 자신이 지배하게 된 로마의 각 지역에서 인원을 징집하여 줄어드는 병사들은 충원할 수 있었다. 그러나 지휘할 수 있는 장군이 없으면 병력은 전력이 되지 않는다. 당시 로마 공략에 참가하고 있던 카르타고 군에는 한니발 외에는 뛰어난 지휘관이 별로 없었다. 한니발이 전선을 비우면 카르타고 군은 로마의 전직 집정관 그라쿠스가 이끄는 노예군단에 번번이 패했다. 아무도 대적할 수 없는 탁월한 한니발이었지만, 캄파냐 지방에 눌러앉아 카푸아를 지원하기도 어렵고, 나폴리 같은 항구도시를 공략하기도 어려운 진퇴양난에 빠졌다.

　카푸아가 '로마 연합'에서 이탈한 이후에도 캄파니아 지방 다른 도시들의 도미노식 '로마 연합' 이탈 사태는 일어나지 않았다. 로마의 다른 동맹시와 식민시들도 '로마 연합'에 계속 남아 있었다. 시칠리아에서도 시라쿠사 외에는 로마를 배신한 도시가 하나도 없었다. '로마 연합'을 통한 로마의 지배 또는 통치 방식이 이들의 마음을 얻는 현명한 통치 그 자체였기 때문이었다. 다시 말하면 로마가 이해관계자들의 마음을 얻고 있어서 '로마 연합'의 붕괴를 막을 수 있었다. 그것이 한니발에게는 불행이었다. 한니발이 잘못했다기보다 로마가 너무 잘 했다. 그래서 한니발의 '로마 연합' 해체 전략도 실패라는 종말을 향해 치닫고 있었다.

　칸나에 승리 이후 한니발이 궁극적으로 '로마 연합' 해체에 실패하고 그의 전략적 목표를 달성하지 못한 데는 몇 가지 이유가 있었다. 첫째, 한니발의 군대는 이탈리아에서 장기간의 전쟁을 계속할 수 있는 충분한 전력보강이 이루어지지 못하고 보급조차 받지 못했다. 따라서 한니발은 그의 병력을 유지하고 적절한 장비를 보충하는 데 어려움을 겪었다. 둘째, 한니발의 로마 공략은 카르타고 본국의 지원이 없이 전적으로 현지에서 발휘되는 한니발의 개인 역량에 크게 의존했다. 로마의 동맹시나 식민시의 폭넓은 지지를 얻으려던 한니발의 노력은 전략적 한계에 부닥쳤다. 로마가 외교·군사·양보라는 조합을 통해 '로마 연합'에 대한 통제를 유지하려고 온갖 노력을 다했기 때문이었다. 셋째, 한니발의 로마 침공 이후 입은 막대한 손실에도 불구하고, 로마는 놀라운 회복력과 전투를 계속하려는 의지와 결속력을 보여주었다. 로마 원로원은 신속하게 병력을 보충하고, 군사 지휘체계를 재편함과 동시에 '로마 연합'의 협력을 유지하기 위한 효과적인 전략을 실행했다. 특히 한니발과의 직접적인 대결은 피하고 꽁무니만 따라 다니며 국지적인 소모전을 펼친 독재관 파비우스 막시무스의 지구전 전술(Fabian strategy)은 한니발의 약점을 간파한 것으로 뼈아픈 것이었다. 넷째, 이탈리아반도에서 한니발이 고군분투하는 동안 카르타고 정부와 그의 정적들은 방관자적 태도를 취했다. 전쟁의 다른 전선, 특히 히스파니아와 시칠리아에 대해 카르타고 정부는 손을 놓고 있었다. 다시 말해 전선을 확대하고 로마의 관심과 전력을 여기저기 분산시켜 한니발에게 운신의 폭을 넓혀주려는 전략적 조정이 한 번도 이루어지지 않았다. 이탈리아반도에서의 승리를 활용하여 좀 더 광범위한 전략적 목표를 달성하려는 한니발의 능력은 제한될 수밖에 없었다. 이러한 요인들로 인해 한니발은 제2차 포에니 전쟁에서 로마를 결정적으로 굴복시키는데 실패했다.

상기 요인들 외에 로마는 전투에 크게 패하면 강화를 조건으로 국가의 안위를 보존하던 지중해의 다른 도시 국가들과 달랐다. 로마는 결코 뒤로 물러서지 않았다. 로마인은 적이 베푸는 자비를 받아들이지 않았다. 물론 끝까지 저항한 적국에 자비를 베풀지도 않았다. 총사령관으로서 한니발이 간과하고 실패한 부분이 있다면, 그것은 적 로마가 어떤 부류의 국가인지 온전히 깨닫지 못했다는 것이다. 한니발은 고대 전쟁의 확립된 규칙에 따라 군사작전을 수행해 나갔다. 그 규칙은 비록 가혹했지만, 특정 국가와 그 시민을 철저하게 파멸시키지는 않는다는 것이었다. 로마는 이 같은 전쟁의 규칙 따위는 전혀 개의치 않았다. 로마는 언젠가 카르타고라는 도시 자체를 아예 흔적도 남기지 않고 파괴해버릴 것이고, 다시는 그곳을 사람이 살지 못하는 폐허로 만들 터였다. 이것이 로마가 준수하는 전쟁의 규칙이었다. 한니발은 로마가 준수하는 그 규칙을 몰랐다.

제2차 포에니 전쟁에서 카르타고가 완패했음에도 한니발은 아직까지도 최고의 명장 가운데 한 명으로 칭송받는다. 전쟁 결과와는 별개로 그의 뛰어난 리더십과 전설적인 전투성과는 부인할 수 없기 때문이다. 심지어 당대의 적국이었던 로마조차 한니발을 명장으로 인정했다. 무엇보다 로마는 한니발에게 호되게 당하며 보병과 기병의 유기적인 운용법을 뼈저리게 배웠다. 기병 운용 전술을 군단에 도입한 로마는 얼마 지나지 않아 지중해의 강대국들을 모조리 제압하는 군사강국으로 성장했다. 따라서 한니발은 본인의 의도와 달리 로마제국의 성장에 누구보다도 크게 기여한 인물이 되고 말았다. 오늘날 한니발의 조국인 카르타고, 그가 싸운 제2차 포에니 전쟁, 자마회전에서 한니발을 꺾은 스키피오 아프리카누스를 모르는 사람들은 많다. 그러나 한니발이라는 인물과 한겨울에 알프스를 넘은 그의 로마 원정에 대한 명성은 아직도 여전하여 사람들 사이에 널리 전해지고 있다..

로마의 역사가 티투스 리비우스 파타비누스(Titus Livius Patavinus 기원전 59년~서기 17년)는 한니발을 이렇게 묘사하고 있다. "한니발은 역대 최고의 장수였다. 전쟁터로 나갈 때는 늘 맨 앞을 도맡았고, 퇴각할 때는 항상 맨 뒤를 지켰다. 위험에 맞설 때는 누구보다 대담했다. 그는 적게 자고 적게 먹었으며, 한시도 공부를 게을리 하지 않았다. 그는 알렉산더 대왕을 흠모했고, 대왕과 어깨를 견줄 만한 기개를 갖고 있었다. 그러나 그의 포부는 한층 더 웅대했다."

> 유창한 언변으로 병사들을 설득하고 협상 상대국의 책임자와도 효과적으로 소통하다. 연설과 설득을 통해 병사들에게 영감을 불어 넣고 전투동기를 부여(inspirational and motivational leadership through persuasive communication)하다. 또한 끈질긴 설득을 통해 적대적이던 갈리아 부족들과 '로마 연합' 가맹국을 자기편으로 돌아서게 만들다(strategic communication).
>
> 현대 조직에서도 리더는 전략적 커뮤니케이션을 통해 고객과 이해관계자를 설득하고, 그들의 신뢰와 지지를 확보해야 한다(trust building & persuasion). 이를 위해서는 언어 구사력뿐만 아니라,

> 조직에 우호 세력을 형성할 수 있는 협상력(negotiation skills)과 설득력(persuasive capability)이 요구된다. 리더가 탁월한 커뮤니케이션 역량을 발휘할 때, 이해관계자들의 자발적 동의와 협력을 이끌어낼 수 있으며, 이는 곧 조직의 목표 달성을 가속화하는 강한 동력이 된다. 즉, 설득과 커뮤니케이션은 조직의 성과와 지속가능성뿐만 아니라 혁신 역량, 신뢰 자본, 협업 문화를 지탱하는 전략적 자산(strategic asset)인 것이다.

한니발은 뛰어난 언변과 끈질긴 설득으로 유명했다. 그는 군사 작전뿐 아니라 외교협상에서도 이러한 자질을 유감없이 보여주었다. 한니발은 수사법을 활용한 대중연설이나 설득에도 능했다. 그는 자신의 말재주와 설득력을 이용하여 동맹국의 지지를 얻고 군대에 영감을 주었다. 그의 효과적인 의사소통 능력은 그가 로마에 맞서 싸우는 동안 다양한 부족 및 도시 국가와 동맹을 맺는데 큰 도움이 되었다. 그의 말에는 카리스마가 넘쳤고 설득력이 있었다. 한니발은 한 마디의 말로 사람들을 자신의 뜻에 따르도록 설득하고 결집시킬 수 있었다. 제2차 포에니 전쟁 초기 한니발의 가장 뛰어난 업적은 군대를 이끌고 알프스 산맥을 횡단한 것이다. 불가능해 보였던 알프스 횡단을 성공적으로 수행한 것도 따지고 보면 연설을 통해 병사들을 납득시킨 덕분이었다. 결국 한니발의 웅변과 설득력은 그의 군사적·외교적 성공에 중요한 역할을 했다.

한니발은 로마를 중심으로 하는 로마의 동맹 부족이나 동맹시, 식민시에 대한 설득을 통해 '로마 연합'을 해체하고자 했다. 그는 협상을 통하여 다양한 부족과 도시 국가들이 로마에 맞선 자신의 대의에 동참하도록 유도했다. 예를 들어, 그는 많은 갈리아 부족들에게 로마의 팽창주의에 의한 폐해를 열거했다. 그리고 그들을 로마의 압제로부터 해방시켜 자유를 주겠다고 약속했다. 그렇게 함으로써 한니발은 그들을 자신의 군대에 합류하도록 설득하는데 성공했다.

험난한 알프스 산맥의 산악 지형을 횡단하던 중, 한니발은 폭이 좁고 밑으로 떨어질 위험이 큰 벼랑을 마주했다. 선두에 선 병사들은 머뭇거렸다. 한니발은 길이 없다고 보고하는 휘하 장수들에게 "길을 찾을 수 없다면, 길을 만들겠다"고 말했다. 역경을 대하는 한니발의 결단력과 지략과 자신감이 함축되어 있는 말이었다. 길이 없다고 되돌아설 생각은 하지 말라는 취지였다. 설득력 있고 단호한 그의 말은 병사들에게 영감을 주고 험준한 알프스 산맥의 횡단 동기를 부여했다. 그의 말에 병사들은 결의를 새롭게 다지고 더욱 강한 단결력을 보였다. 언 바위가 길을 막으면 불을 지펴 뚫기도 했다. 한니발의 군대는 스스로 길을 만들며 알프스 산맥을 헤쳐 내려왔다. 아무도 생각지 못했던 기발한 발상을 위대하게 실행했다. 한니발이 직접 말했거나, 한니발을 주제로 하는 소설 속에 등장하는 것으로, 사람들이 자주 인용하는 그의 어록을 살펴보자.

"길을 찾을 수 없다면, 길을 만들겠다."
(길이 없다고 보고하는 휘하 장수들에게)

"불굴의 의지 앞에서는 높은 산도 몸을 낮춘다."
(로마 진격을 위해 알프스 산맥을 넘기 전 병사들에게)

"눈물을 흘릴 눈이 하나뿐이라는 것이 원망스럽구나!"
(자마전투에서 스키피오 아프리카누스에게 패배한 직후)

"나는 이탈리아인들과 전쟁을 벌이러 온 것이 아니다. 로마에 대항하는 이탈리아인들을 돕기 위해 왔다."
(트라시메노 호수 전투에서 사로잡은 로마군 포로들을 풀어주며)

"나는 감긴 눈으로 작전을 생각하고, 뜬 눈으로 적을 바라보겠다."

"숙명이 부여하는 많은 문제는 깊이 숙고함으로써 해결할 수 있다."

"대부분의 일은 그 자체로는 불가능한 것처럼 보인다. 그러나 관점만 바꾸면 가능한 일이 될 수 있다."

"로마는 카르타고를 두려워한 것이 아니다. 카르타고의 장군 한니발이 두려웠을 뿐이다."

"말은 살아있는 생명체다. 말에는 특성과 관점과 의제가 있다"

"나는 충분한 나이가 되면 최대한 빨리, 로마의 운명의 방향을 바꾸어 버리기 위해 불과 쇠로 공략하겠노라 맹세합니다."

"항상 새로운 것을 시도하는 것이 중요하다고 어머니께서 늘 말씀하시곤 하셨다."

"우리는 너무 젊어서 불가능한 일이 있다는 것은 알지 못합니다. 어쨌든 우리는 그 일을 해낼 것입니다."

"나는 로마인들을 충분히 보았다. 그들을 물리치는 것은 쉽지만, 그들을 이기는 것은 쉽지 않다."

"냄새가 궁금하면 직접 맡아보아라!"

"자연이 어렵게 만드는 많은 것들도 두뇌를 사용하면 쉬워진다."

"모든 좋은 일들은 기다리는 자에게 다가온다."

"신은 인간에게 죽음을 불사하는 것보다 더 예리한 승리에 대한 동기를 부여하지 않으셨다."

"개는 사람이 지킬 수 없는 약속도 지킨다."

"내게 있어, 무례함이란 말로 표현할 수 없을 정도로 추악한 것이다."

"우리의 꿈은 우리가 육체적으로 안전할 수 있는 유일한 장소였다."
(꿈의 힘과 중요성을 강조하며)

"당신의 마음속의 거울은 다른 사람의 최악의 모습이 아니라 당신 자신의 가장 좋은 모습을 비출 수 있다."
(긍정적인 자기 이미지와 내면의 자신감을 키우는 데 있어 자기 인식과 자기 성찰의 중요성을 강조하며)

"행동에 전념하라. 거기에 우리의 구원이 있기 때문이다."
(전장에서 성공을 위한 결단력 있는 행동을 강조하며)

참고문헌

필립 프리먼, 이종인 옮김, 『한니발 : 로마의 가장 위대한 적수』, 책과함께 2022.

시오노 나나미, 김석희 옮김, 『로마인 이야기 2 한니발 전쟁』, 한길사 2002.

카카노 미하치, 오경화 옮김, 『아드 아스트라 스키피오와 한니발』, 대원씨아이 2015.

파트리크 지라르, 전미연 옮김, 『명장 한니발 이야기 1-3』, 한길사 2001

마크 힐리, 정은비 옮김, 『킨나이 BC 216』, 플래닛미디어 2007

한종수, 『페니키아 카르타고 이야기』, 미지북스 2023

【오다 노부나가】

제5장

오다 노부나가

끊임없는 혁신과 과감한 결단력으로
난관을 돌파하다

제5장
오다 노부나가

가. 인물의 개요

　오다 노부나가(織田信長, 1534년~1582년)는 일본의 센고쿠시대(戰國時代)를 살았던 무장이자 다이묘(大名)였다. 노부나가가 태어나기 약 70년 전부터 일본은 극심한 전란에 휩싸여 있었다. 무로마치 막부(室町幕府) 쇼군의 후계자 문제를 놓고 다툼이 일어났기 때문이었다. 오닌의 난(應仁の亂, 1467년~1477년)은 쇼군의 후계자 문제와 슈고 다이묘(守護大名)들의 대립이 얽혀 1467년부터 11년간 계속된 내란이었다. 오닌의 난은 하극상의 센고쿠시대(1467년~1573년)를 여는 서막이었다. 슈고 다이묘는 쇼군과 주종관계에 있던 가신들 중에서 쿠니(国) 단위로 한 명씩 지방에 파견된 임명직 관리였다. 강력한 쇼군(將軍)이던 아시카가 요시미츠(足利義滿)가 죽은 후, 슈고 다이묘들의 힘은 쇼군의 힘을 능가하기 시작했다.

　오닌의 난 이후 일본은 각지의 크고 작은 다이묘들이 전쟁을 치르는 센고쿠시대로 접어들었다. 교토의 무로마치 막부는 명목상 존재할 뿐이었다. 중앙에서는 유력 무사에 의해 쇼군이 추방되고, 지방에서는 하급관리와 중소 영주들이 슈고의 지배에서 벗어나기 시작했다. 그들은 독자적인 지배권을 확보했고 이와 같은 하극상은 전국적으로 확대되었다. 슈고 다이묘 일부와 유력한 신흥 무장들이 센고쿠 다이묘(戰國大名)로 재편되었다. 센고쿠 다이묘들은 서로 더 큰 땅을 차지하기 위해 인근 다이묘의 영지를 침범하는 등 무력충돌을 계속했다. 그 결과 일본 전역은 전쟁터로 변했다. 일반 백성들은 100년 이상 계속된 전쟁을 치르느라 혼란과 도탄에 빠져 있었다.

노부나가는 현재의 아이치현 서부인 오와리국(尾張国)에서 태어났다. 그의 아버지는 본디 센고쿠 다이묘를 받드는 슈고(守護)의 가로(家老)에 불과했다. 말하자면 그의 아버지는 한미한 가문 출신이었다. 그 아들 노부나가는 주변과 인근의 수많은 유력 가문과 다이묘들을 차례로 격파했다. 당시 각 지역의 맹주로 이름을 날리며 패권을 다투던 인물은 다섯 명 정도였다. 에치고(越後)의 우에스기 겐신(上杉謙信), 가이(甲斐)의 다케다 신겐(武田信玄), 스루가(駿河)와 오미(近江)의 이마가와 요시모토(今川義元), 에치젠(越前)의 아사쿠라 요시카게(朝倉義景) 그리고 오와리(尾張)의 오다 노부나가였다. 그들은 각자 자기중심의 천하통일을 꿈꾸었다. 그러나 경쟁자들을 모두 제치고 센고쿠 시대를 평정한 인물은 노부나가였다. 한낱 오와리의 이름 없는 영주에서 일본 중부를 지배하는 막강한 정치·군사 세력으로 성장한 오다 노부나가는 시대의 이단아였다. 특히 그는 개혁가와 혁신가로서 불꽃같이 치열한 삶을 살았다.

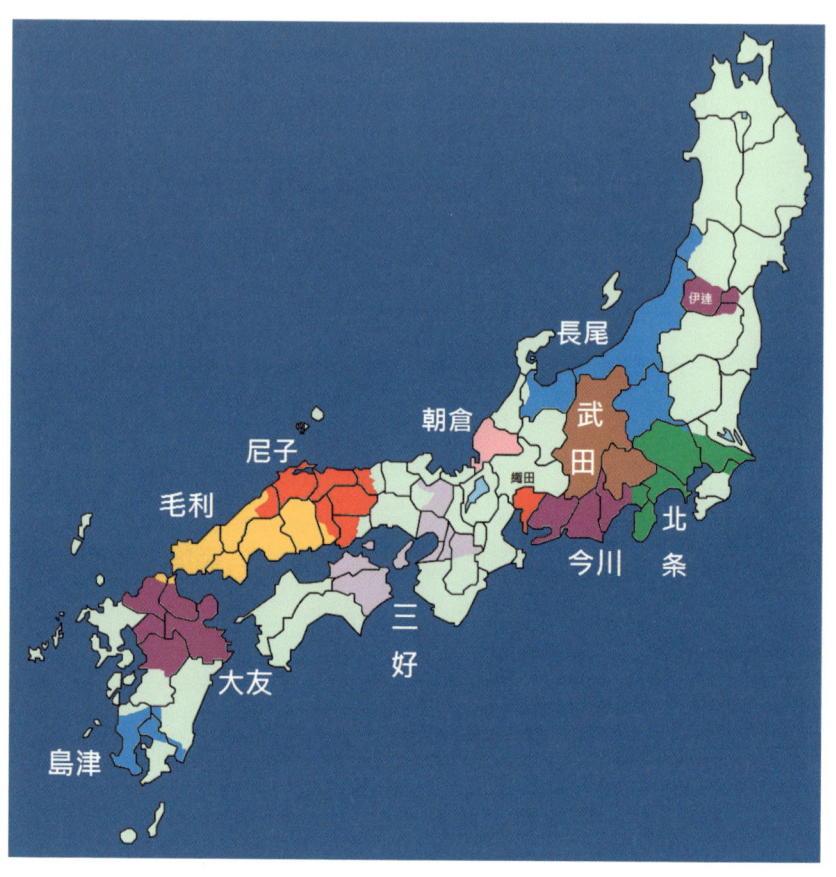

1560년 경 전국 다이묘의 세력분포 (사진출처 : 네이버 지식백과)

　노부나가는 뛰어난 군사 전략가이자 강력한 지도자였다. 그는 일찍이 아무도 거들떠보지 않던 철포의 중요성에 주목했다. 그는 철포의 효과적인 사용 및 철포 전문부대 운용 등 혁신적인 군사 전략과 전술을 구사했다. 그렇게 해서 경쟁자들을 군사적으로 압도했다. 노부나가는 자신의 통제하에 권력을 중앙 집중화하기 위한 다양한 정치 개혁을 단행했다. 그는 또한 능력과 성과 중심의 인사제도를 도입했다.

가문이나 신분을 따지는 전통에 얽매이지 않았다. 유능하고 재능 있는 사람들을 파격적으로 등용하여 중책을 맡겼다. 노부나가는 농지 개혁과 무역 및 상업 진흥을 포함한 경제 개혁 정책도 실시했다. 그의 경제 개혁으로 그가 다스리는 지역은 경제가 성장하고 민생이 안정되었다. 경제 성장으로 노부나가의 권력 기반은 더욱 공고해졌다.

노부나가는 예술과 문화에 대한 후원으로도 유명했다. 그는 다도 전문가로 이름을 날리고 있던 이마이 소큐(今井宗久), 츠다 소큐(津田宗及), 센 리큐(千利休)를 우대했다. 그들을 궁정 내의 다도를 관장하는 책임자인 사도우(茶頭)에 임명했다. 그렇게 해서 다도의 위상을 높이고 발전시키는데 기여했다. 일본 다도의 성격을 잘 나타내는 것이 와비차(侘び茶)이다. 와비란 다도의 근본이념이자 미의식을 나타내는 용어다. 다도에 도입되기 이전 와비는 '외롭다', '쓸쓸하다', '초라하다' 등 부정적 의미를 내포하고 있었다. 그러나 와비는 다도에 사용되면서 그 의미가 변했다. 외롭고, 쓸쓸하고, 초라하지만 '외롭게 느끼지 않고', '쓸쓸하게 느끼지 않고', '초라하게 느끼지 않는' 의식의 세계로 그 의미가 전환되었다. 부족하지만 부족한대로 완벽함을 아는 것, 소박하지만 소박함의 진정한 가치를 아는 것, 불완전하지만 그 자체로 완전하게 바라보는 안목을 가진다는 의미로 바뀐 것이다. 와비의 의미는 다도에서 시작되어 도자기, 꽃꽂이, 요리 등 다른 일본문화 속으로 확산되었다. 와비차는 노부나가의 지원 아래 센 리큐(千利休)에 의해 완성되었다. 리큐는 적극적이고 왕성한 사회활동으로 와비차의 대중화를 이끌었다. 리큐는 "와비의 본뜻은 청정무구한 불(佛)의 세계를 나타내는 것으로, 곧 불심을 참되게 드러내는 바"라고 정의했다. 와비는 리큐에 의해 깨달음이라는 선(禪)의 세계이자 불심을 여실히 드러내는 의미로 진화했다. 노부나가는 리큐를 지원하여 1573년과 1575년 2회에 걸쳐 교토 다과회를 주최하게 했다. 노부나가는 다도를 정치적으로 이용하는 '온차노유고세이도'(御茶湯御政道)를 적극 활용했다. 특히 노부나가는 개인적인 취향으로 다도를 즐기는 한편, 전쟁에서 무공을 세운 무사들에게 자신이 보유한 차 도구를 하사했다. 무사들을 장악하고 중앙집권화를 이루는 수단으로 다도를 활용한 것이다. 노부나가는 차 도구를 재화로 인식하여 적극적으로 수집하기도 했다.

또한 노부나가는 일본의 전통 가면극인 노(能)와 같은 예술의 진흥을 문화 통합과 권력 강화의 수단으로 활용했다. 노부나가의 예술·문화 후원활동은 정치적 목적을 내포하고 있었다. 그는 자신의 지배영역 내에서 문화적 통일성과 정체성을 형성하여 자신의 권위를 확립하려고 했다. 노부나가는 자신의 정치적 의제를 홍보하고 권력을 강화하는 도구로서 노의 잠재성에 주목했다. 그는 천하 제패를 도모하는 과정에서 문화와 예술의 진흥에도 주력했다. 노부나가는 노를 홍보 도구로 적극 활용했다. 통치자로서의 권위와 정당성을 강화하기 위해 노부나가는 노의 주제와 공연을 절묘하게 이용했다. 노는 역사적이고 신화적인 이야기를 묘사하는데, 노부나가는 이러한 이야기를 사용하여 자신의 이미지와 의제를 홍보할 수 있었다. 충성심, 명예, 기타 전통 미덕을 옹호하는 노를 지원함으로써 그는 사회 규범을 강화하고 대중 담론을 통제할 수 있었다. 노부나가는 일본 문화에서 노(能)의 지속적인 인기와 중요성을 인식하는 계기를 마련했다.

노부나가는 1568년 교토로 상경하여 실질적인 권력을 손에 넣었다. 그리고 아시카가 요시아키(足利義昭)를 허수아비 쇼군으로 옹립했다. 나중에는 요시아키마저 추방하고 무로마치 막부를 종식시켰다. 그렇게 해서 노부나가는 일본의 중부 일대를 기반으로 중세 봉건시대 일본 권력의 핵심으로 부상했다. 그는 일본 각 지역의 패자들을 차례대로 굴복시키며 센고쿠 시대의 일본을 거의 평정했다. 노부나가는 그렇게 하극상이 계속되던 센고쿠 시대 말미 사실상 천하를 제패한 거나 다름없는 위업을 세웠다. 말하자면 노부나가는 전국시대 최초의 천하인(天下人)이 되었다.

그러나 노부나가는 1582년 천하통일을 목전에 두고 중신 아케치 미쓰히데(明智光秀)의 모반으로 혼노지(本能寺)에서 생을 마감했다. 이미 가권(家權)은 형식적으로나마 장남 오다 노부타다(織田信忠)에게 넘겨준 상태였다. 노부나가의 죽음을 확인한 미츠히데는 니조신고쇼(二条新御所)로 피신해서 맞서 싸우던 노부타다와 그 측근 무사들을 공격했다. 노부타다는 안으로 들어오려는 미쓰히데 군을 세 번에 걸쳐 물리쳤다. 그러나 미쓰히데 군이 자신의 측근들을 차례차례 쓰러뜨리자 자결을 하고 생을 마감했다. 이후 노부나가의 복수를 대의명분으로 내세운 하시바 히데요시(羽柴秀吉, 훗날의 도요토미 히데요시)가 선수를 쳤다. 히데요시는 미쓰히데를 야마자키(山崎) 전투에서 격파하고 노부나가를 이은 최고 권력자로 올라서게 되었다.

오다 노부나가가 죽은 지 한 달이 되지 않은 시점에 오다 가문의 당주(当主, 후계자) 지명 및 영지 재분배를 다루기 위한 회의가 개최되었다. 이른바 '키요스 회의'(淸須 会議)였다. 히데요시는 중신 니와 나가히데(丹羽長秀)와 비밀협상을 벌였다. 노부나가의 차남인 오다 노부카츠(織田信雄)와 삼남인 오다 노부타카(織田信孝)를 제치고 죽은 장남 노부타다의 세 살짜리 아들 산포시(三法師)를 후계자로 지명했다. 이 아이가 훗날의 오다 히데노부(織田秀信)다. 그렇게 해서 후계자 산포시의 후견인이 된 히데요시는 실권과 명분을 틀어쥐었다. 이후 오다 가문은 권력에서 완전히 멀어지게 되었다. 그러나 노부나가의 일본통일 노력은 히데요시를 거쳐 후일 도쿠가와 이에야스(德川家康)가 에도막부(江戶幕府)를 열면서 완성되었다.

노부나가는 평생 당시의 기득권을 부정하고 상대방을 무력으로 무너뜨렸다. 또한 출신 성분과 관계없이 능력 위주로 인재를 등용했다. 정책적으로는 라쿠이치·라쿠자(樂市樂座, 자유로운 시장 개설, 점포 설립 및 영업활동 장려), 겐치(検地, 토지측량 및 수확량 조사), 서양에의 문호 개방 등을 시행했다. 봉건사회 일본에서는 누구도 시행한 적이 없는 정책적 결단이었다. 그는 일본의 문화·경제적 발전의 토대를 쌓았다. 노부나가는 자신이 집권한 1568년부터 히데요시가 집권한 1603년까지의 35년을 일컫는 아즈치·모모야마(安土桃山) 시대를 활짝 열었다.

오다 노부나가는 기존의 가치와 그로 인해 야기된 악습을 단박에 제거할 정도로 과감한 결단력을 지녔다. 그는 신분에 대한 고정관념을 없애버렸다. 쓸모없는 것으로 여겨지던 조총을 적극 수용해 유용한 전투장비로 활용했다. 창도 상대보다 길게 만드는 등 각종 혁신방안을 도입했다. 또한, 새로운 문물에도 관심을 보이며 부국강병에 힘을 쏟았다. 아울러 유능한 인재를 적재적소에 합리적으로 등용했다. 그의 삶에 대한 이러한 태도는 현실에 안주하지 않으려는 끝없는 자신과의 싸움이자 노력이었다.

나. 출생과 성장과정

오다 노부나가는 1534년 오와리의 다이묘인 오다 노부히데(織田信秀)와 어머니 도타 고젠(土田御前) 사이에서 적장자(嫡長子)로 태어났다. 어렸을 때 이름은 킷포시(吉法師)였다. 노부나가의 아버지는 단죠노츄(弾正忠) 가문에 속했다. 정통성이 부족한 하극상의 세력이 의례 그렇듯 오다 가문도 단죠노츄 가문 등 3개의 파벌로 나뉘어 있었다. 단조노

츄 가문은 본가가 아닌 방계 후손이었다. 방계인 기요스(清洲) 삼부교(三奉行, 관아의 하급관리) 중에서도 가장 세력이 약한 집안이었다. 단죠노추 가문은 오와리 지방의 슈고(守護)인 시바(斯波)가문 산하 슈고다이(守護代)의 가신이었다. 다시 말해 노부히데는 시바 가문 산하 오와리 하 4군의 슈고다이(守護代)인 키요스(清洲) 오다 가문의 신하였다. 노부히데는 행정 사무 담당이었다. 그는 오다 가문 중에서도 강성하고 격이 높았던 직계 가문들, 즉 기요스 오다 가문과 이와쿠라(岩倉) 오다 가문을 제압했다. 그리고 주군인 시바 가문까지 모두 물리치고 다이묘가 되었다. 노부나가가 태어났을 때 노부히데는 오와리의 슈고인 시바 가문을 허수아비로 만들고 정권을 잡은 하극상의 센고쿠 다이묘였다. 아버지 노부히데는 노부나가가 태어난 1534년 나고야(名古野)에 새로 성을 쌓고 노부나가가 두 살 때 그 성을 물려주었다.

노부나가는 열두 살 때인 1546년 성인식을 올렸다. 어렸을 때부터 노부나가는 기이한 행동을 일삼았다. 이 때문에 당시 사람들은 노부나가를 '오와리의 멍청이'라고 불렀다. 1547년부터 2년 간 오다 가문에 인질로 잡혀있던 마츠다이라 타케치요(松平竹千代), 즉 훗날의 도쿠가와 이에야스(德川家康)와 어린 시절을 함께 보내기도 했다. 1548년에는 아버지 노부히데와 미노국(美濃国)의 다이묘인 사이토 도산(斎藤道三)의 합의로 도산의 딸 노히메(濃姫)와 정략결혼을 했다.

노부나가는 열여덟 살이 되기까지 놀이를 별로 좋아하지 않았다. 아침저녁으로 기마술을 단련하고 3월부터 9월까지는 강에서 수영을 했다. 일본 전통의 평상복인 유카타(浴衣)의 소매를 밖으로 빼고, 짧은 하카마(袴, 하반신에 착용하는 겉옷)에 주머니를 주렁주렁 달고 다녔다. 이상한 모양으로 상투를 틀고, 울긋불긋한 끈으로 머리를 묶었다. 성장 기간 이치가와 다이스케(市川大介)로부터 궁술을, 하시모토 잇파(橋本一巴)에게서 철포술을, 그리고 히라타 삼미(平田三位)로부터 병법을 배웠다.

멍청이라는 소리를 듣던 노부나가는 열일곱 살 무렵부터 독창성을 발휘하기 시작했다. 노부나가는 죽창으로 대련하는 부하들의 모습을 보고 새로운 발상을 했다. 그들이 사용하는 죽창을 3간 반(약 6.4m)으로 길게 만들었다. 이는 새로운 전술무기의 발명이자 혁신이었다. 노부나가에게 서책이나 웃어른들로부터의 간접경험은 별다른 의미가 없었다. 그는 모든 것을 직접 경험함으로써 깨달았다. 체험을 통해 먼저 깨우친 후 순수하게 자기 내부로부터 새로운 발상을 이끌어냈다. 거기에 노부나가의 비범함이 숨겨져 있었다. 노부나가는 새로운 세계를 꿈꾸는데 머물지 않고 그 꿈을 실현하기 위해 노력했다. 인생의 목표를 정하고 그 목표를 달성하기 위해 철저한 계획에 근거하여 행동했다.

그의 나이 열여덟 살 때인 1551년 아버지 노부히데가 죽었다. 기행은 아버지 장례식장에서도 어김없이 이어졌다. 노부나가가 향을 피울 차례였다. 노부나가는 헝클어진 머리에 기괴한 복장으로 나타났다. 굵은 새끼줄을 허리에 매고 거기에 장검과 호신용 단도를 차고 있었다. 향을 한 움큼 집더니 아버지의 위패에 내던지고 휑하니 돌아섰다. 그와는 달리 그의 동생 오다 노부유키(織田信行)는 상복을 갖춰 입고 있었다. 노부유키는 예의바르고 위엄 있고 엄숙한 태도로 제를 올렸다. 빈소에 있던 사람들은 모두 노부나가를 보고 바보 아니냐고 수군거렸다. 노부나가는 아버지가 죽자 존재하지도 않는 관직명을 사칭하여 오다 카즈사노스케(上総介) 노부나가라는 이름을 사용했다. 카즈사노스케란 현재의 지바현(千葉県)의 중부인 카즈사 지방의 국상(国相)이란 뜻이다.

아버지가 죽은 뒤 2년 후인 1553년 어린 노부나가의 훈육을 맡아왔던 히라테 마사히데(平手政秀)가 할복으로 자살했다. 노부나가에게 잘못된 점들을 고치라고 간언한 후였다. 이를 계기로 오다 노부나가는 이전까지의 이미지를 완전히 벗어던졌다. 뛰어난 기지와 역량을 발휘하며 경쟁 상대인 동생 편에 섰던 친척들과 주요 가문들을 굴복시켰다. 1560년경 오와리국의 모든 영토를 평정한 오다 노부나가는 키요스성(清須城)의 영주이자 오와리국의 태수가 되었다.

1560년 오케하자마 전투에서 도카이도(東海道) 제일의 무사인 이마가와 요시모토(今川義元)를 기습 공격으로 격파했다. 1562년에는 도쿠가와 이에야스와 동맹을 맺었다. 같은 해 미노(美濃)의 사이토(斎藤) 가문을 멸망시키고, 현재의 기후현 남부인 미노를 차지했다. 1564년에는 아사이 나가마사(淺井長政)와 동맹을 맺었다. 크고 작은 전투에서의 승리와 동맹관계를 통해 노부나가는 점점 자신의 입지를 넓혀 나갔다. 특히 노부나가는 센고쿠시대를 마감하고 일본을 통일하는 주인공이 되려는 야망을 세상에 공표했다. 1562년 미노를 정복한 후 키요스성을 떠나 이나바성(稻葉城)으로 옮기며 그곳의 이름을 기후(崎阜)로 고쳤다. 그리고 1567년부터 덴카후부(天下布武)라는 인장을 사용하기 시작했다. 덴카후부는 천하에 무를 펼친다는 뜻이다. 강력한 본인의 의지를 표명한 노부나가는 천하통일의 발걸음을 힘차게 내딛기 시작했다.

교토 기나이(畿內)의 유력한 미요시(三好) 가문이 1565년 무로마치 막부의 쇼군 아시카가 요시테루(足利義輝)를 암살하고 그의 사촌 동생을 쇼군으로 옹립했다. 암살당한 요시테루의 동생 아시카가 요시아키(足利義昭)가 노부나가에게 몸을 의탁해 왔다. 노부나가는 1568년 정통성 있는 쇼군 후보를 내세워 막부를 바로 세운다는 기치 아래 교토로 출정했다. 마침내 미요시 가문을 내쫓고 요시아키를 제15대 쇼군으로 옹립했다. 이로써 노부나가는 힘깨나 쓰는 지방의 영주에서 중앙 정치를 호령하는 권력의 일인자로 부상했다.

오다 노부나가의 도움으로 쇼군에 오른 요시아키는 노부나가가 자신을 꼭두각시 쇼군으로 취급하자, 이에 반발하여 적대 세력과 손을 잡았다. 요시아키는 1573년 다케다 신겐(武田信玄), 아사쿠라 요시카게(朝倉義景), 아사이 나가마사(淺井長政) 등과 함께 노부나가 토벌군을 편성했다. 그러나 노부나가에게도 상당히 버거운 상대였던 다케다 신겐이 급사했다. 다케다 측은 그의 죽음을 숨겼다. 그러나 노부나가는 그 사실을 간파하고 빠른 배를 타고 비와코(琵琶湖)를 건너가 쇼군 요시아키의 연합군을 대파했다. 반기를 든 아사쿠라와 아사이는 자결토록 하고 쇼군 요시아키는 교토에서 추방했다. 이로써 전국시대의 전란 속에서도 어렵사리 명맥을 유지하며 200년간 존속해 온 무로마치 막부는 종말을 고했다.

노부나가는 1575년 나가시노(長篠) 전투를 치렀다. 나가시노 전투는 다케다군이 현재의 아이치현(愛知縣) 동부 미카와(三河)의 나가시노 성을 포위하며 시작되었다. 오다 노부나가·도쿠가와 이에야스의 연합군 3만 8천 명과 다케다 가쓰요리(武田勝賴)의 기마부대 간에 치러진 전투였다. 가쓰요리는 당대 최강의 기병 1만 5천 명을 동원하여 나가시노 성을 공격했다. 상황이 긴박하게 전개되자 다급해진 이에야스는 노부나가에게 지원군을 요청했다. 다급한 지원 요청을 받고도 노부나가는 전혀 서두르지 않았다. 병사 3만 명을 이끌고 느리게 진군했다. 그것은 다케다군을 상대하기 위한 노부나가의 새로운 전술이었다. 결전을 피한 것은 상대에게 노부나가군의 세력이 약해졌다는 인상을 심어 주기 위한 일종의 기만전술이었다.

양군은 시타라가하라(設楽ヶ原)에서 맞붙었다. 여기서 노부나가·이에야스 연합군의 지형을 활용한 포진이 빛을 발했다. 양군이 맞붙은 전장이 된 렌고강(連吾川) 유역은 논이 넓게 펼쳐진 습지대였다. 기병들이 돌격하면 말의 다리가 논바닥에 빠져 진격이 어려웠다. 연합군은 먼저 다케다군 배후의 도비가스산(鳶ヶ巣山) 성채를 공격하여 함락시켰다. 후퇴할 진지를 잃은 다케다군은 선수를 쳐 공격해 왔다. 돌격명령에 따라 다케다 군의 용맹한 장수들이 차례로 돌진해왔다. 그러나 삼중으로 만든 마방책(馬防柵)과 보루(堡壘)를 넘어오기는 쉬운 일이 아니었다. 겨우 돌파해 안쪽으로 들어서자 3단 발사 철포부대 병사들의 총구가 일제히 불을 뿜었다. 결국 다케다 군은 주요 장수들이 거의 다 전사하고 병사들도 1만 명이 넘게 죽었다. 노부나가·이에야스 연합군의 압승이었다. 가쓰요리는 살아남은 소수의 병사들만 데리고 퇴각했다. 그러나 나가시노 전투로 수많은 맹장들을 잃은 다케다 가쓰요리는 세력이 현저하게 약화되었다. 그리고 1582년 다시 맞붙은 전투에서 노부나가 군에 포위된 가쓰요리는 자결함으로써 생을 마감했다. 그의 죽음과 함께 다케다 가문도 문을 닫았다.

이제 노부나가는 우에스기 겐신(上杉謙信)과 맞서게 되었다. 노부나가가 무로마치 막부의 마지막 쇼군 아시카가 요시아키를 추방하자, 간토(関東) 평정에만 주력하던 겐신도 노부나가를 토벌하기로 결심했다. 당시 강력한 겐신과 노부나가의 틈바구니에 끼어있던 지방인 노토(能

登) 반도를 다스리던 하타케야마(畠山) 가문에 내분이 일어났다. 하타케야마 가신단은 친 노부나가파와 친 겐신파로 나뉘었다. 역병으로 당주 하타케야마 하루오마루(畠山春王丸)가 사망했다. 친 겐신파가 우세해지자, 친 노부나가파 가신들을 살해하고 우에스기 겐신에게 성을 헌납했다. 노부나가는 친 노부나가파의 구원 요청을 받아들여 7만 여명의 지원 군단을 파견하고 테도리가와(手取川) 전투를 치렀다. 그러나 테도리강에서 퇴로를 막은 겐신 군의 공격으로 노부나가 군의 많은 병사들이 익사하거나 참살되었다. 이 전투는 전국 시대 가장 많은 전사자를 낸 전투로 기록되었다. 우에스기 겐신은 승기를 잡았지만 바로 교토까지 진격하지 않고 본거지인 에치고(越後)로 돌아갔다. 노부나가의 군사력이 그 정도라면 이후의 교토 상경도 수월하리라 판단했다. 겐신은 이듬해 봄, 본격적으로 출진하기로 결정했다. 그러나 1578년 노부나가와의 결전을 앞두고 우에스기 겐신은 뇌출혈로 급사했다. 노부나가에게는 천만다행이었다. 과거 다케다 신겐에게 밀리다 신겐이 급사하는 바람에 한 숨 돌린 적이 있었는데, 그와 비슷한 우발적 행운이 다시 노부나가에게 찾아왔다.

1582년 전국 통일을 목전에 두고 노부나가는 하시바 히데요시, 즉 훗날의 도요토미 히데요시에게 주코쿠(中國) 지역의 다카마쓰(高松)를 평정하라고 명했다. 그곳에 반(反) 오다 노부나가 세력이 남아있기 때문이었다. 그러나 지루한 전투가 상당 기간 이어졌다. 아즈치성(安土城)에 머물고 있던 오다 노부나가는 자신이 직접 다카마쓰를 평정하기로 결심했다. 군대를 이끌고 다카마쓰로 가는 길에 교토로 들어가 혼노지(本能寺)에 머물렀다. 그날 밤 노부나가는 자신의 부장이던 아케치 미쓰히데의 습격을 받았다. 노부나가는 용감히 맞서 싸웠다. 그러나 중과부적이었다. 노부나가는 혼노지의 처소에 불을 지르고 불길 속에서 자결했다. 그의 나이 마흔아홉 살 때였다.

다. 오다 노부나가의 리더십

사람의 기질이나 성격을 단적으로 드러내는 일본의 이야기가 있다. 울어야 할 두견새가 울지 않으면 어떻게 할 것인가? 울지 않는 새는 새가 아니므로 베어 버린다(오다 노부나가), 어떻게든 새를 울게 만든다(토요토미 히데요시), 새가 울 때까지 기다린다(도쿠가와 이에야스). 울지 않는 새는 죽여 버리는 노부나가의 성격은, 상황을 신속히 판단하고 과감히 실행하는 그의 리더십을 잘 보여 준다. 오다 노부나가의 리더십을 살펴보자.

> 인재를 등용함에 있어 신분이나 출신 배경을 고려하지 않고, 기존의 서열 구조를 과감하게 파괴하다. 능력이 탁월하고 성과가 입증된 인재라면 주저 없이 발탁하다.
>
> 오늘날 조직의 리더 또한 능력 중심의 인재 등용(merit-based

> talent acquisition)과 성과 중심의 조직 운영(performance-driven management)을 통해 조직의 활력을 높이고 구성원의 사기를 진작시켜야 한다. 이러한 조직 운영은 공정성과 기회 균등을 보장하여(fairness & equal opportunity) 상호 책임과 신뢰를 기반으로 한 조직 내 심리적 계약(psychological contract)을 강화함으로써 조직과 구성원 간의 상호 신뢰 기반 관계를 견고하게 해준다. 능력과 성과 중심의 조직 운영은 장기적으로는 핵심 인재 확보와 지속 가능한 성장을 유지하도록(talent retention & sustainable growth) 해주며, 조직의 장기적 경쟁력을 확보할 수 있게 한다.

1560년 6월 노부나가는 오케하자마(桶狹間) 전투를 치렀다. 오케하자마는 현재 아이치현(愛知県) 나고야(名古屋)시와 도요아케(豊明)시의 경계에 있는 지역이다. 오케하자마 전투는 오다 노부나가와 이마가와 요시모토(今川義元)가 맞붙은 전투였다. 당시 요시모토는 스루가국(駿河国)의 다이묘로 스루가, 도토미(遠江), 미카와(三河) 등 규모가 큰 영지인 3개 지방을 다스리고 있었다. 이마가와 요시모토(今川義元) 부자는 2만 5천 명의 대군을 이끌고 노부나가의 오와리국을 침공했다. 오다 노부나가는 2천 명의 소수 병력을 이끌고 출진했다. 굵은 비가 내리는 가운데 기습공격을 가해 요시모토를 죽이고 이마가와 군을 패퇴시

컸다. 역사상 가장 화려한 역전극으로 일컬어지는 전투였다. 이 전투에서 승리하며 노부나가는 빠르게 세력을 확장할 수 있었다. 도쿠가와 이에야스(德川家康)도 이마가와 가문의 손아귀에서 벗어나 미카와국(三河國)에서 독자적인 세력을 이룰 수 있게 되었다. 오케하자마 전투는 센고쿠 시대의 세력판도에서 중요한 전환점이 되었다. 그래서 일본 전사에서도 가장 유명하고 중요한 전투로 여긴다.

오케하자마 전투로 도카이(東海) 지방에서 세력을 확대하던 이마가와가는 몰락했다. 오케하자마 전투에서 승리한 노부나가는 이후 센고쿠 시대의 기나이(畿內) 제패를 향해 급성장하게 되는 중요한 전기를 마련했다. 논공행상이 시작되었다. 노부나가는 야나다 마사쓰나(梁田政綱)를 이 전투의 최고 공로자로 인정했다. 마사쓰나는 당시 접전 지역의 호족이었다. 마사쓰나는 요시모토 군의 행군 진로와 휴식 장소 등의 군사정보를 알려왔다. 심지어 전투 당일의 기상상황을 예측한 정보까지 노부나가에게 보고했다. 노부나가는 마사쓰나가 알려준 정보에 근거하여 기습공격 계획을 세웠다. 그리고 보란 듯이 기습에 성공했다. 죽음을 무릅쓰고 요시모토의 목을 벤 사람은 모리 신스케(毛利新助)였다. 하지만 노부나가는 적장의 목을 벤 장수보다 정보를 제공한 마사쓰나의 공로를 높이 샀다. 그 이유가 무엇이었을까?

그것은 부하 장수들에게 정보 보고의 중요성을 알리기 위한 목적이었다. 하지만 진정한 의미는, 노부나가가 인재를 평가하는 기준이 당시의 일반적인 기준과는 달랐다는 데 있다. 노부나가는 인재등용에 있어 신분이나 출신배경을 무시했다. 연공서열도 파괴했다. 노부나가는 오직 능력과 성과만을 중시했다.

노부나가 군의 전술적 역량이 뛰어날 수 있었던 배경에는, 똑똑하고 자기개발에 열정을 가진 야심찬 지휘관들이 있었다. 모든 봉건사회와 마찬가지로 중세 일본도 신분과 직업을 철저하게 따지는 사회였다. 사람들은 각자 하늘이 내린 신분과 직업을 가졌다. 신분과 직업에 따라 지켜야 할 분수와 예의범절도 많았다. 당시 일본 사회는 법과 관습으로 그것을 지키도록 강요했고, 서로 다른 신분 간에는 교제나 결혼도 엄격히 제한되었다.

노부나가는 신분에 따른 직업 세습의 관행과 장벽을 허물어 버렸다. 노부나가는 지극히 현실주의자였다. 출신 성분에 따른 인재등용만으로 생길 수 있는 제도적 한계를 철저히 보완했다. 당시는 소위 약육강식과 하극상의 전국시대였다. 노부나가는 그런 험난한 시대를 살고 있던 리더였다. 인재를 기용할 때 여전히 출신 성분만 따진다면, 상대와의 전투 결과는 불을 보듯 뻔했다. 제도와 관습에 얽매여 살아간다면, 그것은 패배를 의미했다. 인재등용의 개방성에서 노부나가는 시대를 한참 앞서 나갔다.

노부나가는 과거의 실적과 관행에 안주해 업무 수행 능력이 떨어지는 중신들을 과감하게 내쳤다. 비록 출신 성분이 미천하나 뛰어난 능력을 발휘하고 우수한 성과를 내는 부하는 파격적으로 발탁했다. 지방의 하급 무사 가문 출신으로 정보 수집과 임무 수행 능력이 탁월했던 아케치 미쓰히데가 그랬다. 농민 출신으로 한때 방물장수를 했던 하시바 히데요시를 발탁한 것도 마찬가지였다. 노부나가는 능력 본위, 성과 중심의 인재 등용으로 자신이 지휘하던 가신단과 조직 전체에 활기를 불어 넣었다.

센고쿠 시대 당시 다이묘들은 농촌 공동체를 바탕으로 봉록 형태로 영지를 하사받았다. 그래서 중신들을 내치기 어려웠다. 병농일치 사회에서 중신들이 지역별로 동원하는 군대에 의존하는 경우가 많기 때문이었다. 그러나 노부나가는 상업에서 발생한 수익을 군자금으로 활용하여 병사들을 고용했다. 말하자면 돈으로 군사를 고용하는 병농분리 형태로 상비군의 군사력을 강화해 나갔다. 그래서 농사철을 고려하지 않고 언제라도 병력을 동원할 수 있었다. 따라서 중신들에게 의존하지 않고도 독자적인 군대를 운용할 수 있었다. 이 때문에 노부나가는 능력과 성과를 기준으로 인재를 발탁하는 경쟁원리의 인사정책을 도입할 수 있었다. 이 또한 당시로서는 혁신적인 인재등용 방식이었다. 현대로 말하자면 노부나가의 병사들은 아프리카에서 맹활약했던 프랑스의 '용병들'에 가까웠다. 노부나가가 인재를 바라보고 육성하는 기준은 다음과 같았다.

첫째, 성실함과 충성심을 가장 중요한 척도로 삼았다. 노부나가는 맡은 바 임무를 성실히 수행하는 인재를 선호했다. 그는 부하들에게 일정한 임무를 부여한 다음, 그들이 그 임무를 완수할 때까지 지켜보는 방식으로 일을 했다. 이러한 관리 방식을 통해 부하들은 자신의 업무에 대한 책임감을 깊이 자각하고, 조직 내에서 뛰어난 성과를 내기 위해 노력했다. 또한, 노부나가는 충성심이 강한 인재를 중시했다. 노부나가의 부하들은 그의 지휘 아래 싸우는 일이 곧 자신의 영광이라는 생각을 가지고 있었다. 그만큼 노부나가에 대한 충성심이 높았으며, 이러한 충성심이 조직 내에서 협력과 단결을 이끌어내는 중요한 역할을 했다.

둘째, 다양한 경험을 중시했다. 노부나가는 여러 분야에서 폭넓은 경험을 쌓은 인재를 선호했다. 노부나가는 스스로 전투뿐만 아니라, 정치, 경제, 문화 등 다양한 분야에서 경험과 지식을 쌓았다. 그런 지식과 경험을 바탕으로, 그는 모든 상황에 탄력적으로 대응할 수 있는 역량을 갖추게 되었다. 노부나가는 부하들도 다양한 분야에서 경험을 쌓고 지식을 습득하여, 이를 조직 내에 공유하도록 적극 장려했다.

셋째, 독창성과 창의성을 높이 평가했으며, 따라서 이러한 능력이 뛰어난 인재를 선호했다. 노부나가의 부하들 중에는 전투에서 상대방에 대한 독창적인 공략 방안을 제안하는 장수들이 많았다. 그래서 전투마다 창의적인 작전을 수립할 수 있었다. 오늘날의 조직 관리로 보면, 노부나가는 인재들이 새로운 아이디어와 비즈니스 모델을 제시하게 하고, 그들이 조직 내에서 변화를 이끌도록 유도했다. 노부나가는 부하들이 늘 변화 촉진자(change agent)의 역할을 잘 해낼 수 있도록 전폭 지원했다. 현대 조직에서도 창의성이 뛰어난 인재가 문제를 적극적으로 해결하는 경우가 많다. 또 조직 내에서 개혁을 이끌어내고 성과를 높이는데도 큰 역할을 한다. 현대 조직의 리더들이 참고할 만한 인력 운영방안의 우수한 사례였다.

> 기존의 불합리한 관행과 제도를 과감히 개혁하여 조직과 사회를 새롭게 변모시키다(bold institutional & procedural reform). 특권적 상인들의 시장 점포 독점권을 완화하고, 통행료를 징수하는 관문을 철폐하여 상품의 자유로운 유통을 촉진하다. 또한 교량 건설, 도로 정비, 해상교통 확대, 화폐개혁 등을 통해 일본 사회와 경제 전반을 혁신적으로 개조하다.
>
> 현대의 리더 역시 조직 내외부의 불필요한 장벽을 제거하여 조직의 경직화를 방지하고, 조직 간 교류와 협력을 활성화해야 한다(barrier removal & collaboration facilitation). 이를 위해 리더는 변화관리 역량을 바탕으로 낡은 관행은 과감히 제거하고, 시대 변화에 맞는 혁신적 제도와 시스템으로 교체해야 한다(change management & innovation capability). 이러한 노력은 조직

> 의 적응력과 지속 가능한 경쟁우위 확보를 강화하며(sustainable competitive advantage), 조직의 혁신 역량을 높인다.

오다 노부나가는 일본 역사상 가장 혁신적이고 변혁적인 인물 가운데 한 명이었다. 그는 전국시대 일본의 통일에 거의 다가간 인물이었다. 그의 혁신과 개혁은 일본 사회와 문화에 큰 영향을 미쳤다. 노부나가의 주목할 만한 혁신 사례를 살펴보자.

오와리(尾張)와 미노(美濃)를 정복한 이후 노부나가는 덴카후부(天下布武)라는 인장을 사용했다. 전국통일을 위한 자신의 비전과 목표를 홍보하기 위해서였다. 텐카후부는 '천하에 무력을 펼친다'는 뜻이다. 전국시대를 종식시켜 평화와 질서를 회복하겠다는 그의 의지를 담고 있었다. 한편 노부나가는 자신이 지배하는 지역의 경제 발전을 위한 다양한 혁신계획을 실행에 옮겼다. 노부나가는 기존 상공업자들의 기득권과 특권이라는 단단한 장벽을 허물었다. 특권 상인들의 시장과 점포 독점권도 완화했다. 그래서 능력 있는 사람들은 얼마든지 시장에 점포를 개설할 수 있도록 진입장벽을 낮췄다. 이 조치는 영지의 생산력을 비약적으로 향상시켜 전국 통일을 달성할 수 있는 재정적 토대를 제공했다.

노부나가는 화승총을 비롯한 군사 기술을 혁신하고 무기를 개량했다.

화약 제조용 질산염과 탄환 제조용 납을 조달하기 위한 국제 공급망과 국내 유통망도 확대했다. 또한, 영지 지배에 있어 기존의 방식을 혁신하며 센고쿠 시대를 평정할 길을 열었다. 노부나가의 이러한 혁신은 경제 개혁을 통해 마련된 재원을 토대로 추진되었다.

오다 노부나가는 일찍이 전통 농업의 생산성이 낮다는 것을 간파했다. 노부나가는 라쿠이치·라쿠자(樂市樂座)와 세키쇼(關所) 폐쇄 등 일련의 혁신적인 상공업 진흥책을 시행했다. 노부나가가 지배하는 지역에는 상품이 풍부하게 모였고, 물가가 안정되었다. 상업이 융성하게 되자 도시가 발달하고 인구가 증가했다. 그는 이러한 제도 개선과 상공업 진흥을 통하여 많은 자금을 확보할 수 있었고, 이를 바탕으로 센고쿠 시대 일본 통일이라는 자신의 목표를 달성하기 위해 병사들을 모집했다. 또한 화승총을 비롯한 각종 무기들을 구입하여 막강한 군대를 유지할 수 있었다.

라쿠이치·라쿠자(樂市樂座)의 '樂'은 규제완화를 뜻한다. 특권 상인들의 시장 독점권인 이치(市)와 동업자 단체의 점포 독점권인 '자(座)'에 대한 규제가 완화되었다. 라쿠이치·라쿠자로 봉건 영주의 보호 아래 특혜를 누리던 집단들의 혜택은 사라지게 되었다. 라쿠이치·라쿠자로 누구든지 원하는 곳에서 장사를 할 수 있게 되었다. 이는 상업 활성화를 목표로 추진된 경제 정책이었다. 그전까지는 정해진 구역 안에서만 상업 활동이 허용되었다. 라쿠이치와 라쿠자는 일반 백성들의 점포 개설과 자유로운 영업 활동을 보장해 주었다. 이전에 상인들은 상품의 제조, 판매, 수출입 및 유통에 대한 특권을 가지고 있었다. 이들 상인 이외의 사람들에게는 세금이 부과되었다. 당시 일본에서 무사 계급은 농지와 농민을 지배했고, 사찰·신사 및 궁정 귀족들은 이치(시장)와 자(조합)를 독점하며 상업과 유통업을 장악했다. 노부나가가 라쿠이치·라쿠자령(樂市楽座令)을 선포한 것은 사원, 신사, 궁정 귀족들이 누리던 특권을 박탈하기 위한 조치였다. 그렇게 함으로써 모든 지역에서 무사 계급이 영지를 안정적으로 지배할 수 있는 토대를 마련하려는 위한 목적도 있었다.

노부나가는 자신의 영지 내 세키쇼(關所)를 철폐하고 상품의 자유로운 통행을 허용했다. 세키쇼란 통행료를 받는 관문이다. 당시 지방의 유력자들은 영지로 드나드는 주요 길목마다 세키쇼를 설치하여 통행료를 거두었다. 통행이 잦은 지역에는 몇 백 미터마다 세키쇼가 늘어서 있었다. 노부나가는 지역마다 난립하던 세키쇼를 과감히 철폐함으로써, 사람과 물자의 자유로운 흐름을 가능하게 했다. 한편 노부나가는 키나이(畿内) 지역의 입구에 강을 가로지르는 다리를 건설했다. 또한 도로 성능을 개선하기 위해 바위를 깎아 가파른 언덕길을 완만하게 만들었다. 아울러 주요 도로를 3.5미터로 확장하고, 그 양쪽에 일정 간격마다 소나무와 버드나무 등 가로수도 심었다. 노부나가는 육상 교통뿐만 아니라 비와코(琵琶湖)의 수로와 이세만(伊勢湾)과 세토내해(瀬戸内海)의 바닷길을 포함한 해상 교통망도 발달시켰다. 이 조치로 사람들의 통행이 자유로워졌을 뿐만 아니라, 상품의 운송 역시 자유로워졌다. 그렇게 해서 유통은 더욱 촉진되었다. 물류의 발달은 경제적 측면뿐 아니라 군사적 측면에서도 이익을 가져왔다. 노부나가는 병사와 군수품을 신속하고 안정적으로 전장에 투입할 수 있게 되었다.

센고쿠 시대의 다이묘들은 거점을 쉽게 변경하지 않았다. 그래서 원정 전투가 끝나면 반드시 고향으로 돌아갔다. 교토에서 멀리 떨어진 다케다(武田)나 우에스기(上杉) 등의 씨족들은 교토로 진출하기도 어려웠다. 그러나 노부나가는 영토가 확대됨에 따라 계속해서 자신의 거점을 옮겼다. 전국 통일에 필수적인 교토를 효과적으로 지배하기 위해서였다. 그는 쇼바타(勝幡), 기요스(淸須), 코마키야마(小牧山), 기후(岐阜), 아즈치(安土) 등으로 거점을 계속 옮겼다. 죽기 직전까지도 노부나가는 새로운 거점이 될 성을 오사카에 건설하고 있었다. 그는 항상 지역 균형의 결절점에 도시기반을 구축했다. 또한 공공의 안정과 평화를 보장함으로써, 지역 경제의 발전과 자본의 도시 집중을 촉진했다.

노부나가는 막대한 경제력을 바탕으로, 고마키야마, 아즈치 등지에 전례 없는 규모의 석성(石城)을 축조했다. 또한 이들 성을 하나로 연결된 성곽 경제도시로 건설함으로써 경쟁 상대들을 압도해 나갔다. 노부나가는 성곽 건설 등 토목사업을 통해 전국에 자신의 막강한 권력을 성공적으로 과시했다.

노부나가는 새로운 화폐 제도를 도입하는 금융 개혁도 단행했다. 그는 1569년 일본 근대 통화정책의 시초로 평가받고 있는 '에이로쿠(永祿) 12법'을 제정했다. 그 가운데 선전령(選錢令)은 '유통되는 돈의 양을 늘리는 것'과 '나쁜 돈의 유입을 막는 것'을 동시에 겨냥한 획기적인 법령이었다. 고정환율제를 도입했고, 무질서하게 뒤섞여 유통되던 동전을 표준주화와 변질주화로 명확히 구분했다. 오다 가문의 보증으로 다른 지역에서는 쇠퇴한 동전들이 가치를 회복하게 되었다. 상업 거래에서 제외되던 많은 동전들이 되살아났다. 그만큼 상업상의 거래도 안정되었다. 동시에 환율에 따라 동전의 가치를 차등화함으로써 변질된 동전이 과도하게 유입되는 것을 방지했다. 노부나가는 또한 금과 은을 화폐로 사용함으로써 고액의 상품 거래를 가능하게 했다. 노부나가 자신도 메이부쓰가리(名物狩り, 명물 사냥)에서 지불수단으로 금과 은을 사용함으로써 금은의 유통 촉진에 기여했다.

> 병농분리를 통해 전업 상비군을 조직하고, 철포로 무장한 특수부대를 창설하다. 효율적이고 전문화된 군대를 양성·운용하여 (professionalization & efficient operation) 하여 중세 일본의 전투방식을 전면적으로 혁신하다. 이는 군대의 전문화와 효율적 운영을 통한 체계적 혁신의 대표 사례로 평가된다.

> 오늘날 리더는 뛰어난 통찰력(insightful foresight)으로 불확실한 미래를 준비해야 한다. 통찰력은 복잡한 상황 속에서 본질을 예리하게 꿰뚫어 보고, 위기를 기회로 전환하는 리더십의 원천(enabling the organization to adapt flexibly to rapid environmental changes)이다. 리더는 이를 바탕으로 급격한 환경 변화에 조직을 유연하게 적응시키고, 동시에 효율적인 조직 시스템 혁신을 지속 추진해야 한다. 나아가 조직 내에 전문가 집단을 양성(expert cultivation & system innovation) 함으로써, 조직의 전문성과 실행력을 강화해 지속 가능한 성과를 달성해야 한다.

센고쿠 다이묘(戰國大名)들은 보다 많은 영지를 차지하기 위해 격렬한 전투를 이어갔다. 16세기 후반 일본의 군대는 병농일치의 농민병이 일반적이었다. 강력하고 영향력 있는 다이묘였던 노부나가는 센고쿠 시대의 군대 편제에서 혁신적인 제도를 도입했다. 그는 일본의 전통적인 병농일치 농민군과 구별되는 병농분리 전업 상비군을 창설하고 운영했다. 당시 일본의 사회 구조는 사무라이가 군대의 장교 역할을 하고, 농민은 토지를 경작하며 군역을 졌으며, 다이묘는 영지 전체를 총괄적으로 지배했다. 그것은 위계 중심의 엄격한 봉건 체제를 기반으로 했다. 일반 장정은 평시엔 농민으로서 논과 밭의 경작에 종사했다. 그러다가 전투가 벌어지면 곡괭이와 쟁기 대신 무기를 들고 군진에 참여하여 영주의 지휘를 받았다. 노부나가는 고쿠닌(国人) 영주는 물론, 반농반사(半農半士)의 토호(지쇼〈地侍〉)급까지 자신의 성 아래 집결시켜 전문적인 군대를 만들었다. 일본의 전통적인 군대 지휘계층은 사무라이들이었다. 그들은 토지와 특권을 대가로 다이묘를 섬기는 숙련된 전사였다. 따라서 전국시대 초기 전장의 주력은 단연 사무라이 집단이었다.

센고쿠 시대가 장기화하면서 전쟁의 규모가 커지고 전투도 점점 더 치열해졌다. 따라서 기존의 방식대로 사무라이들로만 전투를 치르기에는 역부족일 수밖에 없었다. 이에 각 다이묘들은 아시가루(足輕)라는 농민 보병 부대를 집단적으로 운용하기 시작했다. 본래 아시가루는 농민들이 자체 무장을 한 향촌의 방어 조직이었다. 사무라이와 달리 아시가루는 전통적인 무사 계급이 아니었다. 그러나 전쟁이 치열해지면서 일부 다이묘들은 아시가루들을 전투에 투입하기 시작했다. 노부나가는 급여를 주고 아시가루를 대규모로 모집하여 훈련시켰다. 노부나가는 아시가루에게 조총과 기타 근대식 무기를 제공하여 효율적이고 강력한 특수 부대를 창설했다. 그때부터 노부나가는 아시가루를 전장의 주력 부대로 본격 투입할 수 있게 되었다. 아시가루를 중심으로 한 노부나가의 상비군은 농사에 얽매이지 않는 직업군인이었다. 농번기에도 출동이 가능한 상비군이 갖추어진 것이다. 언제라도 신속하게 투입할 수 있는 보다 효율적이고 전문화된 군대의 동원이 가능해졌다.

노부나가는 병과에 따라 아시가루를 장창(長槍) 아시가루, 궁시(弓矢) 아시가루, 철포(鐵砲) 아시가루 등 세 종류로 나누었다. 일본의 장창은 다이묘 별로 근소한 차이는 있었지만 대체로 길이가 3.6m 정도였다. 노부나가 군은 이보다 더 긴 5.5m~6.4m짜리 장창을 사용했다. 아시가루가 사용하는 장창의 길이를 사무라이들이 사용하는 창 보다 길게 만든 이유는 멀리 떨어진 거리에서도 타격할 수 있게 하려는 목적이었다. 하지만 창의 길이가 길어지는데 비례하여 다루기는 그만큼 더 힘들어졌다. 아시가루들이 사용하는 장창으로는 정확한 찌르기 공격이 어려웠다.

　따라서 아시가루들의 장창 사용법은 사무라이들과 달리 찌르기가 아니라 내려치는 타격방식이었다. 아시가루의 장창 사용법이 타격 방식이었기 때문에 농민 출신이 많은 아시가루들에게는 꽤 유용한 전투 방식이었다. 아시가루들은 횡대로 길게 늘어서서 일제히 적을 타격하는 전투방식을 구사했다.

　센고쿠 시대 초기만 하더라도 전장에서 장창 아시가루가 차지하는 비중이 높았다. 그러나 전국시대 후기 들어 장창 아시가루의 비중은 점차 축소되었다. 대신 궁시(弓矢) 아시가루와 철포(鐵砲) 아시가루의 비중이 늘어나기 시작했다. 오다 노부나가가 중시했던 것이 바로 철포 아시가루였다. 이들은 포르투갈 상인들로부터 입수한 신무기인 조총을 사용했다. 노부나가 시대 이전에도 철포는 존재했었다. 그러나 노부나가는 철포의 성능을 개량하고 사격에서 3단 일제사격 방식의 혁신을 이루었다. 상비군의 병기로서, 노부나가는 철포를 최대한 활용했다. 물론 철포가 노부나가의 전용무기는 아니었다. 그러나 가장 먼저 대량으로 철포를 구입하여 전투에 효과적이고 효율적으로 활용한 사람은 노부나가였다. 나가시노 전투에서 다케다 가쓰요리(武田勝賴)의 막강 기마군단이 3단 철포 발사에 의한 노부나가 군의 집중 사격에 무너진 것은 특기할 만한 사실이다. 노부나가는 2㎞가 넘는 마방책을 설치하고, 마방책에 조총을 거치한 다음 일제 사격을 가했다. 다케다의 기마대는 신무기인 조총 사격에 허무하게 무너졌다. 그날 나가시노의 마방책 앞에서 울려 퍼진 총성으로 낡은 일본을 지배해 온 중세 시대는 종말을 고했다. 바야흐로 새로운 시대가 시작되었음을 알리는 본격적인 신호탄이 올랐다.

노부나가의 철포 아시가루들은 보통 25~50명이 한 조를 이루었다. 대체로 3천 명이 1천 명씩 3열로 늘어서서 시간차를 두고 일제 사격을 가했다. 흥미로운 사실은 철포 아시가루들의 사격 방식은 신속성 보다는 정확성에 역점을 두었다. 이는 전공(戰功)을 중시하는 일본 전국시대 특유의 공적(功績) 문화의 영향 때문이었다. 그러나 명중률에 얽매이면서 사격 속도가 눈에 띄게 저하되었다.. 이런 단점을 보완하기 위해 노부나가는 철포 아시가루들 앞에 마방책(馬防柵)을 설치하고 그 뒤에서 삼단 사격을 실시하는 혁신적인 방식을 채택한 것이다.

센고쿠 시대 후기의 진도(陣圖)인 『교기휘하진례(敎旗麾下陳例)』에 따르면, 제1열에 철포와 궁시 아시가루, 제2열에 사무라이, 제3열에 장창 아시가루가 배치되어 있어, 전국시대 후기에는 장창 아시가루가 조총으로 무장한 철포 아시가루로 대체되었음을 알 수 있다. 그리고 전국시대의 이러한 혁신적인 변화를 가장 선도적으로 이끈 인물이 바로 오다 노부나가였다.

> 대담한 발상력과 과감한 결단(bold vision & decisive action)으로 상대의 급소를 정확히 공략하고, 전투에서는 항상 앞장을 서며 모범을 보이다. 또한 지속적인 정보 수집과 분석을 통해 전력의 열세를 만회할 방안을 끊임없이 찾아내다(continuous intelligence & strategic response).
>
> 오늘날에도 리더는 위기 상황에서 현실을 냉철하고 예리하게 직시하며 신속하게 판단해야 한다. 이를 위해 위기의 원인과 해결 방법을 숙고하고, 현실적이고 실행 가능한 전략적 대응 방안을 마련해야 한다. 이 과정에서 요구되는 핵심 역량은 애자일 사고방식이다(agile thinking & adaptability). 이는 변화에 유연하게 대응하고, 학습과 개선을 반복하며 조직을 진화시키는 능력이다. 해결방안이 마련되면, 리더는 경영의 최일선에서 혁신적 아

제5장 오다 노부나가

이디어와 실행 역량을 바탕으로 과감하고 신속하게 위기를 극복해야 한다.

오다 노부나가는 일본 역사상 가장 독창적인 인물이다. 그는 기발한 발상과 독창적인 행동으로 전국시대 일본의 천하통일을 도모했다. 그와 어깨를 견줄 만한 지도자는 과거에도 없었고, 현재 그리고 미래에도 아마 출현하기 힘들 것이다. 노부나가가 그의 비범한 발상력과 과감한 결단력을 세상에 처음 드러낸 무대는 오케하자마(桶狹間) 전투였다.

오케하자마 전투는 에이로쿠(永禄) 3년, 즉 서기 1560년에 벌어졌다. 이 전투는 2만 5천 명의 대군을 이끌고 자신의 영지인 오와리(尾張)국을 침공한 이마가와 요시모토(今川義元)를 오다 노부나가가 소수의 병력으로 물리친 전투이다. 기습공격을 가해 요시모토를 죽이고 이마가와 군을 패퇴시켜 역사상 가장 화려한 역전극으로 평가받는 유명한 전투이다. 이 한 번의 전투로 도카이(東海) 지방에 세력을 확대하던 이마가와 가문은 몰락했다. 승리한 노부나가는 이후 기나이(畿内) 제패를 향해 발돋움했고, 전국시대를 호령할 수 있는 중요한 전기를 마련했다. 이쓰쿠시마(厳島) 전투, 가와고에성(河越城) 전투와 더불어 일본의 3대 야전(夜戰) 중의 하나로 불린다.

1560년 약관 스물여섯 살의 노부나가는 오와리 지방을 지배하는 작은 영주인 다이묘(大名)에 불과했다. 반면 요시모토는 현재의 일본 동쪽 시즈오카현 스루가(駿河) 지방의 다이묘로서 당시 가장 많은 군대를 동원할 수 있는 능력이 있었다. 오케하자마 전투는 바로 이 요시모토의 대군과 맞붙어 기습공격으로 요시모토의 목을 베어버린 멋진 전투였다. 노부나가는 이 한 번의 전투로 세상을 놀라게 하고 노부나가라는 이름을 역사에 각인시켰다.

  당시 이마가와 요시모토는 스루가, 도토미(遠江), 미카와(三河, 현재의 아이치현 동부) 등 규모가 큰 지방의 영지 3곳을 지배하고 있었다. 그는 1560년 봄 천황이 있는 교토(京都)로 진출하기 위해 2만 5천 명의 상경군을 이끌고 서쪽으로 진군하기 시작했다. 당시 다이묘들은 한결같이 교토로 상경하여 천황을 자기편으로 끌어들여야만 천하를 얻을 수 있다고 믿었다. 그래야 권력의 정당성과 명분을 확보할 수 있다는 상징성이 컸다. 요시모토가 이끄는 군대가 교토로 상경하기 위해서는 반드시 노부나가가 다스리던 오와리 지방을 통과해야 했다. 이마가와 가(家)와 오다 가(家)의 싸움은 피할 수 없었다. 노부나가는 위기의 원인인 이마가와 가문을 근원적으로 제거하기로 결심했다.

  노부나가는 고작 5천 명의 병력으로 2만 5천 명의 대군을 막는 전략을 수립한 뒤, 전투준비를 지시했다 그러나 요시모토의 대군이 가까이 진격해 오고 있음에도, 노부나가는 나가 싸울 생각을 하지 않았다. 심지어 자주 낮잠을 자며 주변의 군신들을 안타깝게 했다. 결전 당일에는 무더운 날씨를 고려해 부하 장졸들에게 갑옷을 벗고 시원하게 휴식하라 명했다. 군신들은 당혹스럽고 기가 막힐 뿐이었다. 그러나 노부나가는 그저 낮잠을 자며 쉬고 있는 것이 아니었다.

노부나가는 요시모토군의 진격으로 주변에 상인, 승려 등으로 위장한 정보원들을 풀어 놓고 요시모토군의 동정을 끈질기게 살피고 있었다. 470년 전에 노부나가는 인적 네트워크를 활용한 휴민트(HUMINT, human intelligence) 시스템을 가동하고 있었다. 노부나가는 이렇게 수집된 정보를 토대로 전략을 수립하고 있었다. 5월 19일 새벽부터 이슬비가 내리기 시작했다. 오케하자마에 도착한 적장 요시모토는 병사들과 말에게 휴식을 취하게 했다. 노부나가는 요시모토 군의 본진이 오케 계곡에서 휴식할 것이라는 정보를 보고받았다. 또한 요시모토 본인은 덴카쿠 계곡에서 휴식하며 점심을 먹을 것이라는 정보를 입수했다. 노부나가는 가신들의 간언을 뿌리치고 나카지마(中島) 요새로 이동했다. 이때 그를 따르는 병력은 겨우 2천 명에 불과했다.

노부나가는 덴카쿠 계곡의 뒷산을 우회하여 요시모토 군영 가까이 접근했다. 노부나가의 병사들이 산기슭에 도착하자 갑자기 하늘이 흐려지더니 강풍이 불며 큰 비가 내렸다. 이에 노부나가는 창을 높이 치켜들고 큰 소리로 총공격을 명했다. 노부나가는 별동대 2천 명을 이끌고 전광석화와 같이 요시모토 군의 중앙 본진을 급습했다. 그리고 요시모토의 목을 베어버렸다. 하늘이 어둡고 빗줄기가 쏟아지고 있어 요시모토 군이 노부나가의 기습을 알아차리기는 어려웠다. 노부나가는 요시모토 군이 도카이도(東海道)의 협곡을 지날 때 측면에서 공격해야겠다는 기습 전략을 미리 수립해 놓고 있었다. 불과 2천 명의 병사로 3만 명에 가까운 요시모토 군과 맞서 싸운다는 것은 현실적으로 거의 자살행위나 다름이 없었다.

그러나 노부나가는 기습작전을 세운 뒤, 기회가 오자 오부나가 자신이 먼저 말을 몰아 적진을 향해 돌진했다. 그는 스스로 과감한 결단력과 적극적인 솔선수범의 모습을 보여줌으로써 유쾌하게 승리할 수 있었다. 그리고 바로 퇴각했다. 일단 적장의 목을 벤 후 바로 퇴각함으로써 전투 병력 손실을 최소화한다는 것이 그의 또 다른 전략이었다. 노부나가는 전쟁은 물론이고 전투의 세부사항 하나하나까지 엄밀한 계산 아래 실행했다.

전국시대는 쌀 수확량이 곧 군사력을 의미했다. 당시 요시모토가 지배하는 영지의 쌀 수확량은 120만 석이었다. 그러나 노부나가가 영지에서 수확할 수 있는 쌀의 양은 겨우 20만 석에 불과했다. 군사의 수나 보급, 병참 등 모든 측면에서 전력은 비교가 되지 않았다. 아무도 예상하지 못했으나, 노부나가는 치밀한 정보 수집과 기습 전략으로 화려한 승리를 거두었다. 노부나가가 전투에 임할 때 가장 중시한 것은 단순한 병력의 수가 아니었다. 그는 정확한 정보에 근거하여 군사작전을 수립했다. 그 다음에는 과감히 실행하는 결단력이 중요하다고 판단했다. 노부나가는 그것을 멋지게 증명했다.

> 엄격한 군율을 세우고 내부개혁을 위해 오랜 가신들을 정리하다. 자신이 목표로 삼은 새로운 체제를 실현하기 위해 가신 그룹 전체의 정신 혁명을 시작하다. 의식개혁(mindset innovation & value transformation)을 통해 가신들로 하여금 삶의 태도와 가치관을 성찰하게 하고, 내면적 변화를 이끌어내다.
>
> 현대의 리더 역시 윤리경영과 준법경영을 기반으로 철저한 내부 통제를 강화하여(strict governance & compliance leadership), 조직의 신뢰와 대외 이미지를 긍정적으로 제고해야 한다. 또한 업종전환, 신사업 발굴, 자회사 통폐합 등과 같은 조직 혁신 과정에 장애가 되는 인력에 대해서는, 선대부터 근무한 임원이라도 과감하게 정리할 수 있어야 한다(bold personnel reform). 이런 인사운영과 조직 혁신 추진이야말로 변화하는 환경 속에서 지속 가능한 성장을 달성하는 리더십(transformational execution leadership)의 핵심이다.

노부나가의 군대에는 "잇센기리'(一錢斬り)라는 규율이 있었다. 잇센기리는 개인적으로 한 푼이라도 훔치거나 약탈하면 목을 벤다는 뜻이다. 현대를 사는 우리로서는 상상할 수 없는 엄격한 지휘 규율이다. 노부나가의 지휘관에게는 남에게 재산상 손해를 끼치는 병사에 대해서는 재량껏 제재할 수 있는 권한이 주어졌다. 아시가루와 하급자를 포함한 모든 가신들이 명령 없이 한 푼이라도 약탈하거나 훔치면 사형에 처했다. 노부나가는 전국시대 당시 다케다(武田)나 우에스기(上杉)와 같은 여느 센고쿠 다이묘들과 전혀 달랐다. 그들은 전투에서 승리하면 가신들이 인근 마을을 습격해 약탈하고 노획하는 것을 관행적으로 묵인했다. 그래서 그들의 군대에는 많은 병사들이 눈을 번득이며, 약탈을 통해 한몫 단단히 잡으려고 전쟁에 뛰어든 경우가 허다했다.

전투가 끝난 후, 인신매매업자들이 노예시장을 열어 포로로 잡힌 백성들을 사고파는 것도 흔한 일이었다. 그러나 노부나가는 이런 것들을 일절 허용하지 않았다. 심지어 자기 휘하의 병사들이 백성들을 상대로 폭행을 저지르거나 폭력을 가하는 것조차 금했다. 노부나가는 군대에서 필요한 식재료와 용품은 정당한 가격을 지불하고 구입했다. 게다가 노부나가는 장사를 방해하는 인근의 폭력배와 노상강도나 도적들에게 엄격한 태도를 취했다. 그 결과 노부나가가 오와리 지방을 통일한 후에는 치안상태가 매우 좋아졌다. 상인들이 길가에서 낮잠을 자도 좋을 정도였다. 이런 엄격한 규율과 단속으로 노부나가는 백성들의 지지를 얻었다. 그래서 일본 전체의 평정이라는 목표를 향해 나아갈 수 있었다. 노부나가의 뒤를 이어 전국시대를 종식시키고 에도막부(江戶幕府)를 설립한 도쿠가와 이에야스(德川家康)도 노부나가로부터 엄격한 군기를 물려받아 민심을 얻는 데 성공했다. 현대적인 의미로 해석하자면, 조직 내 엄격한 윤리경영과 준법경영 규칙을 마련하고, 이를 강력한 의지로 실천함으로써 조직의 위상과 대외 이미지를 제고한 것이다.

이시야마 혼간지(石山 本願寺)는 오사카에 있던 정토진종(淨土眞宗)의 본산이었다. 잇코센슈(一向專修)를 종(宗)으로 하는 정토교계의 종파는 널리 일향종(一向宗)으로 불렸다. 그 신도들은 잇코슈(一向衆)라고 칭했다. 혼간지는 노부나가가 강한 압박을 가하자 전국의 정토진종 계열 승려들과 신도들을 규합하여 노부나가에 대항했다. 일체화된 연대 정신을 공유하는 사람들로 구성된 집단과 그 집단의 무장봉기를 잇키(一揆)라고 한다. 잇코잇키(一向一揆)는 일향종의 승려와 신도들이 노부나가에게 대항한 무장봉기를 의미했다. 노부나가에게 잇코잇키는 다케다 신겐 등 쟁쟁한 다이묘들을 제치고, 당대 최대의 적으로 떠올랐다.

노부나가는 격렬하게 저항하던 이시야마 혼간지를 물리쳤다. 그리고 강제로 오사카에서 물러나게 했다. 노부나가는 덴카후부(天下布武)의 토대가 거의 완성되었다고 판단했다. 그는 후속 작업에 착수했다. 새로운 체제를 실현하기 위한 정신혁명을 시작했다. 처음부터 극적인 장면이 연출되었다. 아니 무력에 의한 전쟁보다 격렬했다. 일종의 내면 전쟁인 의식개혁에는 삶의 태도에 대한 성찰과 반성이 요구되기 때문이었다.

노부나가는 자기 주변의 가신들을 냉정하게 평가해 보았다. 새로운 일을 시작하기 전에 주변 인물들을 정리하고 조율하는 것이 그의 통치 방식이었다. 새로운 정책을 실행하려면 먼저 본보기를 보여야 한다. 그렇게 하지 않으면 다른 사람들의 동의와 협조를 구할 수 없다. 1580년 8월 초 혼간지가 오사카에서 물러나자 노부나가는 곧바로 중신들 가운데 핵심인물인 사쿠마 노부모리(佐久間 信盛)를 추방했다. 노부나가는 그렇게 내부개혁을 시작하는 신호탄을 쏘아 올렸다.

이 사건은 노부나가 밑에서 봉직하던 많은 가신들에게 전쟁에서 패한 것보다 더 큰 충격을 안겼다. 노부모리는 노부나가의 아버지 노부히데를 모시던 오다 군의 부장이었다. 1556년 노부히데 사후 많은 중신들은 노부나가의 동생 노부유키(信行)를 옹립하려고 했다. 그들이 노부나가를 적대시했을 때 노부모리는 노부나가 쪽에 섰다. 그 후 20여 년을 동고동락한 공신이었다. 그렇다면 노부나가는 무슨 이유로 노부모리를 추방했을까?

노부나가는 노부모리의 추방을 알리는 장문의 글을 써 보냈다. 흠잡을 데 없이 논리 정연한 글이었다. 노부나가의 예리한 통찰력과 현실에 대한 분석력이 돋보이는 명문이었다. 노부모리는 이시야마 혼간지 공위군((攻圍軍, 공격하여 포위하는 군대) 사령관을 지낸 5년 동안 어떤 움직임도 보이지 않았다. 노부모리는 적극적으로 공격하지도 않았고, 그렇다고 다른 전략을 세우지도 않았다. 노부모리는 적이 노부나가의 위세에 눌려 스스로 물러나길 바라며 수수방관했다. 노부나가는 이러한 노부모리의 무사안일을 질책했던 것이다.

노부나가는 장수가 무사안일에 빠지는 것은 무사도가 아니라고 판단했다. 노부나가는 어떤 상황에서도 기회를 잡아 일전을 벌어야 한다고 믿었다. 그것이 노부모리 부자를 위하는 일이자 노부나가 자신을 위하는 일이라고 생각했다. 그렇게 해야 병사들의 수고도 덜어줄 수 있었을 것이라고 판단했다. 그런데도 노부모리가 전쟁을 지나치게 오래 끌어 바람직하지 못한 결과를 초래했다고 질타했다. 또한 군사작전에 자신이 없으면 다른 사람을 활용해서라도 작전을 수립하고, 그래도 미흡한 점이 있으면 자신에게 보고하여 의견을 물었어야 했다고 꾸짖었다. 노부나가는 5년 동안 한 번도 그렇게 하지 않은 노부모리의 태만한 태도를 지적했다. 대기업 계열사의 경험 많은 원로급 사장이 그룹의 젊은 회장에게 5년 동안 단 한 번의 상의도 하지 않고 의견을 구하지 않는다면 그 사장이 자리를 보전할 수 있겠는가?

노부나가는 노부모리 부자가 태만하여 새로운 인재를 등용하지 않은 점도 나무랐다 재산을 늘리는 데에만 몰두하여 그와 같은 사태가 벌어졌다고 강한 어조로 질책했다. 노부모리 부자가 추방되고 얼마 후인 8월 중순 노부나가는 또 다른 중신 하야시 히데사다(林 秀貞), 안도 모리나리(安藤守就) 부자, 니와 우콘(丹羽右近) 등을 추방했다. 표면적인 이유는 24년 전인 1556년 노부나가가 형제들의 반란을 당했을 때, 그것을 노려 야심을 품었다는 것이다. 그러나 진짜 이유는 덴카후부라는 자신의 이상을 따르는 자와 따르지 않은 자를 분리해 낸 것이었다. 따르지 않는 자들은 대부분 나이 든 공신들로 구세대였다. 그들은 이미 장기간에 걸친 수많은 전투에 지쳐 각자 성주로서 편안하게 안주하기를 바랐다. 그들에게 노부나가의 이상은 그저 무의미하고 끝없는 전쟁의 연속일 뿐이었다. 그 결과가 태만함으로 나타났던 것이다.

노부나가는 어쩌면 전쟁보다 어렵고 힘든 새로운 국가체제 수립이라는 목표를 위해 태만함의 뿌리를 근절시켜야 했다. 모든 장수와 병사들에게 좀 더 강도 높은 긴장감을 요구하기 위해 노부나가는 과감한 수단을 동원했다. 노부나가의 이러한 충격요법은 이후 여러 장수들의 결연한 분발을 가져왔다.

어쩌면 노부나가는 2500여 년 전 춘추시대 손무(孫武)가 지은 손자병법(孫子兵法)을 탐독했는지도 모르겠다. 노부모리의 추방사유로 노부나가가 제시한 이유와 유사한 표현이 손자병법 제2장 작전편에 나온다. "전쟁을 해서 이길지라도 시간을 오래 끌면 병기가 무디어지고 병사들의 사기가 떨어진다. 그리하여 군대가 성을 공격하면 곧 힘이 다하고, 또한 전투가 길어지면 나라의 재정이 바닥나게 된다. 병기가 무디어지고 군대의 날카로운 기운이 꺾이고 힘이 떨어지며, 나라 살림이 바닥나면 그 틈을 이용하여 이웃의 제후들이 일어날 것이다. 그러므로 전쟁은 졸속으로 치르는 한이 있더라도 빨리 끝내야 한다는 말은 들었어도, 뛰어난 작전치고 오래 끄는 것을 본 적이 없다. 무릇 질질 끄는 전쟁이 나라에 혜택을 가져다준 적이 지금까지 없었다." 삼성그룹의 고 이건희 회장도 1993년 삼성 사장단 회의에서 위의 작전편 글귀를 인용한 발언으로 그룹 전체의 각성과 신경영을 촉구한 바 있었다.

현대의 리더들도 노부나가의 내부개혁과 윤리경영의 교훈을 연구해 볼 필요가 있다. 개혁이든 사업이든 일단 시작하려면 빨리 시작해서 빨리 끝내는 것이 좋다. 완벽한 정보를 토대로 철저하게 검토하고 확실하게 시작하려 들면 시기를 놓친다. 꾸물대면 경쟁 기업이나 다른 조직이 먼저 시작해서 큰 성공을 거두게 될 것이다. 그렇게 되면 철저한 정보수집과 장기간의 검토와 치밀한 계획이 모두 허사가 되어 버리지 않겠는가!

공을 세운 가신들에게 성과에 상응하는 다양한 보상을 실시하다 (reward & performance management). 공정하고 명확한 평가

> 기준에 의거 영지 하사, 관직 임명, 다기 하사 등의 인센티브를 제공함(contingent reward leadership)으로써, 구성원들의 참여와 헌신을 극대화하다.
>
> 리더는 성과 중심의 보상체계를 구축(establishing a performance-driven compensation system)하여 조직을 운영해야 한다. 인간은 자신에게 이익이 될 때 가장 적극적으로 행동하는 성향이 있으므로, 리더는 이러한 심리적 동기를 이해해야 한다(motivational psychology). 따라서 다양한 금전적·비금전적 인센티브를 적절히 활용하여 구성원의 사기 앙양과 동기부여를 강화하고, 개인 및 조직 목표 달성을 촉진하는 것이 중요하다.

성과보상제도는 기관이나 조직이 구성원들의 성과를 인정하고 보상하는 제도이다. 구성원들에게 일의 가치를 느끼게 하고 성취동기를 부여하는 중요한 역할을 한다. 성과보상 제도는 구성원들이 보다 높은 수준의 성과를 창출하고 성장할 수 있도록 독려한다. 또한 조직과 구성원 간 상호 이익을 제고하는데 중요한 역할을 한다. 노부나가는 다양한 성과보상을 실시함으로써 조직을 효과적으로 이끌었다.

성과보상을 실시하는데 있어 가장 중요한 기준은 공정성과 투명성이다. 노부나가는 명확하고 공정한 기준에 의거 수하들의 성과에 대하여 보상했다. 다시 말하자면 행정업무를 담당하는 가신이나 전투에 참가하는 장졸들에게 성과에 합당한 보상을 실시했다. 그렇게 함으로써 주어진 목표를 달성하도록 자극하고 보다 높은 성과를 창출할 수 있는 동기를 부여했다. 보상은 단순한 금전적 보상뿐만 아니라 인정과 격려의 말, 다기(茶器) 하사 등 다양한 형태를 망라했다. 이를 통해 노부나가의 수하들은 자신의 노력과 성과가 합당한 방식으로 보상되는 것을 직접 느끼며 보다 큰 성취동기를 갖게 되었다.

아케치 미쓰히데(明智光秀)는 처음에는 사이토 도산(斎藤道三)의 가신이었다. 도산이 죽은 뒤에 오다 노부나가의 가신으로 활약했다. 수많은 전공을 세운 미쓰히데에게 1572년 경 노부나가는 오미노쿠니(近江国)의 시가(滋賀) 일원을 영지로 하사했다. 미쓰히데는 그곳에 사카모토(坂本)성을 축조하고 성주가 되었다. 성주가 된 미쓰히데는 1579년에 단바노쿠니(丹波国)를 평정했다. 노부나가는 그의 공적을 기려 그곳도 미쓰히데에게 하사했다. 미쓰히데는 그곳에 가메야마 산성(亀山城)과 요코야마 산성(横山城) 등을 건설했다. 그런 미쓰히데에게 노부나가는 1582년 혼노지에서 변을 당하고 생을 마감했다. 성과보상은 제대로 했으나, 사람을 제대로 보지 못한 노부나가의 실책이 있었다고 하겠다.

시바타 가쓰이에(柴田勝家)는 노부나가의 아버지인 오다 노부히데 시절부터 오다 가문을 섬겼다. 노부나가 전성기에는 핵심 가로(家老)에 속했다. 그는 오다 가문 최강의 맹장으로 이름을 떨쳤다. 그래서 붙은 별명이 귀신 시바타(鬼柴田), 돌격시바타(かかれ柴田)였다. 가쓰이에는 현재의 후쿠이현(福井県) 일대인 에치젠(越前)의 아사쿠라 요시카게(朝倉義景)를 격파했다. 그 공적에 대한 보상으로 노부나가는 그에게 에치젠을 영지로 하사하고 호쿠리쿠(北陸) 방면의 공략을 담당하게 했다. 그로써 노부나가 조직 내에서 가쓰이에의 지위는 더욱 공고해졌다.

마에다 토시이에(前田利家)는 노부나가의 충성스러운 가신이자 유능한 무장으로 무기로는 창을 즐겨 썼다. 1574년 시바타 가쓰이에 휘하의 무장으로 에치젠국의 난 진압에 참가했다. 난이 평정된 후 노부나가는 토시이에에게 후츄(府中)의 10만 석 영지를 하사했다. 그는 1575년 다케다 가문을 멸망으로 이끈 나가시노(長篠) 전투에서도 핵심적인 역할을 했다. 노부나가는 토시이에의 헌신과 용기에 대한 보상으로 현재의 이시카와현(石川県) 남서부에 위치한 곡창 카가(加賀) 지역을 영지로 하사했다. 이렇게 받은 영지가 토시이에 가문의 권력과 세력의 토대가 되었다. 토시이에는 에도 시대 최대의 번으로 일컬어지는 카가번의 시조(始祖)가 되었다. 이들 이외에 니와 나가히데(丹羽長秀), 하시바 히데요시(羽柴秀吉), 다키가와 카즈마스(滝川一益), 사쿠마 노부모리(佐久間信盛) 등 노부나가가 영지를 하사하여 성과보상을 해 준 가신들이 많았다. 영지 하사는 공적에 대한 실질적인 보상은 물론 가신들의 충성심과 안정성을 강화하는 데 기여했다.

노부나가는 전투에 승리하게 되면 의례 영지를 점령하고 금은보화를 챙김과 동시에 이런저런 전리품을 수거했다. 개인약탈은 금지되어 있었다. 노부나가는 전투 후 수거된 전리품을 그의 주요 장수들과 일반 병사들에게 공적과 성과에 따라 공정하게 분배했다. 전투 참가 시 자신에 대한 충성심과 분발을 더욱 고취하기 위한 목적이었다.

노부나가는 보상의 한 형태로 공적이 큰 수하에게는 제법 높은 관위(官位)를 내리거나 명예로운 호칭을 부여하기도 했다. 이러한 관위나 칭호는 수령인의 사회적 지위를 높여주었다. 수령인은 자신이 다스리는 영지 내에서는 물론 봉건 일본의 정치·사회적 환경에서 위상이 강화되고 존경을 받았다. 사쿠마 노부모리(佐久間信盛)는 가신으로 신뢰받는 장군이었다. 그는 수많은 전투에서 핵심적인 역할을 담당했다. 노부나가는 그의 공적을 인정하여 그에게 나가토쿠니(長門国)의 수장인 나가토노카미(長門守)라는 관위를 주었다. 니와 나가히데는 행정적·군사적 능력이 출중했다. 노부나가는 그의 공로를 높이 치하하고 이즈미쿠니(和泉国)의 수장인 이즈미노카미(和泉守)에 임명했다. 타키가와 카즈마스(滝川一益)는 노부나가 휘하에서 시바타 카츠이에(柴田勝家), 니와 나가히데(丹羽長秀), 하시바 히데요시(羽柴秀吉), 아케치 미츠히데(明智光

秀)와 어깨를 견줄 무장이었다. 군사적 재능이 특히 뛰어나 '나아갈 때도 타키가와, 물러날 때도 타키가와(進むも滝川、退くも滝川)'라 일컬어졌다. 전장에서는 항상 최고의 용맹을 필요로 하는 선봉을 맡았다. 선봉대장 이상으로 수행하기 어려운 후퇴시의 방어군 대장도 그가 맡았다. 노부나가는 그의 공을 인정하여 에치젠쿠니(越前国)의 수장인 에치젠노카미(越前守)에 임명했다. 이들 이외에도 공을 세우고 영지와 관위를 하사받은 가신들은 부지기수였다. 노부나가는 명예와 관위를 활용하여 가신들의 공로에 대해 보상하고 자신의 대의에 대한 충성심과 헌신을 강화했다.

노부나가가 다기(茶器)의 가치를 알게 된 것은 1568년 쇼군 아시카가 요시아키(足利義昭)를 옹립하고 교토(京都)로 상락한 직후였다. 야마토(大和)의 다이묘였던 마츠나가 히사히데(松永久秀)가 츠쿠모나스비(付藻茄子)라는 작은 다기를 노부나가에게 진상했다. 처음엔 노부나가도 그 작은 다기의 가치를 알아보지 못했다. 그러나 사카이의 센 리큐(千利休) 등과 접하고 나서 명물다기의 가치를 알게 되었다. 이윽고 그는 그 다기가 '토지를 대신할 가치'를 지닌 물건이라는 것에 주목했다. 1569년 명물사냥(名物狩り)의 일환으로 니와 나가히데(丹羽長秀)와 마츠이 유칸(松井友閑)에게 명하여, 호상들이 가지고 있는 명물다기를 사들이게 했다. 그 후 자신이 모은 명물다기를 공을 세운 가신들에게 토지 대신의 은상(恩賞)으로 하사했다. 다기에 토지와 같은 가치를 부여한 셈이었다. 이것을 노부나가의 다도정치(御茶湯御政道, 온차노유고세이도)라고 했다.

　1582년 노부나가군이 타케다 카츠요리(武田勝賴)를 공격했다. 카츠요리는 카이노쿠니(甲斐国)의 다노(田野)라는 곳에서 자결했다. 이 전투에서 노부나가군의 선봉으로 공을 세운 사람은 타키가와 카즈마스(滝川一益)였다. 노부나가는 카즈마스에게 코즈케쿠니(上野国)와 시나노(信濃)의 사쿠(佐久)와 치이사가타(小県)의 영지를 하사했다. 그러나 카즈마스는 기뻐하지 않았다. 그는 내심 다른 가신들과 마찬가지로 차를 담는 용기인 쥬코고나스(珠光小茄子)를 하사받기 원했다. 카즈마스는 "차를 담는 용기도 받지 못하고 멀리 떨어져 다도의 즐거움마저 빼앗기게 되었다."고 한탄했다고 한다.

　조직 구성원들은 자신의 노력과 성과가 다양한 방식으로 인정되고 보상될 때 보다 큰 동기를 갖게 된다. 리더는 조직 내에 공정하고 명확한 평가 기준으로 성과를 평가할 수 있는 시스템을 갖추어야 한다. 이에 기반하여 다양한 형태의 보상을 통해 조직원들에게 동기부여를 해야 한다. 심리학자 매슬로우(Maslow)나 알더퍼(Alderfer)에 따르면 인간에게는 인정과 성장에 대한 기본적인 욕구가 있다고 한다. 리더는 구성원들에게 다양한 성과보상을 실시하여 그런 인간적 욕구를 충족시켜 주어야 한다.

참고문헌

사카구치 안고, 양혜윤 옮김, 『소설 오다 노부나가』, 도서출판 세시 2010.

노대현, 『CEO가 알아야 할 일본인 12명』, 21세기북스 2009.

아키야마 슌, 박화 옮김, 『오다 노부나가 읽는 CEO』, 21세기북스 2009.

코스믹출판, 전경아 옮김, 『일본 전국시대 130년 지정학』, 이다미디어 2022.

야마오카 소하치, 이길진 옮김, 『오다 노부나가』, 솔 2016.

임해성, 『남자라면 오다 노부나가처럼』, 엘도라도 2013.

오타 규이치, 박현석 옮김, 『신장공기, 오다 노부나가 : 인물과 사건으로 읽는 일본, 칼의 역사』, 현인 2025.

구태훈, 오다 노부나가(중세적 권위를 차갑게 베다)』, 히스토리메이커 2018.

【아미르 티무르】

제6장

아미르 티무르

경쟁에서 이기는 비결은
속도가 아니라 정보다

제6장
아미르 티무르

가. 인물의 개요

 아미르 티무르(1336년~1405년)는 중앙아시아의 탁월한 군사 지도자이자 티무르 제국의 창시자였다. 그는 중앙아시아로 이주한 몽골 귀족 바를라스 가문의 후손이었다. 그의 이름은 본래 몽골어로 테무르였다. 그러나 테무르의 페르시아어 표기인 티무르라는 이름으로 더 잘 알려져 있다. 티무르는 몽골어와 투르크어가 섞인 차가타이어를 구사하는 독실한 이슬람교도였다. 초상화를 보면 그에게는 투르크족의 피도 많이 섞인 것으로 보인다. 서구에서는 그의 이름을 테멀레인 또는 타메를란(Tamerlane)이라 한다. 티무리랑(Timur-i lang), 즉 '절름발이 티무르'라고 비하하는 페르시아식 멸칭에서 유래했다. 실제 티무르는 20대에 적군이 쏜 화살을 맞고 다리를 다쳐 평생 절뚝거렸다.

 티무르 제국은 아미르 티무르가 단기간에 이룩한 거대한 제국이었다. 그가 정복활동을 벌여 제국의 영토로 편입한 면적은 약 440만km²였다. 한반도 면적의 20배에 달하는 거대한 면적이었다. 그가 정복한 영토는 중앙아시아, 이란, 이라크, 시리아, 이집트 북부, 아프가니스탄, 파키스탄 북동부, 인도 북부, 튀르키예 북서부, 러시아의 남부(사라이, 현재의 볼고그라드 인근)를 아우르고 있었다. 복속한 영토까지 합치면 이보다 훨씬 넓다. 14세기말부터 15세기 초까지 화려하고 유서 깊은 중앙아시아의 도시와 국가들이 30년 동안 티무르에게 차례대로 정복당했다. 티무르는 칭기즈칸을 존경하고 평생 그의 뒤를 따르려 노력했다. 그러나 티무르는 칭기즈칸보다 복잡한 성격의 인물이었다. 그는 몽골계 투르크족으로 종교는 이슬람교였으나, 그가 따르는 원칙과 법률은 몽골족의 것이었다. 하지만 그가 평생 무찌르고 정복한 국가들은 대부분 투르크계, 이슬람계 및 몽골계 왕국들이었다. 그러므로 티무르는 이중의 정체성을 가로지르며 한층 불가사의한 존재이기도 했다.

중앙아시아 지역은 몽골군의 제1차 서역원정(西征, 1219년~1225년) 때 정복된 지역이었다. 1225년 정복전쟁이 끝나고 칭기즈칸은 둘째 아들인 차가타이에게 중앙아시아 일대를 영토로 분봉해 주었다. 그것이 차가타이칸국의 시작이었다. 지역적으로는 서요(西遼)의 고토였던 준가르 분지와 타림 분지 및 아무다리야강 이동(以東) 지역이 차가타이칸국의 영토에 속했다. 차가타이칸국이 건국되면서 중앙아시아 일대에서는 본격적인 몽골제국의 지배가 시작되었다. 몽골제국은 중앙아시시아의 식민지를 원활하게 통치하기 위하여 몽골의 귀족층을 중앙아시아로 이주시켰다. 귀족계층과 그들의 식솔을 따라 다수의 몽골족들이 중앙아시아에 유입되면서 현지의 피지배 식민주민들과 혼혈이 이루어졌다.

아미르 티무르가 태어나기 2년 전인 1334년 중앙아시아를 지배하던 차가타이칸국은 동과 서 두 개의 국가로 분열되었다. 서 차가타이(트란스옥시아나)와 동 차가타이(모굴리스탄)였다. 티무르가 태어난 지역은 우즈베키스탄의 사마르칸트 등을 지배하던 서 차가타이칸국이었다. 티무르가 태어난 시기는 차가타이칸국이 건국된 지 110년도 지난 시점이었다. 몽골 전통을 고수하던 이주 1, 2세대 선조들은 이미 사라지고 없었다. 소수의 지배층이었던 몽골족들은 현지 주민과의 혼혈이 빈번해지면서 점차 고유한 정체성을 상실해 갔다. 특히 이주 3, 4세대 후손들은 자신이 태어난 현지의 문화에 동화되어 아예 정체성을 잊어버린 사람들도 많았다. 따라서 중앙아시아 일대는 몽골의 전통을 지키는 후손들과 현지화된 후손들로 양분되어 있었다.

몽골의 전통을 유지하며 살아가는 사람들은 자트(Jat)라 불렸다. 자트는 몽골어를 구사하며 유목민적인 전통을 고수했다. 반면 식민지의 문화를 수용하는 한편, 중앙아시아로 이주하여 재정착에 성공한 투르크 민족들에 동화된 사람들은 카라우나스(Qaraunas)라 불렸다. 카라우나스는 이슬람으로 개종하고 투르크어를 구사했다. 자트는 주로 현재의 카자흐스탄 남부지역에 거주했고, 카라우나스는 우즈베키스탄을 주요 터전으로 삼고 있었다. 우즈베키스탄은 중앙아시아에서 이슬람이 가장 발달한 지역으로 대부분 투르크인들이 거주하고 있었다. 아미르 티무르가 출생할 당시 중앙아시아의 주도권은 자트 집단이 주도하는 모굴리스탄이 쥐고 있었다. 모굴리스탄은 투글룩 티무르(Tughluq Timur)가 동 투르키스탄에 세운 국가였다. 모굴리스탄은 차가타이칸국의 계승자로 떠오르고 있었다. 카라우나스 집단은 이러한 자트 집단을 도둑들이라고 경멸했다. 반면 자트 집단은 반(半)유목생활을 하면서 투르크화된 카라우나스 집단을 튀기라고 빈정거렸다. 이렇듯 동일한 두 몽골 지배 집단의 충돌은 중앙아시아를 혼란의 도가니 속으로 몰아넣었다.

'샤히브키란'은 중앙아시아 일대에서 인류를 지배하는 자의 탄생을 예고하는 별이었다. 점성술사들은 이 별이 800년마다 한 번씩 빛난다고 믿었다. 샤히브키란의 기운을 받고 태어난 아미르 티무르는 주변의 기대를 한 몸에 받으며 성장해갔다. 샤브리키란은 원래 세 개의 원으로 연결된 삼각형을 의미했다. 티무르는 자신의 군대를 표시하는 군기에 삼원을 그려 넣었다. 아미르 티무르는 실제로 자신이 샤히브키란의 존재임을 늘 인식하고 살았다. 때로 이것을 정치적·심리적인 상징으로 활용하기도 했다.

티무르는 어린 시절부터 총명하고 용맹했다. 그는 열아홉 살이 되던 해인 1355년 당시 트란스옥시아나의 최고통치자인 카자간(Qazaghan)의 수행비서가 되었다. 티무르는 일처리가 꼼꼼하고 야무졌다. 카자간의 전폭적인 신임에 힘입어 티무르는 중앙아시아 몽골족들의 차세대 지도자로 인정받았다. 그리고 카자간의 권유에 따라 그의 손녀인 울자리 투르칸 아가와 결혼했다. 티무르에게는 두 번째 결혼이었다. 두 번째 결혼은 티무르에게 매우 큰 의미가 있었다. 당시 중앙아시아 몽골귀족 사회는 칭기즈칸의 직계 후손인지의 여부에 따라 사회적인 평가와 대접이 달랐다. 그의 두 번째 부인은 칭기즈칸의 직계 후손이었다. 따라서 아미르 티무르는 두 번째 부인을 맞이하면서 든든한 배경이 생기고 동시에 신분상승이 이루어졌다.

스물네 살이 된 1360년 카자간의 암살을 막아낸 공로로 그는 쉬비르간 지역의 통치자로 임명되었다. 그러나 얼마 지나지 않아 카자간이 살해를 당하며 트란스옥시아나는 혼란에 빠졌다. 티무르는 고향인 케쉬로 돌아왔다. 이때 모굴리스탄의 군주인 투글룩 티무르가 서부로 원정을 감행하여 트란스옥시아나의 주요 지역을 장악했다. 계속해서 다른 지역을 차례차례 점령해오자 티무르가 태어난 케쉬 지역의 통치자인 하지 바를라스는 도망쳐버렸다. 하지는 티무르의 작은 아버지였다. 티무르는 그의 모든 재산을 바치고 투글룩 티무르에게 충성맹세를 했다. 굴욕적인 투항이었다. 덕분에 아미르 티무르는 케쉬의 대리 통치자가 되었다. 투글룩 티무르가 떠나자 숙부 하지 바를라스가 돌아왔다. 지역의 백성들은 다시 하지 바를라스를 따랐다. 티무르를 지지해 주는 사람은 거의 없었다. 티무르는 체포되었다. 무슨 이유인지는 몰랐지만 숙부는 그의 목숨을 빼앗지 않았다. 하지 바를라스의 케쉬 장악 소식을 전해들은 투글룩 티무르는 1361년 다시 대대적인 공세를 취해 이 지역을 정복했다. 숙부는 도망쳤지만 끝내 살해당했다. 투글룩 티무르는 이 지역의 통치자로 자신의 아들인 일리야스 호자를 임명했다. 결국 티무르는 모든 사람들로부터 버림을 받았다. 사마르칸트를 중심으로 하는 이 지역을 완전히 장악한 투글룩 티무르에게 아미르 티무르는 더 이상 활용가치가 없었다. 마침내 티무르는 많은 것을 깨달았다. 백성들은 같은 민족이지만 이슬람을 믿는 동포들을 박해하는 투글룩 티무르를 증오했다. 그리고 투글룩 티무르에게 모든 것을 바치고 대리 통치자가 된 티무르를 비난했던 것이다. 티무르 역시 독실한 무슬림이었다.

티무르는 오래 간직할 소중한 교훈을 얻었다. 그는 투글룩 티무르 부자에게 복수하기 위해 본격적으로 전투를 준비하기 시작했다. 티무르는 소수의 정예 병력을 이끌고 투글룩 티무르를 공격했다. 그러나 주민들의 협력과 지원을 받지 못했다. 티무르는 더 이상 버틸 수 없어 도망쳐야 했다. 이후로도 티무르는 계속 도망과 배신의 쓴 맛을 보며 강한 리더로 성장해 갔다. 티무르에게 중앙아시아 몽골족 간의 내전은 혹독한 시련이었다. 특히 티무르는 현재의 아프가니스탄 남부 지역의 통치자인 말릭 마흐무드와의 세이스탄 전투에서 치명적인 부상을 입었다. 오른쪽 팔꿈치와 오른쪽 다리에 화살을 맞았다. 이 부상으로 티무르는 평생을 절뚝거리며 살아야 했다. 이런 고난과 역경을 극복하고 그는 마침내 중앙아시아를 통일했다. 그리고 칭기즈칸 이후 유라시아 대륙의 마지막 정복자가 되었다.

그는 120여 민족이 공존하는 중앙아시아의 다민족·다문화 사회를 소통과 단합으로 이끌었다. 종교적으로는 수니파와 시아파에 염증을 느끼고, 갈라져 나온 이슬람 수피즘을 장려하여 국교로 삼았다. 티무르는 천재적인 군사전략을 구사하고 솔선수범하는 리더십의 소유자였다. 그는 30년 동안 총 원정 기간 1,000일, 전투 일수만 170일이 넘는 유라시아 원정에서 단 한 차례도 패배하지 않았다. 그것은 전무후무한 기록이었다. 티무르의 군대가 총 170일 간의 전투에서 죽인 적의 수는 대략 1천 7백만 명에 달했다. 그는 실크로드의 부활이라는 시대적 사명을 완수하기 위해 유라시아 대륙을 새로운 패러다임으로 구축했다.

티무르의 대외원정 및 티무르 제국의 영역(사진출처 : 네이버 블로그 〈소심쌤〉)

그는 제국의 수도였던 사마르칸트를 14세기 당대 최고의 도시로 만들었다. 그리고 그곳을 중심으로 유라시아의 경제, 무역, 문화를 발전시켰다. 1401년 티무르는 시리아의 다마스쿠스 인근에서 맘루크 군대를 대파하고 맘루크 술탄의 항복을 받아냈다. 특히 1402년에는 강력한 오스만제국을 침공했다. 중세 최대의 전투였던 '앙카라 전투'에서 유럽을 노리던 오스만제국의 군대를 격파했다. 그리고 술탄 바예지드 1세(Bayezid I)를 생포했다. 이는 티무르의 몽골 군대가 당시 유럽의 군대보다 압도적으로 강했음을 보여준 쾌거였다. 티무르는 유럽의 구세주가 되었다. 티무르 덕분에 멸망의 위기를 넘긴 동로마제국의 황제 요한 7세(John Ⅶ)는 자발적으로 티무르에게 복속했다. 티무르는 단일 통치 하에 마지막으로 유라시아 전체를 통일하여 지배한 정복자가 되었다. 이후 유럽사회는 티무르의 통치방식을 연구하기 시작했다. 그렇게 해서 유럽은 근세로 나아가는 토대를 구축할 수 있었다. 티무르는 닫혀있던 중세의 중앙아시아를 열고 동서양을 소통시켰다. 그렇게 함으로써 실크로드를 통한 물질문명의 교류를 촉진시켰다. 마지막으로 그는 중원의 대원제국을 북방초원으로 밀어낸 중국의 명나라 정벌에 나섰다. 그러나 원정길에 병을 얻어 1405년 카자흐스탄 남부지역의 오트라르에서 위대한 생을 마감했다. 그의 나이 예순아홉 살 때였다. 그는 그렇게 역사 속으로 사라졌다. 그러나 세계를 향한 그의 꿈과 이상은 지금도 살아남아 영감을 주고 희망을 일깨운다.

나. 출생과 성장과정

아미르 티무르는 1336년 아버지 타라가이 바를라스와 어머니 테키네 호툰과의 사이에서 태어났다. 태어난 곳은 오늘날 우즈베키스탄 제2의 도시인 사마르칸트 남부의 케쉬(Kesh)였다. 케쉬는 현재의 샤흐리사브스로 작은 시골 마을이었다. 티무르의 아버지 타라가이는 지위가 높은 사람은 아니었다. 티무르의 가문은 몽골의 귀족인 바를라스(Barlas) 가문이었다. 이 가문은 전통적으로 전장에서 잔뼈가 굵은 군벌 귀족이었다. 바를라스 가문은 칭기즈칸의 몽골 통일에 기여한 공로로 알탄 우르그(Altan Urugh, 황금씨족) 다음 가는 노얀(Noyan)·아미르(Amir), 즉 공신귀족으로 인정을 받았다. 티무르의 6대 선조인 카라차르(Qarachar)는 차가타이칸 휘하에서 최고위급 아미르였다. 아미르는 이슬람 사회에서 군사령관을 의미했다. 일칸국의 역사서 『집사(集史)』는 칭기즈칸이 둘째 아들인 차가타이칸의 참모로 임명한 두 명의 아미르 중 한 명이 카라차르였다고 기록하고 있다. 그러나 14세기 들어 바를라스 가문은 차가타이칸국의 제14대 통치자인 케벡칸에게 저항했다가 역적으로 몰렸다. 그래서 가문은 몰락하고 일족들은 변방으로 추방되고 말았다. 그렇게 해서 아미르 티무르는 몰락한 역적의 가문에서 출생했다.

티무르가 태어날 당시 바를라스 가문을 이끌고 있던 사람은 그의 아버지가 아니라 작은아버지인 하지 바를라스였다. 티무르의 아버지는 이슬람 수피즘(Sufism)에 심취하여 출세를 위한 속세의 야망을 접었다. 그의 아버지는 집안의 장래를 동생인 하지 바를라스에게 내맡겨 버렸다. 티무르는 유년시절부터 숙부인 하지 바를라스의 끊임없는 견제에 시달렸다. 유목사회에서 흔한 삼촌과 조카 사이의 알력이자 세력 다툼이었다. 삼촌이 티무르를 견제하는 데는 이유가 있었다. 당시 케쉬의 통치자였던 하지는 어느 날 페르시아에서 점성술사를 초청했다. 그리고 점성술사에게 자신의 뒤를 이을 케쉬의 통치자는 누가 될 것인가를 물었다. 점성술사는 '티무르'라는 이름을 가진 뛰어난 전사가 그 자리를 차지할 것이라고 대답했다. 점성술사는 그 아이가 일리가르에서 나올 것이라고 예언했다. 점성술사는 그 아이는 아직 태어나지 않았으나 곧 세상에 모습을 드러낼 것이라고 덧붙였다. 하지는 형이 살고 있는 일리가르로 병사들을 보내 불길한 싹을 잘라버리려고 했다. 그러나 하지 측근들의 출동 소식을 들은 아버지 타라가이는 임신한 부인을 다른 곳으로 피신시켰다. 그렇게 해서 티무르는 운 좋게 태어났다.

　티무르는 성장하면서 주위 사람들이 자신을 샤히브키란으로 추켜세우며 기대하는 눈길을 의식하고 살았다. 부족 사람들은 그가 가문을 일으켜 차가타이칸국을 이끌며 통치할 뛰어난 지도자로 성장하리라 기대했다. 그러나 티무르의 장래는 그다지 밝아 보이지 않았다. 아버지는 수피즘에 빠져 그저 코란만 읽으며 가정을 돌보지 않았다. 티무르가 태어난 이후에도 그의 숙부는 티무르의 아버지와 그의 가족들을 늘 경계했다. 그러나 아버지의 덕을 본 것도 있었다. 그의 아버지는 할아버지에 이어 이슬람 수피 지도자들과 폭넓은 교류를 이어왔다. 그것이 후일 티무르가 수피즘의 대가이자 종교지도자인 사이드 바라카(Sayyed Barakah)와 돈독한 관계를 맺는데 결정적인 역할을 했다. 사이드 바라카는 티무르에게 일종의 국사(國師)였다. 말하자면 조선시대 태조 이성계의 국사였던 무학대사와 같이 티무르의 개인 스승이었다.

티무르는 일곱 살이 되던 1343년 고향을 떠나 사마르칸트 남서쪽의 카르쉬(Karshi)로 유학을 갔다. 티무르는 친척인 하지 알림의 집에서 5년 동안 기거하며 학교에 다녔다. 티무르는 읽기, 쓰기 그리고 역사 등을 배웠다. 티무르는 지적 탐구심이 강했다. 수없이 많은 질문을 했다. 아버지의 영향으로 티무르는 이슬람을 믿으며 독실한 무슬림으로 성장했다. 유년시절부터 익힌 몽골어, 아랍어, 페르시아어, 투르크어를 바탕으로 독서에도 많은 시간을 할애했다. 육체적으로 성장하면서 몽골 전통의 무예를 연마하기 시작했다. 고을의 또래 아이들과 전쟁놀이도 즐겼다. 티무르는 말 등에 앉아 코란을 읽는 몽골인이었다. 티무르는 14세기에 존재했던 두 개의 첨단 문명인 몽골제국의 군사(軍史)와 이슬람의 코란을 동시에 학습하면서 성장했다. 청년이 되면서부터는 사냥길에 나서기 시작했다. 사냥은 용기와 담력을 기르는 좋은 방법이었다. 그것은 일종의 모의 전투였다. 숙부 하지의 견제와 압박 속에서 스스로의 안전을 지켜야했던 티무르는 무예 연마에도 게으르지 않았다. 그는 한 손에는 코란을 다른 한 손에는 대몽골법전인 예케 자사크를 들고 살았다. 티무르는 당대를 주도하던 문명과 사상인 몽골제국의 군사전략과 이슬람 학습에 더욱 매진했다. 티무르는 두 가지 문명을 철저하게 익히고 배워 나갔다. 티무르가 청년으로 성장할 당시 막강한 군사력을 배경으로 중앙아시아를 통치하던 차가타이칸국은 이미 분열되어 있었다. 분열된 곳에서는 몽골부족 간의 주도권 싸움이 치열하게 전개되었다.

티무르의 나이 열네 살이 되던 1350년 그의 아버지는 티무르를 데리고 여행길에 올랐다. 여정 내내 아버지는 말이 없었다. 최종 목적지는 사마르칸트였다. 그곳에서 개최되는 몽골전통의 왕족과 귀족들의 회의체인 지역 쿠릴타이에 참석하기 위해서였다. 당시 사마르칸트 등을 지배하는 트란스옥시아나의 최고통치자는 카자간이었다. 쿠릴타이가 끝난 후 티무르는 몽골식 전투게임에 참가했다. 티무르는 압도적인 기량으로 상대들을 제압했다. 마지막 경기에서 카자간의 손자이자 발흐의 통치자인 미르 후세인을 물리쳤다. 아버지 타라가이는 동생의 견제로 자식의 장래가 불투명할 것으로 판단하고 더 큰 무대인 쿠릴타이의 경기에 아들을 내보낸 것이었다. 1355년 열아홉 살이 된 티무르는 아버지의 주선으로 나르미쉬 아가와 혼례를 치렀다. 바를라스 부족의 모든 사람들이 그를 축하해 주었으나, 숙부 하지 바를라스는 여전히 냉랭한 눈길을 보낼 뿐이었다.

성인이 된 티무르는 카자간의 수행비서가 되었다. 티무르는 모든 일

제6장 아미르 티무르

을 스스로 파악하고 익혀 나갔다. 시간이 지남에 따라 카자간의 신뢰가 매우 두터워졌다. 티무르를 눈여겨보던 카자간은 자신의 손녀인 울자리 투르간 아가와 혼인시켰다. 미르 후세인의 누나였다. 미르 후세인과 그의 누나인 울자리 투르간 아가는 칭기즈칸의 직계후손이었다. 티무르는 두 번째 부인을 맞이하면서 신분이 상승했다. 결혼을 통해 티무르 역시 칭기즈칸의 직계가족으로 받아들여진 것이다. 스물네 살이 되던 1360년 티무르는 카자간의 암살기도를 막아낸 공로로 쉬비르간의 통치자로 임명되었다. 그러나 기쁨도 잠시, 카자간이 살해당하면서 트란스옥시아나는 부족 간의 암투와 싸움으로 다시 혼란에 빠졌다. 병상에 누워있던 아버지마저 세상을 떠났다. 티무르는 고향으로 돌아가 후일을 도모하기로 결심했다.

1360년 혼란 상태에 빠진 트란시옥시아나를 동부 모굴리스탄의 군주인 투글룩 티무르가 침공했다. 투글룩 티무르가 여러 지역을 장악해오자 케쉬 지역의 통치자인 하지 바를라스는 도망쳤다. 티무르는 투글룩 티무르에게 충성맹세를 하고 케쉬의 대리 통치자가 되었다. 투글룩 티무르가 떠나자 숙부 하지 바를라스가 돌아왔다. 티무르는 숙부와 부족민들로부터 버림을 받았다. 체포되어 죽음을 기다렸으나 숙부는 그의 목숨만은 거두지 않았다. 하지가 케쉬를 장악했다는 소식을 들은 투글룩 티무르는 1361년 다시 케쉬를 침공하고 그 지역을 정복했다. 작은 아버지 하지는 다시 도망쳤으나 얼마 못 가 붙잡혀 살해당했다. 투글룩 티무르는 그 지역의 통치자로 자신의 아들인 일리야스 호자를 임명했다. 결국 티무르는 모두에게서 버림을 받았다. 투글룩 티무르에게 아미르 티무르는 활용가치가 없는 귀찮은 존재일 뿐이었다.

  아미르 티무르는 많은 것을 깨달았다. 그리고 자신이 어리석고 부족했음을 자책했다. 부족민들이 무엇을 원하는지, 자신을 냉대하고 견제하던 숙부가 자신의 목숨을 살려준 의미가 무엇이었는지를 이해했다. 티무르는 이제 투글룩 티무르와 일리야스 호자를 응징하기 위한 전쟁을 준비하기 시작했다. 그리고 소수의 정예부대를 이끌고 호자군을 공격했다. 그러나 기대했던 부족민들의 호응을 얻지 못하고 도망치는 신세가 되었다. 친구이자 처남인 발흐의 통치자 후세인과 연합하여 투글룩 티무르에 대항하기 위한 동맹을 맺었다. 티무르와 후세인은 히바에서 만났으나 그 지역의 통치자인 테겔 바하르두의 음모로 다시 한 번 도망자 신세가 되었다. 후세인과 티무르는 일단 헤어져서 카불에서 만나기로 약속했다. 그러나 투르크메니스탄에 위치한 메르브(현재의 마리〈Mary〉)에서 그 지역의 통치자인 알리벡에게 다시 붙잡혔다. 티무르는 외양간에 감금되었다. 마침 그곳을 방문한 알리벡의 동생인 무함마드 벡이 그를 알아보고 풀어주었다. 티무르의 인생은 고난의 연속이었다. 특히 외양간에 갇힌 경험은 그의 인생에서 가장 큰 치욕이 되었다. 모든 것을 자신을 성장시키는 쓰디 쓴 보약이라 생각한 티무르는 복수의 칼날을 벼리며 고난을 견뎌냈다.

스물여섯이 된 1362년 티무르는 사마르칸트의 누이 집에 잠입하는데 성공했다. 통치자 일리야스 호자는 가혹한 착취로 주민들의 원성을 사고 있었다. 티무르는 은밀히 자신의 추종자들을 모으기 시작했다. 과거와는 상황이 전혀 달랐다. 일리야스 호자의 식민정부를 싫어하는 주민들이 많아 지지자들의 수가 급격히 늘어났다. 카불에서 후세인과 만났을 때 약 1천여 명의 병사들이 그들을 따랐다. 응징의 시기가 도래했다. 티무르와 후세인은 단계적인 전략을 수립했다. 첫 번째 단계는 반 투글룩 티무르 세력을 결집시키고, 두 번째 단계는 이를 통해 자신들의 군사적 역량을 대외적으로 홍보한다는 것이었다. 기회가 찾아왔다. 현재의 아프가니스탄 남부에 위치한 세이스탄의 통치자 말릭 마흐무드가 군사적 지원을 요청했다. 자신이 빼앗긴 일곱 개의 성을 되찾아 달라는 부탁이었다. 말릭이 요청한 일곱 개의 요새를 함락시키고 항복을 받아낸 순간, 말릭의 군대가 도리어 티무르와 후세인을 공격했다. 말릭과 그의 측근 대신들이 배신한 것이었다. 티무르는 세이스탄에서 말릭의 군대와 치열한 전투를 벌였다. 세이스탄 전투에서 승리한 티무르는 자신의 세력을 확대할 수 있는 좋은 기회를 잡았다. 그러나 오른쪽 다리와 팔에 치명적인 부상을 입어 평생 다리를 절며 살게 되었다.

티무르와 후세인 연합군의 세이스탄 전투 소식은 중앙아시아에 빠른 속도로 퍼지기 시작했다. 두 사람은 세이스탄에서 취한 전리품을 재원으로 군대를 재정비했다. 소문을 듣고 찾아온 지원자들을 받아들여 그들의 군대는 강해졌다. 티무르는 고향 케쉬를 탈환하기로 결심했다. 전력의 열세를 만회하기 위해 기만전술을 구사했다. 말의 양 옆구리에 포플러 가지를 매달아 땅을 쓸면서 뛰도록 했다. 자욱한 흙먼지에 적들은 전의를 상실했다. 말하자면 티무르는 흙먼지로 케쉬를 점령했다. 1363년 티무르 연합군과 일리야스 호자의 군대가 격돌했다. 일리야스 호자의 자트 군대는 2만 명이었고, 티무르 연합군은 6천 명에 불과했다. 수적인 열세를 극복하기 위해 군영 주위에 수많은 횃불을 올렸다. 사실 횃불 밑에는 병사들이 거의 없었다. 이 또한 기만작전이었다. 한 곳의 횃불을 줄이고 그곳으로 적을 유인하여 매복공격을 가했다. 그러나 호자군의 저항도 만만치 않았다. 양군은 전열을 정비하기 위해 잠시 물러났다. 그때 좋은 소식이 들려왔다. 투글룩 티무르가 사망했다는 전갈을 받고 일리야스 호자의 군대가 철수한 것이었다.

티무르 연합군은 사마르칸트를 수복할 수 있었다. 그러나 일리야스 호자가 1365년 다시 자트 군대를 이끌고 사마르칸트에 나타났다. 양군은 치노스와 타슈켄트 사이에서 혈전을 벌였다. 결과는 무승부였다. 그러나 다음날 전투에서 왼쪽 측면 공격을 맡기로 한 처남 후세인이 그를 배신하고 전장에서 발을 뺐다. 티무르는 자신의 병사 1만 명이 죽어가는 모습을 지켜보다 도망쳤다. 호자 군대가 철수한 뒤 사마르칸트는 '사르바도르'라는 집단이 장악했다. 이들은 처음부터 몽골제국에 저항하는 대표적인 사람들이었다. 주로 상인, 수공업자, 사냥꾼 등으로 구성되어 있었다. 티무르 연합군은 우여곡절 끝에 1366년 사르바도르 측 지도자들과 회담하기로 약속했다. 그러나 티무르 측은 회담에 참석하기 위해 도착한 사르바도르 측 지도자들을 단 한 명만 남기고 모두 죽였다. 이슬람 신학생인 마블로노조다를 살려 주고 성 안으로 들여보냈다. 며칠 후 성으로부터 연락이 왔다. 후세인과 티무르를 사마르칸트의 통치자로 받아들인다는 내용이었다.

　후세인과 티무르는 사마르칸트에 입성했다. 주변에서는 두 사람이 결투를 벌여 한 사람이 절대 권력을 장악하도록 부추겼다. 그러나 티무르는 한 발 물러섰다. 통치자의 정통성을 보장해 주는 출신성분이 후세인에 비해 불리했기 때문이었다. 티무르는 지지층을 규합해서 사마르칸트를 떠났다. 시간이 지나며 그를 지지하는 사람들이 몰려들기 시작했다. 후세인의 사마르칸트 통치는 많은 사람들의 원성과 원한을 샀다. 티무르는 때가 이르렀음을 직감했다. 티무르는 1369년 현재의 우즈베키스탄 남부 도시인 카르시(Qarshi)에서 후세인과 전투를 벌였다. 한참 전투가 진행되던 중 티무르는 돌연 퇴각을 명했다. 사전에 의도된 퇴각 작전이었다. 후세인은 자신이 승리한 것으로 착각하고 잔치를 벌였다. 티무르는 다시 병사들을 이끌고 후세인군 진영을 포위했다. 그리고 북과 나팔 소리를 최대한 크게 울려 대군이 진격한 것처럼 위장했다. 전투 결과는 티무르군의 압승이었다. 후세인은 발흐로 도망쳤다. 티무르 군대는 그의 뒤를 추격했다. 1370년 발흐를 공격하던 티무르에게 후세인이 보낸 편지가 당도했다. 목숨만 살려주면 항복하고 모든 것을 포기하겠다는 취지였다. 1369년 서른세 살의 티무르는 중앙아시아의 최고 통치자가 되었다. 중앙아시아의 초원에는 이제 하나의 태양만 환하게 빛나며 본격적으로 아미르 티무르의 시대가 시작되고 있었다.

다. 아미르 티무르의 리더십

시대적 요구에 부응하여 철저한 법률 정비를 단행하다. 이를 통해 국가조직을 재정비하고 통치 시스템을 구축하다(legal & institutional framework building). 일반 백성부터 최고 통치자에 이르기까지 반드시 준수해야 하는 규범을 법전에 명문화하고, 신분별 행동강령, 행동지침, 윤리강령 및 윤리규약을 제정하여 엄격하게 시행하다(ethical codes & behavioral guidelines).

오늘날 국가기관이나 공공 및 민간 조직의 리더 역시 준법경영과 윤리경영을 토대로 조직을 이끌어야 한다. 그렇게 함으로써 조직원들이 리더의 정당한 권위를 인정하고 자발적으로 따르도록 해야 한다(legitimacy through compliance & ethical governance). 또한 구성원들이 조직의 목표와 정책에 진정성과 열정을 갖고 호응하도록 유도하는 것이 중요하다. 결국 리더십

> 의 본질은 구성원들의 마음을 얻는 데(emotional intelligence) 있다. 인정과 호응을 기반으로 심리적 지지를 확보한 리더는 구성원들에게 강한 신뢰와 확신을 심어 주고(trust & conviction-based leadership) 목표달성을 위한 강력한 추진력을 확보할 수 있다.

13세기 칭기즈칸의 정복 이후 유라시아대륙을 지배한 두 개의 화두는 대몽골제국과 이슬람교였다. 그러나 14세기에 접어들면서 이 두 개의 화두는 급변하는 세상을 더 이상 담아낼 수 없었다. 티무르가 태어나기 2년 전인 1334년 칭기즈칸의 둘째 아들 차가타이에게 분봉되었던 차가타이칸국이 동서로 분열했다. 그리고 그 다음 해인 1335년 현재의 튀르키예, 이란, 이라크, 시리아를 지배하던 일칸국이 멸망했다. 일칸국은 칭기즈칸의 막내아들인 툴루이의 둘째 아들, 즉 칭기즈칸의 손자가 세운 칸국이었다. 툴루이의 장남으로 몽골제국의 제4대 대칸에 오른 몽케 칸은 동생인 훌라구에게 중동 일원을 정복하게 했다. 그리고 그 땅을 동생에게 분봉해 주었다. 그것이 일칸국이었다. 또한 당시 이슬람 공동체는 제3 세력인 수피즘의 확산으로 기존의 시아파와 수니파가 지니고 있던 종교적 권위가 무너지고 있었다.

칭기즈칸은 거대한 제국을 다스리기 위해 법률제정을 통해 제도를 정비하고 시스템을 구축해 나갔다. 그것이 바로 예케 자사크(Yeke-Jasag), 즉 몽골 대(大)법전이었다. 예케 자사크는 유목사회인 몽골의 사회규범과 칭기즈칸의 통치이념을 반영한 최고 권위의 법전이었다. 그러나 대 자사크는 시대의 변화를 따라가지 못하고 있었다. 유라시아 대륙의 다양한 민족들을 대상으로 이 법들을 적용하기에는 그 내용이 너무 빈약했다. 초원에 살던 몽골족에게나 적용되는 수준 낮은 법이었다. 고도로 체계화된 이슬람법에 비하면 유치한 수준이었다. 대 자사크에는 이슬람 사회에 적용할 법 조항이 거의 없었다. 이슬람 사회는 알라의 가르침인 코란, 예언자 무함마드의 언행을 기록한 하디스 그리고 다양한 판례들과 율법으로 편찬된 규범인 샤리아에 의해 통제된다. 이슬람 법체계는 현대의 민법이나 상법과 비교해도 손색이 없을 만큼 정교한 법조항을 담고 있었다. 따라서 대 자사크는 유라시아 대륙의 수많은 피지배자들을 지배하는 법률로 기능을 할 수 없었다.

무엇보다 유목사회는 제도나 시스템이 아니라 지도자의 권위로 움직였다. 제도나 시스템이 구축되었다 해도 몽골제국의 유목민들은 여전히 권위에 의존했다. 칭기즈칸 사후 몽골제국의 황금씨족 및 귀족들의 합의제 회의체인 쿠릴타이(Khuriltai)는 정상적인 방법으로 운영되지 못했다. 구심점을 잃은 황금씨족들과 귀족들은 각자 목소리를 높이며 권력투쟁에 몰두했다. 쿠릴타이는 원래 몽골 초원의 카라코룸에서만 개최되었다. 그러나 이제 쿠릴타이는 실세들의 정치적 이해관계에 따라 본인들이 유리한 곳에서 개최되었다. 그마저도 만장일치의 회의 원칙 또한 훼손되거나 조작되었다. 칭기즈칸이 이룩한 대제국은 단기간에 몰락했다. 1368년 칭기즈칸의 후손들은 명나라에 나라를 뺏기고 몽골초원으로 돌아갔다. 정주문화권인 농경사회에서 출생한 후손들은 초원으로 돌아가지 않겠다며 도시에 눌러 앉았다.

티무르는 몽골제국의 후손이었다. 그는 자신의 제국은 몽골제국과 같이 무너져서는 안 된다고 생각했다. 그러기 위해서는 시대에 뒤떨어진 대 자사크를 정비해야만 했다. 티무르는 새로운 화두를 내세웠다. 하나는 수피즘이라는 제3의 이슬람이었고, 다른 하나는 수정·보완된 대 자사크인 '울로제니아'(Ulozenia)였다. 칭기즈칸에게 대 자사크가 있었다면 티무르에게는 울로제니아가 있었다. 그것은 국가경영 이념과 행정규칙을 담은 법전이었다. 티무르는 오늘날의 정부조직과 유사한 행정조직을 만들었다. 그리고 자신의 직속으로 감찰을 감당하는 '지반'(Divan)이라는 기관을 만들어 모든 정부기관을 철저하게 통제하고 관리했다. 현대 한국의 대통령 비서실의 공직 감찰 기능과 감사원의 기능을 합친 조직이었다. 지반은 내무, 외무, 국방, 재무, 감찰, 지방, 국고 관리 담당 등 총 7개 부서로 구성되었다. 책임자는 '지반벡'이라 칭했다.

티무르는 관료들의 금품횡령과 반역을 가장 큰 범죄로 규정하고 이를 엄격하게 적용했다. 이 규칙은 자신의 친인척들에게도 예외를 허용하지 않았다. 혈족들이 죄를 범하면 이슬람 법률이 아니라 특별히 칭기즈 칸의 대 자사크에 따라 처벌하도록 규정했다. 친족 및 정부기관의 정직성과 충성심이 국가발전의 기초라는 것을 인식한 결과였다. 티무르는 황도(黃道) 12궁과 12달을 토대로 국가운영에 필요한 주요 구성원들을 12개의 계층으로 분류하여 관리했다. 이들 계층 간에는 형식적인 직급은 존재했으나 직급에 따른 제한이나 차별은 없었다. 1직급은 선지자의 후손이나 학자들로 종교적·법률적 자문을 담당했고, 2직급은 지식층으로 정책제안을 담당했으며, 3직급인 사제단은 전쟁에서의 승리 기원을 담당했다. 또한 티무르는 12직급을 토대로 다음과 같이 각 직급의 세부적인 운용 규정을 제정했다. 1. 국가통치 12계명, 2. 지배자 12계명, 5. 병사에 대한 대우, 6. 군대조직에 대한 규정, 7. 군대, 장교, 병사의 임금에 대한 규정, 8. 전리품 분배에 관한 규정, 9.~11. 티무르 가족구성원의 권리, 의무, 범죄에 대한 처벌 규정, 13.~15. 병사들의 승진, 군악대 구성, 복장과 무장에 대한 규정, 20.~21. 식민지 및 정부의 통치 규정 등 24개 세부 규정이었다.

티무르는 또한 지배자의 12계명을 제정·선포하고 스스로 엄격하게 준수했다. 그 계명은 다음과 같았다. 1. 지배자는 어느 누구의 명령도 받지 않는다. 2. 지배자는 청렴하고 덕망 있는 재상과 관리를 임명하여야 한다. 명령과 금지사항은 엄격함을 요구한다. 7. 지배자는 다른 사람의 충고를 무시하면 안 된다. 10. 지배자는 항상 스스로 내리는 명령에 확고부동함을 잃지 말아야 한다. 이것이 지배자의 확실하고도 흔들림 없는 힘이다. 11. 지배자는 법령을 공포할 때 동지들을 경계해야 한다. 지배자는 사사로이 동지들을 채용하지 말아야 한다. 12. 지배자는 자기 주변을 둘러싸고 있는 측근들을 경계하고 늘 그들을 의식해야 한다. 그들과의 관계는 매우 엄격하게 유지되어야 한다 등이었다. 한 마디로 울로제니아는 이슬람의 법률과 대 자사크의 장점들만 골라 만들어졌다. 다른 말로 하면 시대 흐름에 적합한 법적 지배의 토대를 마련했던 것이다. 지금으로부터 600년 전을 살았던 한 지도자가 위로는 제국으로부터 아래로는 자신과 가족과 신민들까지 반드시 지켜야 한다고 천명한 통치원칙이었다. 현대의 리더들이 꼼꼼히 살펴보고 기관이나 조직에서 벤치마킹할 만한 가치가 있다 하겠다.

> 신민들에게 대몽골제국의 부활이라는 원대한 비전을 제시하며 (visionary & ambitious leadership), 엄격하고 체계적인 훈련을 통하여(systematic training & preparation) 제국의 군대를 당대 최강으로 육성하다. 전리품 확보를 통해 국가 운영 재원을 마련하고, 사마르칸트를 세계 최고의 정치·경제·종교·문화의 중심지로 발전시키다. 훈련과 실전을 거듭한 정예 군대와 함께 종횡무진 원정을 수행하며, 대외 원정 전승(excellence in execution & performance delivery)을 거두고 실크로드를 완전하게 개통

시키다. 이를 통해 동서 무역과 국제 교류를 촉진하고 물자 유통을 확대하여 제국 경제를 활성화시키다(economic & cultural development through exchange).

리더는 구성원들에게 명확하고 도전적인 비전(clear and challenging vision)을을 제시해야 한다. 비전은 조직이라는 거대한 함대의 나침반이자, 구성원들에게 성취동기(achievement motivation)와 에너지를 부여하는 원천이다. 또한 리더는 치밀한 준비와 정교한 실행계획을 수립하여 자신이 설정한 비전과 목표를 현실로 구체화해야 한다.

티무르가 제국의 수도로 사마르칸트를 결정한 데는 일찍이 이 도시가 지닌 역사적 의미를 깨달았기 때문이었다. 사마르칸트는 실크로드의 중간기착지이자 유라시아 대륙의 중심축이었다. 사마르칸트가 번창하면 중앙아시아 전체가 경제적 안정을 이루었다. 반면 이 도시의 기능이 약화되면 중앙아시아와 유라시아 대륙의 경제가 침체에 빠졌다. 티무르는 자신의 꿈을 실현하기 위해 사마르칸트를 되살리고 많은 부를 축적해야만 했다. 그렇게 축적한 부를 바탕으로 티무르는 군사력을 강화했다. 그리고 동서 무역에서 얻어진 부를 재원으로 제국의 품격과 경제적 위상을 제고할 수 있었다.

유라시아의 핵심인 사마르칸트와 중앙아시아는 단 한 번도 이방인의 지배 하에 떨어지지 않은 적이 없었다. 알렉산더 대왕이나 칭기즈칸도 장거리 원정을 불사하며 이곳을 공략하고 지배했다. 실크로드 무역에서 사마르칸트가 제 기능을 발휘해야 유라시아 전체가 번영을 누릴 수 있기 때문이었다. 티무르가 중앙아시아를 통합해 가던 시절 사마르칸트는 침체의 늪에 빠져 있었다. 각 지역의 신흥국들은 정권 교체에 따른 내부적 혼란으로 실크로드 무역에 관심을 가질 여유가 없었다. 중국에서는 대원제국이 중심을 잡고 있어 동북아 지역은 안정을 회복하고 있었다. 그러나 여타 몽골제국의 칸국들은 멸망해 가고 있었다. 과거와 같이 많은 세수(稅收)가 걷히지 않고 무역 규모도 대폭 축소되었다. 마지막까지 남은 킵차크칸국은 전통적인 실크로드가 아니라 초원의 길을 따라 무역을 독점했다. 그래서 국가 간 부의 불균형이 심화되고 있었다. 그마저도 모스크바공국(公國)의 세력이 강성해지면서 세금 징수와 무역 교류가 불안정해졌다. 제국의 서쪽에서는 오스만투르크가 건국되어 실크로드 무역을 원하는 서방 국가들을 위협하고 방해했다. 따라서 유라시아 대륙 전체의 교역규모는 축소되고 경제성장은 현저하게 둔화되었다. 말하자면 주변 국가들이 안정되지 못하여 실크로드의 중심에 위치한 중앙아시아가 고사하고 있었던 것이다.

티무르는 국가를 존속시키기 위해 길을 열어야 했다. 티무르는 당시의 국제정세를 분석하고 새로운 모험을 감행하기로 결심했다. 위대한 선조이자 롤 모델인 칭기즈칸이 달성했던 실크로드의 안전하고도 상시적인 개통이 필요했다. 티무르의 대외원정 동기는 바로 실크로드의 개통을 위한 것이었다. 나아가 그것은 유라시아대륙 전체를 통합하여 과거 몽골제국이 달성한 하나의 통일제국을 실현하는 것이었다. 티무르의 역사적 목표는 칭기즈칸의 길을 따르는 것이었다. 그러나 칭기즈칸이 건설한 위대한 몽골제국의 수도는 실크로드의 중심이 아니었다. 몽골제국의 수도는 1206년부터 1235년 사이 29년 동안은 아바르가(Avarga, 현재의 몽골 헨티 지역)였고, 1235년부터 1260년 사이 25년 동안은 카라코룸(Karakorum, 현재의 몽골 오보르항가이 지역)이었다. 쿠빌라이칸이 대원(大元)을 건립한 이후 1261년부터 1368년 사이 107년 동안은 칸발리크(Khanbaliq, 연경⟨燕京⟩, 현재의 중국 베이징)였다. 그래서 서쪽지역의 정세가 불안정해져도 쉽게 대처할 수 없는 경우가 많았다. 각 지역의 소(小) 칸국들은 정해진 수도가 없는 경우도 있었다. 수도가 있다고 하더라도 각국의 통치와 정치 중심지로서의 역할만 담당했다.

티무르는 사마르칸트가 지니고 있는 지리적인 이점을 깨닫고 있었다. 티무르에게 유라시아대륙의 중심은 대륙의 정중앙에 위치해야 했다. 그곳이 바로 사마르칸트였다. 칭기즈칸의 몽골군이 침공한 직후 사마르칸트는 폐허가 되었다. 티무르에게는 실크로드의 복원이 절실했으며, 그렇게 하자면 주변국들의 방해가 없어야 했다.

티무르는 주변국들에게 사신들을 파견했다. 그리고 무역과 문물의 교류 확대를 원한다는 서한을 전달했다. 또한 실크로드를 예전처럼 부활시키자고 호소했다. 그러나 주변국들은 티무르의 사신들을 처형하는 것으로 답을 대신했다. 티무르는 그들을 정벌하기로 결심했다. 성공적인 원정을 위해 티무르는 병사들에게 그의 원대한 비전과 목표의식을 고취시켰다. 원정에 성공했을 때의 두둑한 보상도 약속했다. 그러나 가장 중요한 것은 병사들의 개인기량의 향상이었다. 티무르는 혹독한 훈련을 통해 군대의 규율을 잡아나갔다. 그리고 실전을 통해 자신이 구사하는 전술을 병사들이 완벽하게 실행할 수 있도록 숙달시켰다. 티무르는 원정에 직접 참여했다. 수하 장수만 파견하고 자신은 명령만 내리는 책상물림이 아니었다. 늘 선두에서 군대를 지휘했으며, 필요한 경우 적장과의 일대일 결투도 마다하지 않았다. 병사들은 이 모든 것을 지켜보고 있었다. 티무르의 솔선수범에 병사들은 큰 감동을 받았다. 그리고 티무르가 언제나 자신들을 지켜 주리라는 확신을 갖게 되었다. 티무르의 군대는 빠른 속도로 통합되고 일체감이 형성되어 갔다. 티무르가 고취시킨 비전과 목표의식도 뚜렷했다.

티무르는 엄격한 훈련을 반복적으로 실시했다. 특히 병사들에게 경계근무의 중요성을 강조했다. 미국 남북전쟁 때 남부 동맹군의 힐장군이 말했는지 제2차 세계대전의 영웅 맥아더장군이 그랬는지 확실하지 않지만 다음과 같은 말이 있다. "작전에 실패한 지휘관은 용서받을 수 있어도 경계에 실패한 지휘관은 용서받을 수 없다." 무슬림 사회의 모스크에는 미나레트(minaret)라고 하는 높은 첨탑이 있다. 무에진(muezzin)이 낭랑한 목소리로 무슬림들에게 기도 시간을 알려주는 장소다. 지형적으로 지평선이 연달아 이어지는 중앙아시아에서 미나레트는 적의 출현을 미리 탐지하는 관측 및 감시 타워 기능도 담당했다. 티무르는 경계근무 상황을 점검하기 위해 불시에 순찰을 돌곤 했다. 야간에 약간 명의 장졸들을 대항군(對抗軍)으로 위장시켜 사마르칸트로 침투하게 하는 훈련도 실시했다. 칠흑 같이 어두운 밤에 소규모 병력의 침투를 알아내기란 쉽지 않았다. 그러나 첨탑 위의 병사들은 즉각 신호를 보냈다. 순식간에 출동한 야간 근무 병력들에 의해 대항군들은 포위되었다. 티무르는 경계병들을 칭찬했다. 그런데 대항군의 지휘 장교가 갑자기 말에서 내려 첨탑으로 올라가 몸을 던졌다. 훈련 상황임에도 불구하고 발각되어 포위된 것에 대한 수치심에 극단적인 선택을 한 것이다. 평소 "훈련은 실전처럼, 실전은 훈련처럼"을 강조한 티무르였지만 이런 사태는 예상하지 못했다. 티무르의 군사들은 그만큼 적극적인 자세로 훈련에 임했다. 티무르는 장교의 죽음을 가족에게 알리고 거액의 위로금을 지급하며 그의 죽음을 애도했다.

이후의 대외원정은 일사천리로 진행되었다. 탁월한 사령관과 반복훈련으로 단련된 군대에게 거칠 것은 없었다. 1370년부터 가까운 소국들을 점령해 나갔다. 1379년에는 서쪽의 호레즘 샤 왕조로 방향을 돌렸다. 호레즘(Khorezm)은 현재의 우즈베키스탄 서부지역으로 중동의 페르시아나 유럽으로 향하는 실크로드의 관문이었다. 1381년 티무르는 페르시아 동부지역인 현재의 아프가니스탄을 공략하여 승리하고 전리품을 챙겨 떠났다. 그러나 1382년 그 중심도시 헤라트에서 반란이 일어났다. 티무르는 헤라트를 초토화시켰다. 1386년에는 아제르바이잔과 조지아를 차례로 점령했다. 이어 서부 페르시아의 중심도시인 이스파한에 입성하여 영주의 항복을 받아냈다. 그런데 이스파한 주민들이 밤사이 폭동을 일으켰다. 티무르는 신의를 저버린 사람들을 용서하지 않았다. 그의 군대는 주민 7만 명을 학살하고 벤 머리로 탑을 쌓았다. 그것이 그 유명한 아미르 티무르의 해골탑이었다.

1390년에는 현재의 카자흐스탄 동부와 키르기스스탄 전 지역에 걸쳐 모굴리스탄의 잔당들을 소탕했다. 원정과정에서 모굴리스탄의 잔당들은 모두 전사하거나 항복했다. 또한 1389년, 1391년 및 1394년~1395년 3차례에 걸쳐 러시아원정에 나섰다. 러시아 일원에 킵차크칸국을 재건한 통치자 토크타미시(Tokhtamysh)를 북 카프카스의 테레크(Terek)강 계곡에서 물리쳤다. 티무르는 토크타미시를 추격하여 모스크바까지 진격했다. 돌아오는 길에 랴잔(Ryazan) 공국의 영토를 지나며 볼가(Volga)강 하류까지 점령했다. 1393년에는 이슬람의 중심도시 중 하나인 바그다드로 진격하여 술탄이 아닌 주민들의 항복을 받았다. 술탄 아흐메드 잘라이르가 이집트로 도망쳐 버렸기 때문이었다. 1398년 티무르는 군대를 세 개 군단으로 나누어 펀자브와 라호르 그리고 힌두쿠시로 진격했다. 1399년 티무르는 델리에 입성했다. 그는 병사들에게 델리의 모든 것을 사마르칸트로 가져가도록 명령했다. 전리품과 함께 숙련된 건축가들과 수공업자들도 사마르칸트로 데려갔다. 1401년 티무르는 바그다드로 다시 진격했다. 도망쳤던 술탄 아흐메드가 돌아와 반란을 일으켰기 때문이었다. 아흐메드 잘라이르는 다시 도망쳤다. 티무르 군대가 지나간 도시에는 모스크를 제외하고는 남은 것이 없었다.

1400년 티무르는 맘루크왕조를 공격했다. 맘루크왕조는 이슬람의 용병이었던 투르크의 노예들이 세운 왕조였다. 당시는 이집트와 아랍 일대를 지배하고 있었다. 알레포(현재의 시리아 도시)를 점령하는데 채 한 시간도 걸리지 않았다. 맘루크의 지배자 술탄 파라즈는 다마스쿠스로 도망쳤다. 그가 도망친 다마스쿠스도 함락되었다. 술탄 파라즈는 다시 이집트로 도망갔다. 티무르는 다마스쿠스의 모든 것을 사마르칸트로 옮겼다. 모든 직종의 기술자들도 데려갔다. 이슬람의 중심지가 사마르칸트로 바뀌었다. 티무르는 사마르칸트를 메카, 메디나, 예루살렘을 이은 '제4의 메카'로 만들었다. 사마르칸트는 당대 최고의 도시가 되었다. 1402년 오스만투르크의 앙카라에서 중세 사상 최대의 전투를 치렀다. 티무르는 오스만 군대를 앙카라 북동부 주북(Cubuk) 평야로 유인했다. 티무르는 평야를 가로지르는 주북카이(Cubukcay) 강의 상류에 진영을 구축했다. 오스만군은 강의 하류에 포진했다. 티무르는 기술자와 코끼리 그리고 수만 명의 병사들을 동원해 상류에 댐을 건설하고 물줄기를 막아버렸다. 한여름에 갈증을 참지 못한 오스만군은 급격히 사기가 떨어졌다. 강력했던 오스만군대는 완전하게 궤멸되었다. 술탄 바예지드 1세가 티무르 군에 사로잡히고 전투는 끝났다. 위대한 승리를 거둔 티무르에게 영국 왕 헨리 4세, 프랑스 왕 샤를 6세, 그리고 비잔틴제국의 황제가 축하 서한을 보냈다. 오스만투르크의 날카로운 발톱으로부터 유럽을 구해준 데 대한 감사의 편지였다.

기존의 보편화된 기병만으로는 전술적 우위를 확보할 수 없음을 인식하고, 첨단 포병부대와 코끼리부대를 창설하다. 제국 군대의 편제를 기병·포병·보병·코끼리부대로 세분화하고(specialization), 병과 간 합동작전(joint operations & collaboration)을 통해 전투 효율성을 극대화하다. 기병은 경기병과 중기병으로 이원화하고, 전문 공병부대를 창설하여 부대의 전술 기동성(enhancing mobility for tactical operations)을 높이다.

리더는 조직이 보유한 역량들의 비교우위를 지속적으로 점검해야 한다, 또한 세부 조직의 전문화와 하부 조직 간 유기적 협력(functional specialization and organic collaboration among subunits)을 통해 운영의 효율성과 성과를 높여야 한다. 이를 위해

> 리더는 신기술 개발(technological innovation)과 조직 혁신 및 프로세스 혁신(process innovation)에 꾸준히 관심을 기울이며 조직의 변화를 선도해야 한다.

티무르는 동서방 원정을 통한 위대한 여정에서 국제전 전승의 신화를 기록했다. 국제전 전승의 원동력은 시대를 앞서가는 독창적인 군대의 편성에 있었다. 대몽골제국의 정신을 계승한 티무르가 기병 중심의 군대만 운용했다면 그의 국제전 전승은 불가능했을 것이다. 티무르는 몽골제국의 유목군대가 가진 천하무적의 신화가 깨지는 것을 목격했다. 그는 새롭고 독창적인 대안 무기를 개발해야 했다. 뛰어난 기동성을 자랑하는 몽골군대의 후예들이 투르크계 기병들에게 제압당했다는 소식도 전해 들었다. 특히 14세기 들어 모스크바 공국이 발전을 거듭하며 킵차크칸국의 지배에 저항하기 시작했다. 당시 킵차크의 후예 마마이(Mamai)칸은 1380년 친히 대군을 이끌고 돈(Don) 강변으로 진격했다. 칸은 쿨리코보(Kulikovo)에서 모스크바 공작(公爵) 드미트리 돈스코이가 지휘하는 러시아 제후(諸侯) 동맹군과 일전을 치렀다. 그러나 드미트리의 교묘한 용병술에 마마이는 크게 패했다. 서방 군대가 그때까지도 여전히 세계 최강으로 손꼽히던 몽골 기병의 후예들을 궤멸시킨 것은 일대 사건으로 인식되었다.

티무르는 고심을 거듭했다. 몽골제국의 기병술은 이제 다른 나라에도 널리 퍼져있었다. 기병 운용만으로는 다른 나라들이 운용하는 군대와 차별성을 보여줄 수 없었다. 기병과 기병이 충돌하는 전통방식의 전투는 서로에게 큰 손실만 초래하고 상대에게 강한 위력을 발휘하지도 못했다. 티무르는 유목군대의 첨단 기병 및 전술에 무언가를 추가해야 했다. 티무르의 선택은 포병 양성이었다. 이전의 몽골군에도 이미 포는 있었다. 그러나 기존에 운용하던 포의 역할은 튼튼한 목재로 만들어진 성문을 파괴하기 위한 용도에 다름 아니었다. 포탄 공격으로 성문이 뚫리면 기병이 들어가 적을 격파하는 전술이었다. 더욱이 대포는 크고 무거워 이동이 힘들고 재장전에 시간이 걸렸다. 그래서 활용가치가 그다지 많지 않았다. 티무르에게는 포의 이동을 쉽게 하고 재장전 시간을 단축시키는 신기술이 필요했다.

티무르는 우선 아랍과 페르시아에서 노획한 포를 활용하여 포병을 정식편제에 포함시켰다. 그리고 반복적인 훈련을 통해 투르크계 유목군대나 농경문화의 군대가 가지지 못한 첨단 포병을 양성했다. 그렇게 함으로써 몽골제국의 전통 기병에 현대 나폴레옹군의 포병이 혼합된 복합군대가 창설되었다. 이렇게 티무르는 적의 군대와 차별화되는 포병과 화력을 개발하고 키워냈다. 중앙아시아사의 권위자인 미국 역사학자 베아트리스 만츠(Beatrice Manz)에 따르면, 티무르의 군대는 6개로 구성된 동심원 모양을 형성했다고 한다. 중심원은 핵심 부분이자 군대의 최고 지휘계층이었다. 티무르와 부인, 자식들, 자식들의 배우자, 손자, 지인 및 개인수행원들로 구성되었다. 이어 귀족계층, 티무르를 지지했던 부족, 티무르의 추종자들, 중앙아시아 일반 유목민, 페르시아어를 구사하는 정주민 등이 나머지 5개의 원을 이루었다. 이러한 유기적인 6개의 동심원은 기병, 포병, 보병, 공병 및 코끼리부대로 이루어진 티무르식 군대 조직에 접목되었다. 티무르는 기존의 몽골군 편제를 세분화하고 당시의 첨단기술을 도입하여 혁신적인 군대를 갖추게 되었다. 또한 유목사회에 일반화된 경기병(輕騎兵)뿐만 아니라 유럽식 중기병(重騎兵)을 양성하여 기병의 활용도를 크게 높였다. 또한 보병과 포병을 함께 배치하여 병과(兵科) 간 연합작전이 가능하게 만들었다. 아울러 전문 공병대를 활용함으로써 원정부대의 전술 기동성을 배가시켰다.

티무르 군의 군사작전은 3단계로 전개되었다. 첫 번째 단계는 포격을 통한 기선제압이었다. 전통방식을 고수하는 적들이 기병을 앞세워 돌진하면 포병들이 포를 쏘아 적의 기병들을 무너뜨렸다. 두 번째 단계는 적 기병들의 전열이 무너져 혼란에 빠지면, 아군 보병들이 적 기병들과 직접 맞서며 그들을 괴롭혔다. 아울러 보병은 아군 기병들이 전장에 들어올 수 있는 진입로를 확보하는 역할을 담당했다. 세 번째 단계는 기병을 통한 전투의 마무리였다. 포격과 보병들에 의해 세력이 약화된 적 기병을 행해 아군의 기병들이 돌격하여 승부를 결정지었다. 이런 전술은 당시에 존재했던 다른 몽골제국 후예의 군대나 주변 투르크 유목군대들과 차별성을 가진 획기적인 방식이었다.

1398년 인도 원정 후에는 코끼리부대를 창설했다. 필요할 때마다 적시에 코끼리부대를 투입하여 전장을 휘젓게 했다. 코끼리들은 상대의 전열을 흩뜨려 적들을 당황하게 만들었다. 당시의 코끼리부대는 현대전으로 치면 기갑부대의 역할을 담당했다. 티무르의 복합군대는 몽골제국의 기병, 전통의 보병, 나폴레옹 방식의 포병 그리고 기갑기능을 담당한 코끼리부대로 구성되어 전술의 다양성과 효율성이 크게 향상되었다. 이렇게 14세기 최첨단의 무기와 전술을 구비한 티무르군은 국제전 170일 전승이라는 위업을 달성할 수 있었다. 티무르군의 이런 새로운 병과들의 창설과 조합은 19세기 산업화된 전쟁 이전까지 세계 최강 군대들의 표준 모델이 되었다.

> 다양한 방법을 통해 개인과 집단의 사기를 진작시키다(boosting employee engagement and team spirit). 병사들에게 정기적 고정 급여를 지급하고, 병사의 자녀에게까지 급여를 제공하다. 전사자의 가족들은 국가가 평생을 책임지다. 승리에 따른 전리품을 성과에 따라 병사들에게 공정하게 분배하다. 또한 면세 혜택, 토지 하사, 독점적 특권 부여, 사면·복권 등 다양한 보상 체계를 활용하여 헌신과 복무 동기를 강화하다(enhanced motivation & incentive system).

> 리더는 조직원의 사기를 높이고(sustainability of morale) 효과적으로 구성원들의 내적 동기를 자극해야 한다. 이를 위해 성과 중심의 보상과 인센티브 제도를 체계적이고 일관성 있게 설계·운영해야 한다. 이러한 체계는 조직 구성원들이 조직 목표(organizational goals) 달성에 적극적으로 참여하고 헌신할 수 있도록 유도하는 핵심 동력(key driver)이다.

티무르가 지배자로 등장하기 시작한 14세기 말엽 전투에서 속도는 더 이상 별다른 의미를 갖지 못했다. 몽골제국이 보유했던 기마부대의 기동성은 더 이상 차별화 요소로 작동되지 못했다. 어디서건 기병을 통한 전술 운용이 보편화되어 속도에서는 우위를 가릴 수 없었기 때문이었다. 티무르는 항상 화력의 규모에서 적군보다 열세에 있었다. 티무르는 부족한 화력과 병력의 수적 열세를 자신의 탁월한 지휘능력과 병사들의 사기 진작을 통해 극복했다. 티무르는 다양한 방법을 활용하여 병사들의 사기를 고취했다.

먼저 티무르는 병사들에게 개인적인 보상을 보장했다. 병력과 화력의 열세를 극복하고 승리를 거두기 위한 최상의 방법이었다. 중앙아시아 평정 이후 계속되는 원정으로 티무르군의 병사들은 피로가 누적되었다. 육체적으로 힘들고 어렵지만 티무르군의 정신력과 사기는 늘 적군보다 우위에 있었다. 그것은 승리에 대한 보상이 철저하게 이루어졌기 때문이었다. 티무르는 최고의 전사들을 만들어내기 위해 처우와 성과보상에 대한 사항을 법률로 제정했다.

병사의 아들들에게도 급여를 제공한다. 이 조항은 하나의 전제를 가지고 있기 때문에 중요한 두 가지의 의미가 있었다. 그 하나는 모든 병사들은 월급을 받았다는 것이다. 그리고 다른 하나는 병사의 아들들에게도 급여가 제공되기 때문에 병사가 전사하더라도 그 가족은 생계가 보장된다는 것이다. 14세기 당시 국가가 병사들에게 정기 급여를 제공한 사례는 별로 없었다. 하물며 병사의 아들들에게까지 급여를 지급했다는 것은 유례가 없는 일이었다. 정기적 급여는 장졸들에게 매달 일정한 수입을 보장했다. 그래서 그들의 충성심과 복무 동기를 자극하는 데 크게 기여했다.

티무르의 급여 지급 방식은 현금 지급을 원칙으로 했다. 티무르 통치 기간 동안 그가 지배하는 영토에서는 다양한 통화가 사용되었다. 같은 국가에서 사용된 통화라도 시기에 따라 종류가 달랐다. 티무르 제국은 중앙아시아, 페르시아, 중동, 인도, 북아프리카, 러시아 일부, 튀르키예 등을 포함하는 광대한 영역이었다. 티무르가 통치하는 동안 제국 내에서 사용된 통화도 지역에 따라 다양할 수밖에 없었다. 국가 통화 간의 정확한 교환가치를 현재로서는 알 수 없다. 아무튼 제국 내에서 일반적으로 사용되는 통화는 세 종류였다. 금화 디나르(dinar)와 틸라(tilla)는 가장 고가였다. 그래서 대규모 거래에 사용되었다. 또한 순도와 안정성으로 인해 그 가치를 인정받았다. 은화 디르함(dirham)은 일반적으로 중간 가치 거래에 사용되었다. 발행 국가와 기관에 따라 중량과 순도가 다르게 주조되었다. 동화 풀루스(fulus)는 금화나 은화에 비해 가치가 낮았다. 따라서 일반 백성들이 시장에서 물건을 사는 등의 일상 거래에 사용되는 소액 화폐였다. 그래서 티무르는 병사들에게 정해진 급여로 금화, 은화, 동화를 섞어서 지급했을 것으로 추정된다. 다만, 급여를 전장에서 본인에게 지급했는지 또는 지급받은 급여를 병사들이 어떻게 간수했는지는 알려진 바가 없다. 병사들의 급여가 고향에 있는 그들의 가족들에게 지급되었는지의 여부도 확인된 바가 없다.

티무르의 법전인 울로제니아에는 다음과 같은 조문이 들어 있었다. "장교와 병사를 격려하기 위하여 나는 금은보화를 아끼지 않는다. 그리고 그들이 내 책상으로 다가오는 것을 허락한다. 그러면 그들은 전장에서 나를 위해 자신들을 희생할 것이다."

티무르식의 성과보상 제도는 다음과 같이 정해지고 시행되었다.
첫째, 전투에서 살아남은 자는 말 한 필을 보상받는다.
둘째, 전투에서 용맹성을 발휘한 자는 말 두 필을 보상받는다.
셋째, 열 명의 부하를 거느린 장교는 병사들의 10배를 보상받는다.

넷째, 전투 중 사망한 자의 가족은 국가가 평생을 책임진다.

위에 열거한 보상규정은 단지 최소한의 지급원칙일 뿐이었다. 실질적인 보상은 이보다 훨씬 많았을 것으로 추정된다. 티무르 군은 참전하여 승리하면 전투 종료 후 전리품을 한곳에 모았다. 수습된 전리품은 일개 병사로부터 티무르에 이르기까지 실적에 따라 분배했다. 인도의 델리 술탄국 원정에서 승리한 후 병사들에게 지급된 노예의 숫자는 개인당 20명씩이었다. 티무르 군의 군사들에게 지급되는 성과보상금은 전투규모가 크면 클수록 그만큼 더 많아졌다. 참전병사들은 성과보상금으로 부자가 될 수 있었다. 특히 적군들과 치른 힘들고 치열한 전투에서는 적군의 수급(首級)을 벤 병사들에게 추가 인센티브가 지급되었다. 티무르는 그의 군대에 이와 같이 철저하고 정확한 성과급 지급 제도를 시행했다.

티무르는 급여와 전리품 지급 외에도 장졸들에게 세금 면제 또는 경제적 특권을 제공했다. 티무르는 군역에 종사하는 군인과 군수품을 제조·공급하는 백성들에게 세금을 면제해 주었다. 또한 실크로드 무역로 상의 영업권이나 특정 산업에 대한 독점과 같은 경제적 특권을 부여했다. 이런 독점적 특권은 병사들과 후방지원 계층의 경제적 복지를 향상시켰다. 또한 비급여 소득을 올리는 효과도 있었다. 티무르는 실크로드를 횡단하는 대상(隊商)들을 보호하는 무역 호송대에게도 다양한 특권을 제공했다. 호송대는 도적과 적대 세력으로부터 대상들을 보호하고, 무역로의 안전과 치안을 담당했다. 무역에 종사하는 대상들의 안전과 치안을 보장함으로써 제국 내의 경제성장과 번영을 촉진하려는 의도였다.

티무르는 장교와 병사들의 충직한 복무와 충성심을 유도하기 위해 다른 인센티브도 제공했다. 성과인정과 그에 따른 인센티브의 한 형태로 군인들에게 일정 규모의 토지를 하사했다. 이러한 토지하사는 그들에게 추가적인 수입원을 제공하고 명예로운 공로자로 자리매김할 수 있도록 했다. 그리고 티무르와 그의 정권에 대한 충성심을 공고히 했다. 또한 티무르는 용기·용맹·충성심을 발휘한 장교와 병사들의 성과를 잘 인정해 주었다. 그리고 그에 대한 보상의 수단으로 특진을 실시하고 명예로운 칭호도 부여했다. 진급과 칭호 부여는 티무르의 군대 내에서 영예롭게 인식되었다. 따라서 보다 많은 장교나 병사들이 전투에서 자신과 티무르를 위해 헌신하고 봉사할 수 있는 강력한 동기로 작용했다.

티무르는 심지어 범죄를 저질렀거나 징계를 받은 군인들도 충성심을 보이고 뉘우칠 경우 사면과 복권을 실시했다. 이러한 특별 인센티브는 대외원정 과정이나 제국 내부에서 어려움에 직면했을 때 티무르에게 강한 충성심을 유지하는 동기로 작용했다. 전쟁이든 사업이든 행정이든 모든 업무는 구성원들에 의해 수행된다. 구성원들은 사기를 먹고 살아가는 유기체이다. 유기체는 각 부분과 전체가 필연적 관계를 가지는 생명체이다. 조직체가 활발하게 움직이고 성과를 낼 수 있도록 복무 동기를 부여하는 방법은 조직마다 다를 것이다. 그러나 한 가지만은 분명하다. 조직원은 실적을 인정받고 성과보상을 받을 때 가장 큰 동기를 발휘하는 심리적 인격체라는 것이다.

정보 수집과 분석의 중요성을 인식하고, 이를 담당할 체계적인 정보 관리 시스템을 구축하다(information management system). 상인 신분으로 위장한 정보관을 파견하여 각국의 현지 정보를 수집·보고하게 하고(intelligence network), 전문가 집단을 통한 연계 분석(link analysis) 방식으로 정보를 가공·생산하다.

현대의 리더 역시 조직의 기능, 업무 및 사업과 관련된 국내외 정보와 최신 트렌드를 끊임없이 수집·분석·활용해야 한다. 이런 과정은 리더로 하여금 국내외 현안이나 위기를 선제적으로 예측하고(strategic foresight) 그에 대응할 수 있게 해준다. 또한 새로운 트렌드를 대중화 이전 단계에서 포착하여(early trend detection) 전략적 우위를 확보할 수 있게 한다. 따라서 리더는 조직 내 정보 수집과 분석을 담당할 우수 인력을 확보하고, 지식 관리 시스템(knowledge management system)과 데이터 인프라(data infrastructure)를 강화하여 전략적 의사결정 역량을 높여야 한다.

티무르는 속도를 제압할 수 있는 무기가 정보라는 것을 인식했다. 첩보(information)의 사전적 정의는 '상대편의 상황이나 형편을 몰래 알아내어 작성된 보고'를 말한다. 반면 정보(intelligence)는 '관찰이나 측정을 통하여 수집된 1차 자료(첩보)를 분석·평가하여 획득한, 적의 실정에 관한 구체적인 지식이나 자료'를 의미한다. 따라서 첩보와 정보는 의미가 다르다. 첩보는 본래 불확실성을 내포하고 있다. 그래서 첩보의 생명은 자료의 완벽성이나 정확성보다 신속성에 있다. 반면 정보란 수집된 첩보를 필요에 맞게 분석, 처리, 가공하여 이용가치를 높인 것이다. 따라서 정보의 중요성은 정확성에 있다.

첩보는 1차적으로 사실관계가 확인되기 이전에 신속하게 수집되어야 한다. 정보는 2차적으로 사실관계의 진위를 분석하고 판단하여 사실이 확인될 경우 즉각 대처할 수 있어야 진정한 가치를 갖는다. 유라시아 대륙에는 수많은 민족과 국가들이 존재했다. 이들을 정확하게 이해하고 적절하게 대처해야 제국은 생존할 수 있었다. 생존의 비결은 바로 정보의 신속성과 정확성에서 시작되었다.

티무르는 사마르칸트를 유라시아 대륙의 정보를 처리하는 허브로 만들었다. 사마르칸트에는 유라시아의 모든 길이 이어지고 대륙에 사는 많은 사람들이 드나들었다. 현대적인 관점에서 해석하면 길은 인터넷망이고 각각의 사람들은 첩보이자 정보였다. 그리고 중간 서버에 해당하는 기지국은 실크로드 상에 존재하는 카라반 사라이(caravan sarai)였다. 카라반 사라이는 실크로드의 오아시스 주변에 산재해 있는 대상들의 숙관(宿館)이었다. 카라반 사라이는 대상들이 단순히 쉬거나 묵어가는 장소뿐 아니라, 각지의 대상들이 서로 만나 문물을 교환하는 교역의 장소였다. 오고가는 대상들로부터 세금을 징수하는 세관((稅關)이기도 했다. 또한 식량과 물을 비롯한 여행 필수품을 제공하거나 사고파는 시장이었다. 대륙에 산재하는 수많은 정보들이 다양한 사람들에 의해 수수(授受)되고 카라반 사라이를 거쳐 실크로드를 따라 사마르칸트에 보고되었다. 드넓은 유라시아 대륙을 따라 카라반 사라이를 경유하여 파발꾼들이 신속하게 정보를 전달했다. 기존 몽골제국의 역참제를 계승 발전시킨 것이다. 또한 티무르는 재위 기간 내내 국가정책으로 각지에 상인으로 위장한 정보관들을 파견했다. 정보관들은 각 나라의 지도와 기록물을 수집 보고했다. 따라서 티무르는 국제 정세에 정통했으며, 그의 원정은 신속하고 성공적으로 수행되었다. 전달된 정보는 지역 관련 정보의 경우 지역전문가들이, 특정 분야와 관련된 정보의 경우 해당 전문가들이 이를 분석하였다.

티무르의 정보수집 체계가 특별한 것은 아니었다. 정보수집 체계는 칭기즈칸이 다스리던 몽골제국에도 있었고, 대륙의 어지간한 국가들은 대부분 갖추고 있었다. 『아미르 티무르』를 집필한 인하대학교의 성동기 교수에 따르면, "티무르가 다른 시대, 다른 국가들과 차별화되는 정보망을 구축한 것은 링크 방식을 도입했기 때문"이라고 한다. 링크 방식은 정보의 수집(入線)과 분석·전달(出線) 사이에 링크로 여러 개의 접속 단계를 설치하여 제어하는 방식을 일컫는다. 링크의 개념은 지속적인 정보의 축적과 분석의 전문성을 의미했다. 티무르는 정보의 중요성과 진위 분석의 신뢰도를 높이고 대처능력을 강화하기 위해 링크를 일상화시켰다. 정보의 사실관계를 객관적이고 신뢰도가 높게 분석하려면 링크로 연결되는 일련의 과정이 필요했다. 다양한 정보의 내용을 처리하는 데는 사마르칸트의 전문가 집단이 링크 역할을 했다.

제국의 영역 어떤 곳에서라도 수집된 정보들은 언어적 장벽이 없이 고도로 전문화된 집단들을 통해 분석되었다. 각각의 정보에 대해 해당 전문가들이 현재의 링크 방식으로 진위를 확인하고 분석을 반복했다. 이런 과정이 반복되면 신뢰도 높은 정보가 여과·추출·생산되었다. 그래서 현안에 대한 확률 높은 대처방안을 도출할 수 있었다.

전술한 바 있는 델리술탄국의 코끼리부대 격파, 오스만투르크와의 앙카라 전투에서의 지형 활용 등은 정보를 링크화시켜 추출한 분석의 결과였다. 티무르가 장기간에 걸친 대외원정에서 전승을 거둔 것도 정보 분석 결과를 실제 전투에 활용했기 때문이었다. 티무르가 원정을 떠날 때면 이미 해당지역의 모든 지형지물이 여러 장의 그림으로 완성되어 있었다. 그래서 그는 최적의 전술 전략을 구사할 수 있었다. 그래서 인하대학교의 성동기 교수는 "티무르는 원정을 떠나기 전 이미 이겨놓고 승리했던 것"이라고 표현한다. 현대사회는 정보화 사회이다. 정보전에서 뒤지면 기관이나 조직은 도태되거나 쇠락의 길을 걷게 된다. 현대를 살았더라도 티무르는 훌륭한 국가수반이나 공공 기관장 또는 민간기업의 최고경영자로 큰 성과를 냈을 것이다.

> 소외계층 없는 사회와 국가를 만들기(inclusivity) 위해 다양한 노력을 기울이다. 이슬람 수피즘 교단을 지원하여 소외계층에게 음식, 숙박과 같은 복지혜택을 제공하고(social welfare & support), 제국 내 이슬람 공동체를 대상으로 의료·위생 지원 및 불우이웃 돕기 등 체계적인 복지정책을 시행하다. 또한 여성에 대한 차별과 소외를 완화하고, 자연재해나 기근 등 어려운 시기에는 조직적인 자선과 구휼 활동을 전개하다(crisis relief).
>
> 현대의 리더 역시 조직 운영 과정에서 소외된 부서나 구성원이 없는지 세심하게 살펴야 한다. 조직은 핵심부서나 핵심 인력만으로 운영될 수 없으며, 모든 구성원의 참여와 헌신이 필요하다. 따라서 리더는 포용적 리더십을 발휘하여 모든 구성원이 공정한 대우(equitable treatment)와 고른 혜택을 누릴 수 있는 정책과 절차를 갖춘 운영 체계를 구축해야 한다. 이러한 포용적 리더십

> 은 조직의 결속력과 지속 가능한 성장을 뒷받침하는 기반이 된다.

티무르는 소외계층이 없는 국가와 사회 공동체를 만들기 위해 노력했다. 1370년 트란스옥시아나의 권력을 장악한 이래 티무르가 중앙아시아를 평정하고 유라시아대륙을 지배한 원동력은 그의 백성들에게서 나왔다. 그의 백성들은 오랜 기간 억압적인 외부세력의 지배에 시달렸다. 우마이야 왕조와 압바스 왕조의 아랍세력, 페르시아, 셀주크투르크, 몽골제국이 차례로 중앙아시아를 거쳐 갔다. 그의 백성들은 이들 외부세력들의 잊힌 후손들이었다. 잊힌 자들에게 유일한 희망은 기억과 관심이다. 티무르는 그의 백성들이 자신을 오래 기억해주고, 백성들에게 지대한 관심을 기울인 지배자로 인식될 수 있도록 각고의 노력을 기울였다.

티무르는 자신이 실현하려는 소외계층 없는 사회와 국가를 만드는 기반으로 수피교단에 주목했다. 수피즘은 이슬람교의 한 분파이다. 수피즘은 이슬람의 전통적인 율법은 존중하되, 일체의 형식은 배격한다. 내면적 각성과 코란의 신비주의적 해석을 강조한다. 티무르는 어려서부터 수피즘에 심취한 아버지를 보고 자랐다. 그는 수피즘을 장려하여 국교로 삼았다. 특히 티무르는 수피즘의 대가로 종교지도자인 사이드 바라카를 스승으로 모셨다. 대외원정의 가부나 원정 시기에 대한 자문을 구하기도 했다. 티무르는 그의 제국 전역에서 수피교단을 적극 후원했다. 수피즘은 티무르 시대 중앙아시아에서 정신적·문화적 생활의 핵심 역할을 했다. 티무르는 수피교단에 직접적인 재정 지원, 토지 하사, 성지 순례자 숙소와 모스크 및 병원의 건립 등 다양한 지원을 했다. 교단 지도자들 개인에게도 많은 기부를 하고 급여도 지급했다. 청빈과 금욕을 중시하고 실천하는 수피교단은 티무르의 모든 재정지원을 자선활동과 모스크 인근의 지역사회에 대한 구휼활동에 사용했다. 칸카(khankah)는 특별하게 설계된 수피즘 건물이었다. 운영은 수피교단에서 맡았다. 칸카는 전통적으로 국가가 후원하는 수피교도들을 위한 주택이자 수행과정에서 사회적 삶을 실천할 수 있는 공간이었다. 칸카에는 병원, 주방, 숙박 등 공공 서비스를 위한 부속건물이 있었다. 칸카는 소외계층에게 음식, 숙박, 의료 및 기타 복지혜택 제공 등의 자선활동을 펼쳤다. 거의 모든 재원은 티무르가 제공했다.

중앙아시아 지역에는 오래 전부터 '마할라'(Mahalla)라는 독특한 제도가 있었다. 중앙아시아 농경사회에서 발달된 일종의 지역 공동체였다. 종교, 민족, 신분을 초월한 생활 공동체적 성격을 띠었다. 이러한 마할라의 전통은 오늘날에도 유지되고 있다. 공동체의 책임자는 오크소콜(oqsoqol)이라 불렸다. 연령, 사회적 경험, 지혜 등을 고려하여 주민들이 직접 선출했다. 마할라는 공동체 구성원들의 경조사(慶弔事) 지원, 공동체 내의 전통 및 예절 교육, 의료 및 위생 지원, 불우이웃 돕기 등 복지 지원, 공동체 사업 등을 수행했다. 티무르는 이런 마할라의 전통을 재정적으로 지원했다. 돌이켜 보면 티무르 자신도 유년시절 마할라로부터 많은 도움을 받았다. 어머니를 일찍 여의고 아버지가 수피즘에 빠져 집을 비우면 형과 누나들이 티무르를 보살폈다. 그런 일은 바로 마할라의 지원이 있었기 때문에 가능했다. 티무르 시대 마할라 운영의 상당 부문은 티무르의 재정지원 덕분이었다. 마할라는 비정부 지역공동체였기 때문에 중앙아시아를 지배하던 정복 국가들에게는 경계의 대상이 되는 존재였다. 몽골제국의 지배자들도 마할라를 탐탁지 않게 여겼다. 그러나 티무르는 중앙아시아 태생이었다.

티무르는 어려서부터 마할라의 혜택을 받고 성장했다. 그래서 마할라의 필요성을 잘 알고 있었다. 무슬림 사회에서는 자선, 기부, 희사가 신자들의 중요한 의무 가운데 하나였다. 이슬람 기본 교리에는 다섯 개의 실천 기둥(五柱)이 있다. 그것은 신앙고백인 샤하다(shahada), 하루 다섯 번의 기도인 살라트(salat), 구빈·자선의 의무인 자카트(zakat), 라마단 기간 중의 금식인 사움(ṣawm), 메카로의 성지 순례인 하지(hajj)이다. 이렇게 실천 의무에 속할 만큼 구빈과 자선은 중요했다. 자카트는 아랍어로 '정화'를 의미한다. 구빈과 자선을 통해 영혼이 정화되고 천국에서의 보상이 늘어난다고 믿기 때문이다. 구빈·자선에는 의무적 행위인 자카트와 자발적 행위인 사다카(sadaqah), 자신이 거주하는 지역이나 국가가 아닌 곳에의 자카트인 파트와(fatwa)로 구분된다. 구빈과 자선은 마할라 기능의 핵심이었다. 티무르는 각지의 마할라에 많은 지원금을 제공했다. 지역사회의 부유한 사람들도 티무르를 따랐다. 자기 소득이나 부의 일부를 기꺼이 기부했다. 마할라는 소외계층 없는 사회와 국가를 실현하는 중요한 전진기지가 되었다.

티무르는 21세기를 살아가는 현대의 많은 이슬람국가들이 여전히 실천하지 못하고 있는 여성에 대한 차별과 소외를 완화했다. 티무르 시대의 여성들은 상대적으로 차별이나 소외가 덜했다. 당시 투르크계 여성들은 베일을 쓰지 않았고, 하렘(harem, 이슬람 사회 부인들의 공동 거처)의 외로움도 알지 못했다. 여성들도 말을 타고 다녔으며 성지순례와 같은 장거리 여행에 남자들과 동등하게 참가했다. 티무르 시대 여성들은 자신의 개인재산을 가질 수 있었고, 고관대작의 부인들은 자기 명의의 집도 소유할 수 있었다. 여성들은 전사(戰士)인 남편들의 소중한 동반자로 대우받았다. 각종 연회에 참가했으며, 군대가 전쟁에서 이기고 돌아오면 전리품도 분배받았다. 티무르 시대 여성의 지위와 권리는 제국 내의 국가·지역·공동체별로 다양했다. 티무르 제국의 여성들은 무역, 농업, 장인 활동을 포함한 경제 분야에서 적극적인 역할을 했다. 정규 교육에 보편적으로 접근할 수 기회는 제한적이었다. 그러나 일부 여성층, 특히 부유하고 학구적인 가문의 여성들은 문학, 시, 종교 연구와 같은 과목에서 개인교사나 비공식 교육을 받을 수 있었다. 마드라사(madrasah)를 포함한 교육 기관에 대한 티무르의 후원은 여성에게도 일정한 기회를 제공했다.

티무르는 자연재해 및 기타 고난의 시기에 자선과 구휼 활동에 소홀하지 않았다. 백성들의 전반적인 복지에도 관심을 가졌다. 티무르는 기근이 닥쳤을 때 굶주리는 백성들에게 식량과 식료품을 지급하고 조직적인 구호 활동을 펼쳤다. 곡물, 빵 및 기타 생활필수품을 지급하는 것은 기본이었다. 가난한 백성들에게 무상으로 재정 지원을 하거나 장기저리의 융자를 국고로 지원하기도 했다. 티무르는 제국 전역의 여러 도시에 고아원과 빈민층을 위한 공공주방(imaret)을 운영했다. 또한 과부 및 기타 취약 계층을 위한 쉼터를 세워 소외계층들을 보살폈다. 국경에 위치한 요새화된 수도원이나 수비대를 의미하는 리바트(ribat)도 빈민 구호에 자주 활용되었다. 리바트는 본래 국경수비 겸 예배장소와 여행자 숙소용으로 건립되었다. 그러나 가난한 사람들에게 음식과 쉼터를 제공하는 등 자선활동 시설로도 자주 활용되었다. 티무르의 업적은 군사적 정복활동이나 광대한 제국의 영토에만 국한되지 않는다. 사회 복지와 자선 사업에 대한 공헌도 그의 중요한 유산에 포함된다. 티무르는 그의 제국의 안정과 번영을 최우선 목표로 삼았다. 그가 추구하는 제국의 안정과 번영에는 소외계층 없는 지역사회와 국가를 건설하는 것도 중요한 과제로 포함되었다.

참고문헌

성동기, 『아미르 티무르 닫힌 중앙아시아를 열고 세계를 소통시키다』, 씨네스트 2010.

이주엽, 『몽골 제국의 후예들 : 티무르제국부터 러시아까지』, 책과함께 2020.

Ron Sela, 『The Legendary Biographies of Tamerlane: Islam and Heroic Apocrypha in Central Asia』, Cambridge University Press 2011.

데니스 웨프먼, 한영탁 옮김, 『인물로 읽는 세계사 : 티무르』, 대현출판사 1993.

버나드 루이스, 김호동 옮김, 『이슬람문명사』, 이론과실천 1994.

정수일, 『실크로드 문명기행 : 오아시스로 편』, 한겨레출판사 2006.

【삼봉 정도전】

제7장

삼봉 정도전

개혁과 혁신으로
민본 세상을 여는 실천가가 되다

제7장
삼봉 정도전

가. 인물의 개요

조선 개국 7년째인 1398년 10월 6일 2경(밤 9시~11시) 무렵 무장한 사병(私兵)들이 야음을 틈타 은밀히 움직이고 있었다. 태조 이성계의 다섯째 아들 이방원이 이끄는 군사들이었다. 안산군수 이숙번이 지휘하는 관군도 합류해 있었다. 군사들은 송현방(현 종로구 트윈트리타워 인근) 주변을 에워쌌다. 방원은 말에서 내려 병사 여남은 명에게 어느 집을 포위하게 했다. 개국공신 남은이 아끼는 첩의 집이었다. 정자에서는 정도전이 측근인 의성군(宜城君) 남은, 부성군(富城君) 심효생(沈孝生) 등과 주연을 벌이고 있었다. 그들은 등불을 환히 켜놓고 술잔을 기울이며 정담을 나누고 있었다. 대문 바깥에는 안장을 풀지 않은 말 몇 마리가 매어 있었다. 늦은 시각인지 말구종들은 모두 곤하게 단잠에 빠져 있었다.

안산군수 이숙번은 그 집의 이웃집 서너 곳에 불을 지르라고 소리쳤다. 아비규환의 혼란 속에 이근, 정지화, 심효생 등은 현장에서 참살되었다. 정도전은 옆집으로 도망쳤다. 그러나 이내 붙잡혔다. 방에서 끌려나오며 방원에게 살려달라고 목숨을 구걸했다고 한다. 그러나 정도전이 정말 목숨을 구걸했는지의 사실 여부는 확인할 수 없다. 정도전은 그렇게 죽음을 맞이했다. 이후 500년 간 정도전은 조선의 난신이 되었다. 이튿날 세자 방석과 그의 형 무안대군 방번, 그리고 그들의 자형(姉兄)인 흥안군(興安君) 이제도 살해되었다. 이른바 제1차 왕자의 난이었다. 정도전이 뒤집어쓴 죄목은 반란예비음모죄였다. 『태조실록』에 따르면 정도전 일당은 나이 어린 세자를 내세워 국정을 농단했다고 한다. 자신들 뜻대로 권력을 휘두르기 위해 방원을 비롯한 세자의 이복형들을 제거하려고 모의했다는 것이다. 세자 방석은 태조의 둘째 부인인 경처(京妻) 신덕왕후 강씨 소생이었다. 세자에게는 장성한 이복형들이 네 명이나 살아 있었다. 태조의 첫째 부인인 향처(鄕妻) 신의왕후 한씨 소생들이었다. 그중 조선 개국에 혁혁한 공을 세운 이방원은 어린 세자의 앞길에 큰 위협으로 간주되었다. 정도전 등이 그 화근을 제거하려고 음모를 꾸몄다는 것이었다. 운명의 그날 밤 정도전은 임금이 위중하다며 이방원 등 왕자들을 긴급 소집했다고 전한다. 정도전이 왕자들을 궁궐로 끌어들여 모두 죽일 참이었으나 이를 먼저 눈치챈 방원이 선제공격을 가했다고 한다.

그러나 이 모든 것은 후일 승자인 태종 이방원 측의 주장에 근거하여 작성된 기록이나 전언일 뿐이다. 정도전의 집은 송현방에서 매우 가까운 수진방에 있었다. 수진방은 현재의 종로구 수송동 종로구청 자리에 있었다. 당시 정도전은 의흥삼군부(義興三軍府)의 판사(判事)를 겸하고 있었다. 오늘날로 치면 합참의장에 해당한다. 궁중쿠데타를 일으킬 계획이었다면 분명 군사들을 대동했을 것이다. 그러나 집에서 그리 멀지 않은 거리라 달랑 말구종만 데리고 갔다가 변을 당한 것이다. 정도전이 정말 반란을 모의했다면 호위하는 병사 한 명도 없이 거동했을까? 더구나 거사가 임박한 결정적인 순간에 한가로이 술잔을 기울이며 정담이나 나누고 있었을까?

『태조실록』은 "방에서 엉금엉금 기어 나와 살려달라고 애원하는 정도전의 목을 정안군이 베었다"고 기록하고 있다. 그러나 정도전이 그렇게 구차하게 목숨을 구걸하지는 않았을 것 같다. 정도전의 최후를 전혀 다르게 추정해 볼 수 있는 시 한 편이 전해온다. 세상을 떠나기 직전 자신의 심정을 기록한 한시이다. 그의 문집인 『삼봉집』에 실려 있다.

「자조(自嘲)」

操存省察兩加功 (조존성찰양가공)
(마음을 다잡고 성찰하는 일에 공력을 다하고)

不負聖賢黃卷中 (불부성현황권중)
(책 속에 담긴 성현의 말씀 저버리지 않았네)

三十年來勤苦業 (삼십년래근고업)
(삼십 년 긴 세월 고난 속에 쌓아온 노력이)

松亭一醉竟成空 (송정일취경성공)
(송현방 한잔 술에 그만 허사가 되었네)

정도전(鄭道傳, 1342년~1398년)은 고려 말과 조선 초를 살았던 문신이자 정치가였다. 본관은 봉화이고 호는 삼봉(三峯), 시호는 문헌(文憲)이다. 그는 백성들이 잘 사는 새로운 세상을 만들기 위해 평생을 고심했다. 또한 권문세족의 부패 정치와 이에 기생하는 불교를 신랄하게 비판했다. 그래서 불꽃같은 혁명가의 삶을 살았다. 정도전은 태조 이성계를 도와 고려 왕조를 무너뜨리고 조선 왕조를 세웠다. 제위에 오른 사람은 이성계지만 실질적인 조선 건국의 기획자는 정도전이었다. 조선은 우리 역사상 전쟁을 치르지 않고 건국된 유일한 왕조이다. 정도전은 무력이 아니라 혁명(革命)을 통하여 조선을 건국했다. 이 때 혁명은 영어 레볼루션(revolution)의 의미가 아니다. 그것은 하늘의 명령인 천명(天命), 즉 왕을 바꾼다(革)는 뜻이다. 고려조의 왕(王)씨가 조선조의 이(李)씨로 바뀌었으니 역성혁명이었다. 정도전은 성리학적 이념을 토대로 조선 건국을 기획하고 설계했다. 조선 초 국정의 기초 작업을 도맡은 사람도 정도전이었다. 조선이라는 국가 건설은 왕조의 성씨만 바뀌는 단순한 왕조교체가 아니었다. 그것은 부패한 고려 말의 각종 구악을 단번에 청산하는 엄청난 개혁이었다. 그렇게 함으로써 도탄에 빠진 백성을 구해내기 위한 감동적인 드라마였다.

사실 개국과정에서 정도전은 후일 조선의 제3대 임금이 되는 이방원과 동지적 관계였다. 사사로이는 방원의 스승이기도 했다. 두 사람은 서로를 숙부와 조카로 불렀다. 이방원은 이성계의 자식 중 유일하게 16세

때 고려의 문과시험에 급제한 재원이었다. 방원은 탁월한 식견과 정치적 판단으로 건국과정의 고비마다 중요한 역할을 수행했다. 그러나 조선 개국 이후 두 사람의 사이는 틀어졌다. 이성계 이후의 왕권승계를 염두에 둔 정도전은 신덕왕후 강씨와 연합했다. 그래서 방원을 집중 견제했다. 우선 정도전은 방원을 개국공신 명단에서 제외했다. 결정적인 것은 세자 책봉이었다. 세자 자리는 아무런 공이 없는 이성계의 막내아들 방석에게 돌아갔다. 게다가 방원이 거느리고 있던 사병(私兵)은 강제로 혁파되고 병장기는 압수되었다. 무엇보다 정도전과 이방원은 국가 운영의 실질적 주체를 누구로 볼 것인가에 대한 생각이 근본적으로 달랐다. 정도전은 재상 중심의 신권정치(臣權政治)를 꿈꾸었다. 젊고 강직한 성품의 간관(諫官)과 유능하고 청렴한 재상(宰相)이 통치하는 조선을 바랐다. 방원은 군왕 중심의 왕권정치(王權政治)를 꿈꾸었다. 왕권정치를 펼치려면 임금이 되어야 하고, 임금이 되려면 먼저 세자로 책봉되어야 한다. 그러나 정도전은 이방원의 이런 야심을 원천 봉쇄했다. 정도전은 이방원과 갈등을 일으키고 충돌할 수밖에 없었다. 정도전은 죽음에 이르는 위험한 길을 걷고 있었다.

정도전은 유배시절의 경험에서 백성을 귀하게 여기는 민본사상을 체득했다. 그의 민본사상의 뿌리는 맹자로부터 시작되었다. 그는 부모상을 치를 때 정몽주가 여막(廬幕)으로 보내준 『맹자』를 탐독했다. "백성이 가장 귀하고(民爲貴), 사직은 그 다음이며(社稷次之), 군주는 가장 가볍다

(君爲輕)"라는 구절을 되새겼다. 군주가 올바로 다스리지 못하면 백성들이 군주를 바꿀 수 있다는 맹자의 혁명사상에 공감했다. 정조전은 맹자의 민본사상을 새로운 국가의 경영 철학으로 제도화시키고 실천했다.

무신정권과 원나라의 간섭기를 거치며 고려는 14세기 후반 명운이 다해 가고 있었다. 정도전은 10여년의 유배와 정치적 낭인 생활을 경험하는 동안 백성들의 고달픈 삶을 목격했다. 가장 큰 문제는 토지제도의 문란에 있었다. 권문세족들은 권력을 이용하여 산과 강을 경계로 할 정도의 대토지를 겸병했다. 심지어 한 명이 경작하는 토지에 주인이라고 나서는 사람이 예닐곱에 달하는 경우도 있었다. 백성들의 삶은 피폐해졌다. 정도전은 이런 불합리한 폐단을 끊어내고 싶었다. 그래서 사전(私田) 혁파를 자신의 사명으로 삼았다. 정도전은 토지개혁 방안을 연구했다. 그가 구상한 방법은 계민수전(計民授田)이었다. 이는 전국의 토지를 국가에 귀속시켜 모든 농민들에게 식구수대로 분배한다는 것이었다. 매우 혁신적인 방안이었다. 그러나 그의 전제개혁안은 기득권층의 큰 반발에 부딪쳤다. 정도전 일파는 타협안을 제시했다. 1388년 시작된 전제개혁 문제는 1390년 주요 지방의 양전사업이 완료되고 1391년 과전법으로 결실을 맺었다. 정도전과 조준 등 개혁파들은 구 토지대장을 모두 불태워버렸다. 불타는 토지대장을 보며 고려의 공양왕과 권문세족들은 눈물을 흘렸다고 한다. 반면 이성계와 정도전이 이끄는 혁명파는 민심을 얻을 수 있었다. 앞서 1388년 위화도 회군으로 혁명파는 이미 군권과 정권을 장악했다. 전제개혁으로 이제 혁명파는 국가 재정권까지 틀어쥐고 조선건국의 기초를 다질 수 있었다.

 이성계는 개국 2년 뒤인 1394년에 새 도읍으로 천도하기로 결심했다. 개경에는 왕릉을 비롯하여 도처에 고려의 흔적이 남아있기 때문이었다. 정도전은 처음에는 천도에 강하게 반대했다. 백성들에게 부담을 주지 않기 위해서였다. 그러나 이성계는 끝까지 한양 천도를 고집했다. 정도전은 수도 한양 건설의 총책임자에 임명되었다. 그는 과업을 맡은 즉시 새 도읍 건설에 착수했다. 1394년 9월 한양에 머물면서 궁궐을 지을 위치를 정했다. 이어 전각, 종묘, 사직단, 시장, 도로 등의 설계를 완성했다. 오늘날 서울의 중심도로인 세종대로(옛 태평로), 종로(옛 운종가), 남대문로의 골격도 이때 만들어졌다. 정도전은 도성축조도감의 책임자가 되어 한양도성의 터를 정하고 성을 쌓았다. 도성을 드나드는 4대문의 이름도 지어 바쳤다. 동쪽은 흥인지문(興仁之門), 서쪽은 돈의문(敦義門), 남쪽은 숭례문(崇禮門), 북쪽은 소지문(昭智門, 나중에 숙청문, 숙정문으로 바뀜)이라 지었다. 정도전은 운종가와 남대문로가 만나는 곳에 한 건물을 지었다. 현재의 보신각(普信閣) 자리였다. 수도 한양의 상징물로서 한옥 누각을 짓고 천정에 종을 매달았다. 여기에서 통행금지를 알리는 인경(人定)과 통행금지 해제를 알리는 파루(罷漏)를 쳤다. 4대문과 보신각의 명칭은 유교의 오상(五常)에서 따왔다. 그것은 사람이 지켜야 할 다섯 가지 덕목인 인의예지신(仁義禮智信)이었다. 이로써 한양은 유교의 5덕을 갖춘 도시의 상징이 되었다.

    1395년 10월 궁궐 건축이 완성되었다. 이성계는 종묘에 나가 제향을 올렸다. 그 후 궁궐로 돌아와 신료들을 위해 연회를 베풀었다. 연회 자리에서 이성계는 정도전에게 새 궁궐의 이름을 지어 바치라고 명했다. 정도전은 즉석에서 『시경』「주아」편의 한 구절을 읊조렸다. "이미 술로 취하고(旣醉以酒), 덕으로 이미 배가 불렀어라(旣飽以德). 임금이여 만년토록(君子萬年), 큰 복을 누리소서(介爾景福)." 그리고는 끝부분 '개이경복(介爾景福)'에서 경복을 따 경복궁으로 청해 올렸다. 즉석에서 고문의 글귀 중 그럴듯한 구절을 골라 궁의 이름을 지어 올리는 그는 과히 천재였다. 정도전은 경복궁 내 각 전각들의 이름도 지어 바쳤다. 근정전(勤政殿)은 '부지런히 정사에 임한다.', 사정전(思政殿)은 '깊이 정사를 생각한다.', 향오문(嚮五門)은 '다섯 가지 복을 향한다.', 강녕전(康寧殿)은 '건강하고 마음이 편하다.', 교태전(交泰殿)은 '하늘과 땅의 기운이 조화롭게 화합하여 만물을 생성한다.'는 뜻이다. 정도전은 모든 전각의 이름을 『서경(書經)』,『주역(周易)』 등 옛 문헌의 명문 구절에서 인용했다.

    정도전은 눈코 뜰 새 없이 바삐 국사를 처리하면서 저술활동도 활발히 했다. 1392년에는 『오행진출기도(五行陣出奇圖)』와 『강무도(講武圖)』,『진법(陣法)』을 지어 군사훈련에 활용했다. 1393년에는 「문덕곡」, 「몽금척」,「수보록」,「납씨곡」,「정동방곡」 등의 악사를 지었다. 그래서 궁중음악의 기틀을 잡는데도 기여했다. 1394년에는 국가통치의 기본 원리를 정리한 서책을 저술했다. 그것은 조선 왕조의 헌법 초안이라고 할 수 있는『조선경국전(朝鮮經國典)』이었다. 이 책의 핵심은 민본사상이었다. 현재 우리 헌법의 기본이념이나 원리와도 맞닿아 있다. 아울러 같은 해『심난기(心難氣)』,『기난심(心難氣)』,『이유심기(理諭心氣)』등 세 편의 철학논문을 완성했다. 또한 1395년에는 정총과 함께『고려사(高麗史)』를 썼고,『조선경국전』을 보완한『경제문감(經濟文鑑)』을 지었다. 여기서 경제는 경국제세(經國濟世)의 축약어로, 나라를 잘 다스려 세상을 구제한다는 의미이다. 또한 지방행정제도와 지방수령 이론을 정리한『감사요약(監司要約)』을 저술했다. 1397년에는『경제문감』을 증보 개정한『경제문감별집(經濟文鑑別集)』을 완성했다. 1398년 처형 직전 여름에는『불씨잡변(佛氏雜辨)』19편을 완성했다. 정도전은 저술에서 불교의 교리가 갖는 폐단을 논박했다. 이 책은 동양사상사에서 독보적인 불교비판서가 되었다. 특히『조선경국전』과『경제문감』은 성종 때 완성되는 조선의 헌법전인『경국대전』의 기초가 되었다. 정도전은 저술 활동을 통하여 조선이라는 나라의 기틀을 잡고 정체성을 바로 세웠다. 저술 활동만으로도 정도전은 한 사람의 힘으로는 믿기 어려운 엄청난 성과를 이뤄냈다. 비록 정도전은 역적으로 몰려 일찍 죽었지만 그의 혁명정신은 조선시대 내내 살아있었다.

이성계는 정도전을 "학문과 역사는 아주 깊고, 지식은 고금의 변천을 꿰뚫고 있다. 공정한 의견은 모두 성인들의 말에서 출발하고, 명확한 평가는 언제나 충실한 것과 간사한 것을 갈라놓았다."고 평했다. 『태조실록』의 '정도전 졸기'에 의하면, 정도전은 술자리에서 "한고조 유방(劉邦, 중국 한나라 시조)이 장량(張良, 유방의 책사)을 쓴 게 아니라 장량이 유방을 쓴 것과 같이, 태조가 정도전을 쓴 게 아니라 정도전이 태조를 썼다"고 말했다 한다. 태조가 자신의 머리를 빌린 게 아니라 자신이 태조의 군사력을 빌렸다는 의미일 것이다. 아무튼 정도전의 민본과 재상 중심 사상은 조선 500년 통치의 근간이 되었다. 사실 정도전을 죽인 이방원도 그를 역적으로 생각하지 않았다. 역적으로 처형당한 정도전의 후손들이 버젓이 고위 관직에 올랐다는 점이 그것을 증명한다. 실제로 정도전의 장남 정진(鄭津)은 세종 때 형조판서를 지냈다. 증손 정문형(鄭文炯)은 세조, 성종을 거쳐 연산군 재위 시에는 우의정까지 올랐다. 정도전은 1398년 처형된 이후 조선의 모든 역사에서 역적으로 남았다. 1865년 고종은 임진왜란 시 불에 탄 경복궁을 중건했다. 그리고 경복궁 창건에 공이 컸던 정도전의 관작을 회복시키고 문헌(文憲)이라는 시호를 내렸다. 그가 죽은 지 470년의 세월이 흐른 후였다.

나. 출생과 성장과정

정도전은 1342년 아버지 정운경과 어머니 영주 우씨와의 사이에서 장남으로 태어났다. 그의 출생지는 외가였던 충청도 단양 혹은 그의 본향인 경북 봉화(현재의 영주시)로 알려져 있다. 그러나 그것을 증명할 확실한 역사적 기록은 없다. 외할머니가 노비였다는 기록이 『태조실록』의 「정도전 졸기」에 보이나 그것의 진위 여부는 알 수 없다. 그의 집안은 봉화에서 대대로 향리를 지냈다. 정도전이 지은 그의 아버지의 행장에는 5대조 정공미가 호장(戶長)을 지냈다고 적혀있다. 호장이란 향리직(鄕吏職)의 우두머리로 조선시대의 이방이나 형방 같은 말단 관리였다. 그런 정공미가 봉화 정씨의 시조이니 그의 선조 중 더 높은 지위에 오른 인물은 없었던 듯 하다. 한마디로 정도전은 한미한 집안 출신이었다. 그러나 아버지 정운경은 개경에 유학하여 고려 충숙왕 때 문과에 급제했다. 당시는 향리 출신들이 과거를 통해 중앙 정계에 진출하여 신진 사대부 계층을 형성하던 시기였다. 아버지가 벼슬을 시작할 때 정도전의 나이는 여덟 살이었다. 정운경은 후일 벼슬이 형부상서까지 올랐다. 형부상서는 임금이 직접 임명하는 정3품 당상관이었다. 오늘날로 치면 법무부장관에 해당한다.

정도전은 타고난 자질이 총명하고 영리했다. 어렸을 때부터 공부를 좋아했고 두루 많은 책들을 읽었다. 그는 방대한 독서량을 자랑했다. 어린 시절 정도전은 고향 인근의 향교에 다니며 글을 배우고 책을 읽기 시작했다. 유년시절 정도전은 가학(家學)과 유생 최림을 통해 기초학문을 배웠다. 그 후 정도전은 아버지를 따라 개경으로 올라와 당대의 명유(名儒) 이색 문하에서 공부를 했다. 이때가 정도전의 나이 열서너 살 무렵이었다. 이색은 열세 살이던 1341년 성균관시험에 합격했다. 1348년 원나라 국자감(國子監)의 생원(生員)이 되어 성리학을 연구하고 1351년 귀국했다. 이듬해인 1352년 다시 원나라에 사신으로 갔다. 이색은 1354년 원나라 제과(制科)의 회시(會試)에 1등, 전시(殿試)에 2등으로 합격했다. 그리고 원나라에서 벼슬까지 지낸 국제적인 인재였다. 정도전은 그런 이색에게서 성리학을 배웠다. 성리학은 도덕정치의 실현을 이상으로 삼았다. 이를 위해서는 최고 권력자인 임금이 과오를 범하지 않도록 간해야 했다. 그래서 임금의 잘못을 바로 잡는다는 의미의 정군(正君) 혹은 격군(格君) 이론을 고도로 발전시켰다. 1360년 정도전은 진사시에 급제한 후 성균관에 입학했다. 그는 성균관에서 성리학의 새로운 사상과 개혁이념을 깊이 이해하게 되었다. 정도전은 성리학을 익히고 또 익혔다. 성균관의 진취적이고 개혁적인 면학 분위기는 정도전의 학구열을 자극했다. 타고난 자질이 뛰어났던 정도전은 이색의 문도들 중에서도 단연 두각을 나타냈다. 이색의 문하에는 정몽주, 이숭인, 권근, 이존오, 박의중, 윤소종 등이 있었다. 모두가 후일 여말선초의 중앙정계를 주름잡은 개혁파 정치가들이었다. 정도전은 특히 다섯 살 위의 정몽주와 깊은 교분을 쌓았다.

   정도전의 청소년 시절 고려는 정계와 불교 지도층의 타락과 토지수탈로 백성들은 도탄에 빠져 있었다. 권문세족들은 토지를 겸병하고 양민들을 노비로 삼았다. 정도전은 청소년기 공민왕의 반원 정책과 각종 혁신적인 조치들을 접하며 자랐다. 1356년 원나라 기황후를 등에 업고 공민왕에게 반란을 꾸민 기철 형제가 처단된 것도 알았다. 정도전이 열네 살이 되던 해의 일이었다. 정도전은 열여덟 살 때인 1360년 성균시(成均試)에 합격했다. 이어 2년 후인 1362년 문과 동진사(합격자의 한 등급)로 급제하여 1363년 관직에 출사했다. 충주사록(忠州司錄)을 거쳐 전교시주부(典敎寺主簿), 통례문지후(通禮門祗候)를 지냈다. 그러나 그의 관직생활은 순탄하지 않았다. 1366년 1월과 12월 아버지와 어머니를 연달아 여의었다. 정도전은 관직을 내려놓았다. 고향으로 돌아가 삼년상을 치렀다. 당시 사대부들과 지식인들은 100일 탈상을 관행으로 했다. 그러나 주자가례에 따라 정도전은 삼년상을 실천했다. 정도전은 시묘(侍墓)살이를 하며 독서와 학문연구에 매진했다. 특히 친한 벗 정몽주가 보내준 『맹자』를 읽는데 공을 들였다. 하루 반 장 또는 한 장을 넘기지 않을 정도로 정독했다. 정도전은 후일 역성혁명의 정당성과 정치이론을 밝힐 때 자주 맹자의 정치사상을 인용했다. 정도전에게 역성혁명의 정당성을 깨우치게 한 사람이 역성혁명의 철저한 반대자였던 정몽주라니! 그것은 역사의 아이러니였다. 정도전은 유교경전과 역사서만 읽은 게 아니었다. 그의 독서범위는 제자백가와 각종 병서, 불경, 음악, 수학, 의학에 이르기까지 다양했다. 정도전은 우리나라 전근대 지성사에서 독보적인 백과전서적 학문의 경지에 이르렀다. 스물일곱 살 때인 1369년 삼년상을 마치고 삼봉(북한산)의 옛집으로 돌아왔다. 옛집은 정도전이 개경살이 이전부터 남경(서울)에 장만해 두었던 허름한 초가집이었다.

이듬해인 1370년 정도전은 정7품 성균관 박사로 관직에 복귀했다. 다음해인 1371년에는 요직인 종6품 예의정랑으로 승진하며 성균관 태상박사까지 겸직했다. 임금 명의의 문서작성, 인사행정 관장, 종묘와 조회의 사무 주관, 왕실제사인 태묘제향 제의(祭儀) 등을 담당했다. 정도전은 업무처리가 꼼꼼했다. 능력을 인정받아 공민왕의 총애를 받는 신진관료로 성장했다. 정도전은 정4품 성균관 사예(成均館 司藝)와 예문관 직제학(藝文館 直提學)을 거쳐 임금의 교서를 작성하는 지제교의 직위에 올랐다. 정4품이면 고관대작에 속하는 대부(大夫)의 반열이었다. 노국공주의 사망과 신돈의 처형 이후 남색과 황음에 빠진 공민왕이 1374년 시해되었다. 1375년 부원파(附元派) 등 원나라에 우호적인 세력들은 친원(親元) 정책을 본격화했다. 그들은 공민왕 때에 끊긴 원나라와의 외교관계 회복을 요청하는 문서를 보내기로 했다. 정도전은 김구용, 이숭인, 권근 등과 더불어 도당에 격렬한 반대 상소를 올렸다. 그러나 허사였다. 몇 달 뒤 국교가 재개되고 원나라에서 사신이 왔다. 친원파 집권세력들은 반원파 정도전에게 사신영접을 명했다. 영접하면 반원의 명분이 꺾이고 거부하면 왕명위반죄로 처벌을 받는 곤경에 처했다. 정도전은 권신 경복흥의 집을 찾아가 원나라 사신의 목을 베든지 사신을 결박하여 명나라에 보내겠다고 일갈했다. 궁중의 어른인 태후를 찾아가 그 일의 부당성을 아뢰었다. 문하시중(門下侍中) 경복흥과 수문하시중(守門下侍中) 이인임 등은 정도전을 유배형에 처했다. 유배지는 전라도 나주목 회진현 거평부곡 소재동 마을이었다. 정도전은 귀양을 떠나기에 앞서 친구들과 가진 환송연 자리에서도 강직한 태도를 굽히지 않았다.

나주시 백동마을 정도전 초사(사진출처 : 네이버블로그 〈심프로 해피트레블〉)

정도전은 유배지에서 많은 농부들과 만나 대화를 나눴다. 그들은 순박하고 근면했다. 또한 세상의 이치를 알아차리는 지혜가 있었다. 민초들과의 만남을 통해 백성이 나라의 근본이라는 공맹의 가르침을 실감했다. 정치란 문무백관들의 입신양명을 위한 수단이 아니다. 그것은 백성들의 편안한 삶을 위한 것이어야 한다. 정도전은 늘 이것을 가슴에 새겼다. 그는 유배지에서 민심이 이미 고려 조정을 떠났음을 깨달았다. 백성을 위한 정치를 하려면 민심 이반이 심각한 고려조정을 어찌해야 하는가? 소인배들을 몰아내고 조정을 뒤엎을 수밖에 없다. 정도전은 유배지에서 맹자의 역성혁명에 대한 결의를 다지고 있었다. 정도전은 들에 나가 논밭을 일구기도 하고 독서와 사색을 하며 소일했다. 1377년 서른다섯 살이 된 정도전은 3년 만에 해배되어 삼봉으로 돌아왔다. 고향 봉화와 삼봉에서 4년 간 칩거했다. 이후 정도전은 북한산 밑에 초막을 짓고 학생들을 가르치기 시작했다. 인근에서 많은 제자들이 모여들었다. 그러나 얼마 지나지 않아 이곳 출신 재상이 초막을 헐어버렸다. 그래서 제자들을 데리고 부평부의 남촌으로 이사했다. 이번에는 전임 재상이 별장을 짓는다고 그의 집을 철거해 버렸다. 정도전은 다시 김포로 거처를 옮겼다. 정도전의 생활은 곤궁했다. 때로 지대(地代)를 걱정하기도 했다. 지주들의 횡포를 피해 5년 동안 네 번이나 거처를 옮겼다.

정치낭인 생활 9년만인 1383년 마흔 한 살의 정도전은 마침내 기지개를 켰다. 가슴 속에 품고 있던 역성혁명의 실행 가능성을 어느 무장에게서 발견했다. 그 사람은 동북면도지휘사 이성계였다. 이성계는 함경도 출신의 장수로 개경의 권문세족들과는 연고가 없었다. 더구나 중앙권력과 독립적인 지방의 호족이었다. 이성계는 대대로 국가에 역을 지지 않는 농민집단을 거느리고 있었다. 이들 농민집단은 이성계 가문에만 군역과 노역을 지고 세금을 바쳤다. 동북면 함주 일대의 양민 5백여 호가 이성계에게 예속되어 있었다. 사람들은 그들을 가별초라 불렀다. 가별초는 이성계가 지휘하는 사병집단이었다. 평시에는 노역을 바치는 농민이고 전시에는 무기를 드는 병농일치의 군사집단이었다. 이성계와 가별초는 끈끈한 유대를 기반으로 강력한 군사력을 발휘했다. 정도전은 그런 점을 높게 평가하고 이성계를 선택했다. 혁명에는 사대부 집단과 무인집단의 결합이 필요했다. 전자는 혁명의 이념을 제공하고 후자는 무장력을 제공할 수 있었다. 1383년 가을 정도전은 함주 막사로 이성계를 찾아갔다. 정몽주가 그 만남을 주선했을 것으로 추정된다. 사실 이성계를 가장 먼저 만난 사대부는 정몽주였기 때문이다. 정몽주는 1364년 삼선·삼계의 난 진압 시에는 종사관(오늘날의 부관참모)으로, 1380년 운봉 왜구 격퇴 시에는 조전원수(오늘날의 참모장)로, 그리고 1383년 동북면 왜구 격퇴 시에는 종사관으로 참전하여 이성계를 도왔다. 정도전은 친한 벗 정몽주로부터 이성계에 대한 좋은 평판을 들었을 것이다. 정도전은 진중에서 이성계의 호령이 추상같고 병사들의 대오가 질서정연한 것을 보았다. 정도전은 이성계에게 말했다. "참으로 훌륭합니다. 이만한 군대라면 무슨 일인들 못하겠습니까?" 이성계는 무슨 뜻이냐고 물었다. 정도전은 고려의 근심인 왜구를 물리칠 수 있다는 뜻이라고 딴청을 부렸다. 선문답 같은 대화를 나누며 두 사람은 의기투합했다. 고려의 북쪽 변방에서 새로운 왕조 조선이 잉태되고 있었다. 정도전이 마흔한 살, 이성계가 마흔여덟 살 때였다.

1384년 정몽주는 명나라와의 외교 분쟁을 해결하기 위해 사신으로 천거되었다. 그것은 해결하기 매우 어려운 문제였다. 정몽주는 정도전을 정사(正使)와 부사(副使) 다음의 외교사신인 서장관(書狀官)으로 추천했다. 정도전과 정몽주는 뛰어난 설득력과 친화력으로 모든 외교 문제를 해결하고 9개월이 지난 1385년 귀국했다. 어려운 임무를 성공적으로 마친 정도전은 개경에 도착하기도 전에 그 공을 인정받았다. 정도전은 종3품 성균관 제주·지제교(성균관을 대표하는 학무·제사·행정의 최고 책임자) 직을 하사받았다. 유배가기 전의 품계가 정4품이었으니 한 품계 오르는데 무려 11년이 걸린 셈이었다. 정도전은 현실에 안주하지 않았다. 모두가 꺼리는 지방관 외직을 자청하고 나섰다. 정도전은 경기 화성지방의 남양부사에 보임되었다. 그가 마흔다섯 살 때인 1387년의 일이었다. 정도전이 남양부사로 내려간 이유는 명확했다. 민본정치를 펼치려면 백성들의 삶 속으로 들어갈 필요가 있었다. 또한 개혁파 동지들에게 실천적인 모범을 보이고도 싶었다. 1388년 4월 요동정벌을 위해 출병했던 좌군도통사(사령관) 조민수와 우군도통사(부사령관) 이성계가 5월 위화도에서 회군했다. 이성계 등 회군파는 개경에 입성하고 군권을 장악했다. 이어 최영을 고봉현(오늘날의 고양시)으로 귀양 보내고 중앙권력을 차지했다. 같은 해 12월 최영을 개경으로 압송한 뒤 처형했다. 고려 우왕은 이성계와 조민수의 집을 급습하려다 실패하여 강화도로 쫓겨났다. 회군 직후 이성계는 정도전을 정3품 밀직부사로 발탁했다. 정도전은 이성계의 핵심참모가 되어 새나라 건설의 밑그림을 그리게 되었다. 정도전은 공민왕의 뒤를 이은 우왕과 창왕을 신돈의 자손으로 몰아붙였다. 그리고 이들을 폐위시켰다. 명분은 가짜 왕을 폐하고 진짜 왕을 세운다는 폐가입진(廢假立眞)이었다. 혁명파들은 고려의 제20대 임금인 신종의 7대손 왕요(王瑤)를 공양왕으로 옹립했다. 고려의 마지막 왕이 될 그로부터 후일 왕위를 선위 받을 심산이었다. 이로써 정도전의 조선 건국 과업은 본격적으로 시작되었다.

다. 삼봉 정도전의 리더십

> 부지런하고 폭넓은 독서와 사색, 유배·유랑 기간 동안의 현장 경험을 통해 지속적인 학습(continuous learning) 역량을 축적하며 탁월한 지적 능력을 갖추다. 이를 바탕으로 뛰어난 분석적·전략적 사고(analytical & strategic thinking)와 판단력을 발휘하여 명나라와의 외교 분쟁을 평화적으로 해결하다. 또한 정연한 논리와 예리한 통찰력으로 조선 개국의 정당성을 설파하는 통찰 기반 리더십(insight-driven leadership)을 보여주다. 축적된 지식을 토대로 국가 정책을 수립하고 정책 실행에 필요한 다양한 서적과 자료를 직접 저술하다(knowledge application).
>
> 리더는 독서, 사색, 현장 경험 등 다양한 학습 과정을 통해 조직 운영(organizational management)과 전략적 의사결정(strategic decision-making)에 필요한 지적 능력을 기르는데 힘써야 한다. 이러한 지적 능력은 리더십의 핵심 역량으로서, 조직을 올바른 방향으로 이끄는데 필수적인 자질이 된다.

정도전은 타고난 자질이 총명하고 학문을 좋아했다. 특히 어려서부터 독서를 좋아했다. 언제 어디서나 손에서 책을 놓은 적이 없을 정도였다. 정도전의 말과 글에는 설득력이 있었다. 설득력이 뛰어난 그의 언변과 문장은 그의 방대한 독서 덕분이었다. 정도전은 아는 것이 많았다. 아니 모르는 것이 없었다. '알아야 면장을 한다'는 말이 있다. 여기서 면장은 면사무소의 면장(面長)이 아니다. 면할 면(免)과 담벼락 장(牆)을 쓴 면장(免牆)이다. 이 말은 2500여 년 전부터 쓰였다. 면장은 '담장을 마주하고 있는 것과 같은 답답함에서 벗어남'이라는 면면장(免面牆)의 줄임말이다. 공자가 자기 아들에게 들려준 말에서 유래했다. 공자는 『시경』의 '수신'(修身)과 '제가'(齊家)에 대해 이렇게 가르쳤다. "공부하고 익혀야 담장을 마주하고 있는 것과 같은 답답함에서 벗어날 수 있다." 마찬가지로 리더도 끊임없이 학습하고 익혀야 한다. IMF사태를 맞은 우리나라의 어느 대통령은 "머리는 빌리면 된다"고 말했다. 반은 맞고 반은 틀린 말이다. 리더도 '빌린 머리'의 말을 이해할 수 있는 최소한의 지적 능력은 갖춰야 한다. 그래야 이를 참고해 최소한의 통찰력과 판단력을 발휘할 수 있다.

정도전은 외교사신으로 세 번이나 명나라에 다녀왔다. 명 황제 주원장은 갖가지 구실로 조선을 괴롭혔다. 원나라(北元)와의 전쟁에서 배후가 걱정되었기 때문이다. 1384년 명나라는 고려 우왕의 친원정책을 문제 삼아 무리한 요구를 했다. 그 동안 밀린 5년 치의 조공을 한꺼번에 바치라고 억지를 부렸다. 그렇게 하지 않으면 수륙 양면에서 침공하겠다고 위협했다. 정사(正使) 정몽주는 서장관(書狀官)으로 정도전을 추천했다. 두 사람은 함께 명나라에 갔다. 정도전과 정몽주는 고금의 역사와 사상에 정통했다. 국제정세에 대한 해박한 지식도 보유하고 있었다. 두 사람은 뛰어난 논리와 설득력으로 외교사신의 임무를 성공적으로 완수해냈다.

정도전은 한양 도성축조도감의 책임자였다. 도성을 드나드는 4대문과 4소문의 이름을 그가 지었다. 동대문은 '어진 마음을 북돋는다'는 흥인문(興仁門), 서대문은 '의로움을 두텁게 한다'는 돈의문(敦義門), 남대문은 '예법을 드높인다'는 숭례문(崇禮門), 북대문은 '지혜를 밝힌다'는 소지문(昭智門)으로 지었다. 또한 동북소문은 '교화를 넓힌다'는 홍화문(弘化門, 나중에 혜화문〈惠化門〉으로 개칭), 동남소문은 '빛이 사방을 밝힌다"는 광희문(光熙門), 서북소문은 '올바름을 밝힌다'는 창의문(彰義門), 서남소문은 '덕을 불러들인다'는 소덕문(昭德門, 나중에 소의문〈昭義門〉으로 개칭)으로 지었다. 모두 유교의 덕목이나 인간이 지켜야 할 도리와 관련된 명칭이었다. 정도전은 이 모든 명칭을 『서경』의 〈주서(周書)〉 등 자신이 알고 있는 고대 문헌의 명문에서 인용했다. 경복궁과 궁내 각 전각의 명칭도 자신이 암송하고 있는 옛 문헌의 명문에서 따왔다. 그의 지적 능력은 타의 추종을 불허했다.

정도전은 격무에 시달리면서도 왕성한 저술활동을 펼쳤다. 분야를 가리지 않고 정책 수립이나 실행에 필요한 서책을 직접 저술했다. 군사,

궁중음악, 국가통치를 위한 법률의 제정, 성리학의 철학적 성찰, 고려시대의 역사, 지방수령의 역할, 불교의 폐단 등을 망라한다. 그의 지적 능력은 과히 천재적이었다. 1392년 7월 17일 초대 임금으로 즉위한 이성계는 즉위 10일 후 즉위교서를 반포했다. 즉위교서는 현대로 치자면 국왕의 취임사였다. 교서작성의 책임자는 정도전이었다. 정도전은 즉위교서에 '편민사목(便民事目)' 17개조를 포함시켰다. '편민사목'은 백성을 편하게 하는 일들이라는 뜻이다. '편민사목'에 포함된 내용은 관혼상제, 수령, 전곡(典穀), 역관, 호포, 형률에 이르기까지 다양했다. 또 고려 왕족과 관료들의 처리 문제도 포함했다. 조선 왕조가 펼치려는 새로운 세상의 열망을 담았다. 정도전은 태조 이성계의 즉위명분을 천명과 민심에서 찾았다. 근거는 그의 애독서 『맹자』였다.

『맹자』〈진심장구(盡心章句)〉하편

民爲貴(민위귀) 백성이 가장 귀하고,

社稷次之(사직차지) 사직은 그 다음이며,

君爲輕(군위경) 군주는 가장 가볍다.

정도전은 민본정치에 대한 신념이 확고했다. 그는 조선왕조의 국정방향이 유교적 덕목에 기초하여 수립되었음을 분명히 했다. 즉위교서에서 정도전은 자신이 이루려고 하는 세상이 어떤 것인지 명확하게 천명했다. 정도전의 통섭적인 지적 능력이 돋보이는 글이다.

정도전은 중국의 통치제도에 대한 학습도 게을리 하지 않았다. 그런 지식들을 토대로 1394년에는 정부론을 다룬 『조선경국전』, 1395년에는 관료론을 다룬 『경제문감』, 1397년에는 군주론을 다룬 『경제문감별집』을 저술했다. 정도전은 중국의 다양한 서적에서 학습한 많은 자료를 인용했다. 『조선경국전』의 경우, 원나라의 법전인 『경세대전』과 그 서문을 모은 『경세대전서록』을 활용했다. 또한 송대의 『서산독서기』, 『춘추호씨전』도 참조했다. 『경제문감』은 송나라 시대의 유서를 주로 활용했다. 『신편 고금사문유취』 외에 『고금원류지론』, 『주례정의』, 『산당고색』, 『서산독서기』 등에서도 알맞은 것들을 발췌하고 인용했다. 『경제문감별집』은 『십칠사찬고금통요』, 『역조통략』 등 원 제국 시기 신유학의 학문적 성과를 주로 인용했다. 그밖에 『사림광기』, 『서경』, 『이천역전』에서도 필요한 사항을 인용했다. 현대로 치면 외국의 주요한 국가정책이나 경쟁 기업의 장점과 강점을 학습하고 벤치마킹했다고 할 수 있겠다. 국가·정당의 지도자나 고위관료 및 민간 기업의 리더들은 끊임없는 자기학습이 필요하다. 그런 점에서 현대의 리더들은 지적 능력을 향상시키기 위한 정도전의 개인적 노력을 꼼꼼히 살펴 벤치마킹할 필요가 있다 하겠다.

원·명 교체기의 시대적 격변 속에서 반원친명의 소신을 바탕으로, 백성을 위한 역성혁명이라는 원대한 비전을 품다(visionary leadership). 원나라 사신을 영접하라는 권력층의 명을 거부

> 하여 유배형에 처해지다. 10년 동안의 유배와 정치적 낭인 생활 속에서도 민본정치와 역성혁명의 필요성에 대한 신념을 굳건히 지키다. 나아가 역성혁명을 추진하기 위해 이성계와의 전략적 동맹(strategic alliances)을 구축하고, 수많은 장애와 난관에도 굴하지 않으며 끝내 목표를 실현해 내다.
>
> 리더는 숙고하여 선택한 전략적 목표와 비전을 실현하기 위해 끈기있게 '지속하려는 의지'(perseverance & determination)를 발휘해야 한다. 지속하려는 의지는 곧 강력한 책임과 책무(responsibility & accountability) 의식으로 이어지며, 이는 조직과 구성원을 이끄는 강력한 원동력이 된다.

고려 말에서 조선 초를 일컫는 여말선초(麗末鮮初) 시기는 정치적 격동기였다. 중국도 원나라와 명나라가 교체되는 혼란스러운 시기였다. 정도전은 10대 후반 무렵 확고한 인생의 목표를 세웠다. 요순시대의 민본정치를 본받아 도탄에 빠진 고려 백성들을 구하겠다는 꿈을 키웠다. 1374년 반원 개혁노선을 추구하던 공민왕이 살해되었다. 고려 조정은 즉각 친원반명으로 복귀했다. 나이 어린 우왕을 등에 업은 고명대신 이인임, 염흥방, 임견미, 경복흥 등 친원파 권문세족들이 권력을 장악했다. 이들은 1375년 종친, 기로(耆老, 나이가 많아 벼슬에서 물러난 선비) 및 백관들과 연대했다. 연명으로 공민왕대에 끊어진 외교관계 회복을 요청하는 문서를 원나라에 보내려 했다. 정도전은 이숭인, 김구용, 권근 등 개혁파 신진사대부들과 함께 서명을 거부했다. 뿐만 아니라 도당에 외교문서 전달에 반대하는 격렬한 상소를 올렸다. 수구파들은 끝내 회복 요청 문서를 원나라에 보냈다. 몇 달 뒤 고려와 원나라의 국교가 재개되었다.

원나라에서 파견한 사신이 고려에 도착했다. 친원파 집권세력들은 반원파 정도전에게 사신 영접을 명했다. 정도전은 권신 경복흥의 집에 찾아가 원나라 사신 영접의 부당성을 고했다. 그 태도 또한 오만하고 불손했다. 정도전은 "내가 마땅히 원나라 사신의 목을 베겠소. 그렇지 않으면 원나라 사신을 결박하여 명나라에 보내겠소."라고 큰소리쳤다. 또한 궁중의 어른인 태후(太后)에게까지 그 불가함을 극력 주청하여 권력층을 노하게 했다. 정도전의 강력한 반발에 이인임 등 수구파들은 그를 전라도 나주로 유배 보냈다. 정도전은 귀양을 떠나기 전 환송연 자리에서도 소신을 굽히지 않았다. 세도가이자 친구인 염흥방이 사람을 보냈다. 자신이 시중 경복흥의 노여움을 누그러뜨렸으니, 떠나지 말고 좀 기다려 보라는 화해의 전갈이었다. 정도전은 일언지하에 거절했다. 그 길로 말을 타고 귀양길에 올랐다. 신념을 굽힐 수 없다는 강경한 의사표시였다. 그 결과 정도전은 3년간 나주에 유배되고, 삼봉과 봉화에서 4년간 칩거하게 된다. 또한 1384년까지 10년 동안 수도 개경 출입도 금지되었다.

유배가기 직전 정도전은 정4품 성균사예(成均司藝, 유생의 음악 지도), 예문직제학(藝文直提學, 왕의 사명 제찬), 지제고(知制誥, 왕의 교서와 조서 작성) 등의 벼슬을 지냈다. 그 직위의 벼슬은 고관(高官)의 반열에 속했다. 정도전은 어려서부터 풍족하지는 않아도 궁핍한 생활은 해본 적이 없었다. 그런 그에게 유배생활은 외롭고 힘들었다. 가까이 지내던 벗들도 하나둘씩 그를 멀리했다. 개경의 집안 형편은 어려워지고 식솔들은 끼니 걱정까지 하게 되었다. 현인군자의 삶이 진실로 이런 것이냐는 아내의 편지에 정도전의 가슴은 미어졌다. 정도전의 유배지인 나주목 회진현 거평부곡은 천역에 종사하는 하층민들의 거주지였다. 정도전은 이들 하층민들과 어울려 살아갔다. 그러면서 민초라는 개념의 현실적인 의미를 깨달았다. 백성들은 근면하고 순수했다. 순박하면서 허영에 들뜨지 않았다. 가난하지만 서로를 돕고 살았다. 심지어 귀양살이하는 그에게도 호의를 베풀었다. 이해득실을 따지지 않고 유배생활을 하는 그를 후대했다. 정도전은 백성들과 직접 접촉하는 삶을 통해 많은 것을 깨우쳤다. 또한 그는 백성이 나라의 근본임을 실감했다. 아울러 백성에게는 먹는 것이 하늘이라는 정치적 신념을 더욱 굳히게 되었다. 정치란 농사짓고 허드렛일을 하는 백성들을 위한 것이다. 유배와 정치낭인 생활을 하는 동안 정도전은 그것을 가슴 깊이 새겼다. 정치적 야인으로 지내는 동안 정도전은 민심이 이미 고려왕조를 떠났음을 절감했다. 반드시 새로운 세상을 만들어야 할 사명감을 느꼈다. 당대 고려의 지배층을 대신할 정치세력의 결집도 필요했다. 그러자면 궁극적으로 고려왕조를 끝내야 했다. 가장 힘든 시기에도 정도전은 민본정치에 대한 희망의 끈을 놓지 않았다.

　1383년 정도전은 동북면도지휘사 이성계를 찾아갔다. 새로운 세상을 여는데 필요한 연대를 위해서였다. 이성계와의 면담은 아마도 이성계를 잘 아는 정몽주의 주선이 있었을 것으로 추정된다. 정도전은 1388년의 요동정벌 찬반논쟁을 비롯하여 위화도 회군 및 회군 후의 정국 운영방안을 놓고 이성계와 긴밀하게 소통했을 것이다. 회군 직후 이성계의 입김이 작용한 인사에서 정도전은 정3품 밀직부사로 발탁되었다. 이는 정도전이 이성계의 정식 핵심참모가 되었음을 의미했다. 민본정치를 위한 혁명의 기운이 무르익기 시작했다. 그러나 호사다마(好事多魔)라고 했던가! 이 무렵 정도전의 꿈은 커다란 장애를 맞게 되었다. 고려에 충성하는 스승 이색과 친한 벗 정몽주, 선배 우현보 등이 혁명세력의 반대편으로 돌아서게 된 것이다.

　정도전은 정공법을 택했다. 한때의 스승이나 동지라도 대의만큼 소중한 가치를 부여할 수는 없었다. 정도전은 이색을 극형에 처하고 우현보를 원지로 귀양 보내라는 상소를 올렸다. 공양왕은 한사코 정도전의 상소를 물리쳤다. 얼마 후 상황이 역전되었다. 1391년 정몽주는 기밀인 우현보의 탄핵상소를 정도전이 누설했다는 상소를 올렸다. 정도전은 봉화로 유배 갔다가 다시 나주로 이배되었다. 1392년 3월 한때 절친한 벗이었던 정몽주와 김진양은 연이어 정도전의 목을 베라는 상소를 올렸다. 이성계가 사냥을 하다 낙마하여 거동하지 못하고 있는 틈을 탄 음모였다. 백성을 위한 혁명의 꿈을 가진 정도전에게 한 줄기 서광이 비췄다. 1392년 5월 이방원이 이성계를 문병하고 돌아가던 정몽주를 선죽교에서 격살했다. 정도전은 마침내 죽음의 문턱을 넘어섰다. 생사의 갈림길에서도 정도전은 역성혁명을 지속하려는 자신의 의지를 꺾지 않았다. 리더는 심사숙고하여 최종 결정을 내린 사항은 끈질기게 계속 추진해야 한다.

뛰어난 통찰력으로 새로운 세상을 여는 길을 이성계에게서 발견하고, 그의 핵심 참모가 되다. 이성계에게 단순한 왕조 교체가 아니라 새로운 국가 건설이라는 분명한 비전을 고취시키다. 이어서 전략적 조언(strategic advising)과 지원을 통해 장기적 목표와 가치를 실현할 수 있는 청사진을 마련하다. 또한 정치적 난관에 부딪힌 이성계를 끊임없이 독려(encouragement & support) 하여, 마침내 조선 창업을 완수하도록 이끌다.

조직에서 핵심 참모나 전략적 조언자는 무엇보다 상사의 비전을 깊이 이해해야 한다(vision alignment). 동시에 그 비전을 실현시킬 수 있는 구체적 방안을 제시하고 실행을 지원해야 한다. 참모의 핵심 역할은 끊임없는 조언과 격려를 통해 상사의 올바른 의사결정을 돕고, 전략목표 달성을 지원하는 것이다(supporting the

> achievement of strategic objectives). 그런 점에서 정도전은 상향식 리더십(upward leadership)의 모범적 실천자였다.

역성혁명을 이루기 위해서는 두 집단의 결합이 필요했다. 혁명에 이념을 제공할 사대부집단과 무장력을 제공할 무인집단이었다. 사대부집단은 이색 학당의 동문이나 뜻이 맞는 동지들을 규합하면 별 문제가 없었다. 어려운 것은 고려조정을 물리적으로 압박할 수 있는 무장력을 어떻게 확보할 것인가의 문제였다. 1383년 정도전은 오랜 칩거생활을 털어내고 길을 나섰다. 그는 당시 뛰어난 전공을 거두고 있는 한 무장을 염두에 두고 있었다. 그는 함주(현재의 함흥)에 주둔하고 있던 동북면도지휘사 이성계였다.

고려 말 당시 민심을 얻고 있던 무장으로는 최영과 이성계가 있었다. 둘 다 홍건적과 왜구를 연달아 물리친 전쟁 영웅들이었다. 두루 조야(朝野)의 신망도 두터웠다. 인품이나 덕성도 갖추었다. 그러나 출신성분과 정치성향 및 군사적 기반에서는 차이가 있었다. 최영은 중앙의 귀족 출신으로 무공이 뛰어나 출세한 인물이었다. 고려 중앙귀족들이 대체로 그렇듯 친원파에 속했다. 군사적 기반도 근왕친위대, 왕궁 경호 등 중앙의 정예군이었다. 이들은 최영 개인에게 충성하는 군대가 아니었다. 최영과 수하 장졸들은 결속력이 약하고 끈끈한 연대가 없었다. 민심을 모을 지도자로 그런 최영을 옹립하기는 어려웠다. 반면 이성계는 함경도 화령(和寧, 함남 영흥) 출신이었다. 화령은 불과 얼마 전까지만 해도 원나라의 쌍성총관부가 설치되어 있던 곳이었다. 이성계는 그만큼 변방 출신으로 중앙정계의 권문세족들과 별다른 연고가 없었다. 그러나 그는 막강한 군사력을 가진 독립된 장수였다. 이성계에게는 가별초가 있었다. 이성계와 가별초는 당시의 그 어떤 사병집단보다 결속력이 강했다. 그만큼 가별초는 강력한 군사력을 발휘할 수 있었다. 그렇다 해도 이성계는 변방의 지역사령관에 불과했다. 정도전은 함주막사로 그런 이성계를 찾아 갔다.

정도전이 언제부터 이성계와 역성혁명을 도모했는지는 분명치 않다. 아마도 막사에서 그를 대면한 직후부터일 것이다. 정도전은 사람을 보는 눈이 정확했다. 정도전은 현실을 꿰뚫어보는 통찰력이 있었다. 변방의 장수 이성계에게서 역성혁명을 이끌 군왕의 자질을 발견했다. 그래서 정도전은 자신의 꿈을 실현시킬 인물로 이성계를 선택했다. 정도전은 이성계에게 정치상황에 대한 인식과 역성혁명의 대의명분을 고취시켰다. 이성계는 정도전을 만나 정치적 안목에 눈뜨고 새로운 철학사상을 접하게 되었다.

이성계는 전문적인 정치가가 아니었다. 강직하고 용맹스러운 무장이었다. 고려조정의 정치적 논쟁과 이념 투쟁에 익숙지 않았다. 정치적 반대파들의 극렬한 비난과 비방에 사직상소를 올린 때도 여러 번 있었다.

정치에 환멸을 느끼고 아예 낙향하여 칩거하려던 적도 한 두 번이 아니었다. 이성계의 마음이 흔들릴 때마다 정도전은 그의 마음을 다독이고 진정시켰다. 현대로 치면 핵심 측근이 사퇴하려는 기관장이나 정당의 대표, 대기업 사장을 사력을 다해 만류한 거와 같았다. 아니 그보다 훨씬 어려운 일이었다. 정도전이 해내려고 하는 일은 오늘날 누군가를 대통령으로 당선시키는 것보다 훨씬 어려운 일이기 때문이었다. 변방의 일개 장수를 제왕의 권좌에 올리는 일이 어찌 쉬울 수 있었겠는가!

1391년 6월 혁명파 대간들이 우현보를 귀양 보내라고 세 번이나 상소했다. 공양왕은 우대언 이방원을 이성계에게 보내 대간들을 말리도록 요청했다. 그러면서 끝내 우현보의 죄상을 묻지 않았다. 이성계는 자신이 추대한 공양왕마저 자기를 불신하는 듯 하는 언행을 보이자 낙담했다. 그리고는 정치를 포기하고 낙향할 계획을 세웠다. 정도전은 그런 이성계를 만류했다. 그리고는 그에게 나라를 구할 소명의식을 불어넣었다. 동시에, 정쟁을 피해 물러나는 것이 능사가 아니라고 설득했다. 정쟁에서 승리하는 것이 중요하다고 역설했다. 그래야 본인도 살고 나라도 구할 수 있다고 강조했다. 정도전은 고려라는 구체제가 무너지는 것은 하늘의 뜻이라고 단언했다. 또한 그 역사적 과업을 이성계가 수행해야 한다고 끊임없이 애원했다. 정도전은 이성계에게 "공이 나서지 않으면 백성은 더욱 고통 받고 혼란은 가중될 것"이라 읍소했다. 정도전은 틈만 나면 이성계가 사명감을 갖도록 고무했다.

정도전은 이성계와 본인의 관계를 한나라 고조 유방과 장량에 비유했다. 유방의 핵심참모 장량은 유방에게 천하를 제패할 계책을 제시했다. 그리고 절체절명의 위기 때마다 탁월한 책략으로 유방을 구해냈다. 장량이 한고조를 이용한 것처럼 정도전도 태조 이성계를 이용했다는 것이다. 정도전의 자부심이 묻어나는 말이었다. 조선은 전쟁을 치르지 않고 창업되었다. 대량의 살상이나 출혈이 필요치 않았다. 정도전은 뛰어난 정치력과 상향식 보좌능력으로 이성계를 조선창업의 주역으로 만들었다. 고위급 리더에 속하는 핵심 참모나 측근은 조직의 수장이나 기관장에게 원대한 비전을 제시하고, 그들이 그것을 달성할 수 있도록 보좌해야 한다. 정도전은 최고수장을 보좌하는 훌륭한 모범 사례를 제시했다.

> 조선 건국과 통치 체제의 기초를 다진 혁명가로서 불꽃같은 삶을 살다. 이성계의 핵심 두뇌로서 국가의 모든 부문을 새롭게 설계하고 혁신하다(strategic leadership & visionary reform). 향리 출신으로 과거에 급제한 신진사대부였으나, 안락한 삶을 포기하고 치열한 실천적 정치가의 길을 걷다(moral commitment). 정치, 외교, 경제, 사회 전반에 걸쳐 개혁을 주도하며(transformational change), 민본 국가 건설을 위해 고려 왕조를 멸망시키고 조선왕조를 개창하다. 또한 개혁적 신진 사대부들을 결집시켜 백성을 위한 다양한 혁신방안을 마련하다.

> 리더는 국가와 조직의 개혁과 혁신을 위해 끊임없이 성찰하고 고뇌해야 한다. 리더가 현실에 안주하는 순간, 조직은 경쟁우위를 상실하고, 전략적 기회를 놓치며 성장 동력을 잃게 된다.

정도전은 고려체제를 부분적으로 정비해서는 혁신이 어렵다고 판단했다. 그래서 성리학적 원리에 기초한 새로운 정치체제를 꿈꾸었다. 그는 중앙집권적 통치구조를 통한 왕권과 신권의 조화를 꾀했다. 그것을 통해 안정된 정치를 구현하고자 했다. 정도전은 조선의 중앙 행정 조직을 체계화했다. 그는 정부 구조를 개혁하고, 각 분야의 제도를 혁신했다. 고려 말기 권문세족의 횡포를 경험한 정도전은 강력한 왕권 확립을 강조했다. 동시에 그는 왕의 통치를 자문하고 견제하는 재상 중심의 균형체제를 이상으로 삼았다. 정도전은 새로운 왕조의 법제와 제도를 혁신하기 위해 『경국대전』 등을 저술했다. 기본 법전을 통하여 통치 체제를 개혁하고 효율적인 행정을 구현하기 위해서였다. 그는 또한 음서(蔭敍)가 아니라 과거 제도를 통해 능력 있는 인재를 등용하려고 노력했다. 아울러 정도전은 유교적 덕목과 인품을 지닌 인재양성에도 소홀하지 않았다. 이는 그의 사후에도 조선의 안정적 통치와 사회적 질서 유지에 중요한 역할을 했다.

정도전은 경제와 사회 개혁을 통해 백성들의 삶을 개선하려고 노력했다. 그는 늘 나라의 근본은 백성이고 백성은 먹을 것이 하늘임을 잊지 않았다. 그래서 정도전은 고려시대의 토지제도를 근본적으로 개혁하려고 했다. 자경농을 중심으로 하는 농업생산 구조의 근본적인 변화를 원했다. 그가 당초 구상한 개혁방안은 모든 토지를 몰수하여 국가에 귀속시키고, 식구 수대로 땅을 분배한 뒤 국가가 일정한 세금을 걷는다는 구상이었다. 정도전은 이런 토지개혁 방안을 개혁파 동지인 조준으로 하여금 법제화하도록 했다. 그의 토지개혁 안은 권문세족들의 강력한 반발을 샀다. 정도전은 한 발 물러섰다. 그리고 좀 더 온건한 과전법으로 타협을 보았다. 그의 전제개혁을 통해 토지가 공정하게 분배되고 관리 체계가 개선되었다. 정도전의 개혁으로 농민들의 생산성은 높아지고 백성들의 생활은 안정되었다. 아울러 국가의 재정도 튼튼해졌다. 정도전은 상공업의 발전을 위해서도 혁신정책을 도입했다. 한양에 대규모의 시장을 개설하고 관리·감독했다. 상업 활동을 촉진하려는 목적이었다. 정도전은 상업을 활성화시켜 국가 재정을 확충하고 백성들의 삶을 개선하려고 노력했다.

정도전의 개혁정책은 교육과 문화 부문에서도 예외가 아니었다. 정도전은 성리학적 이념에 기초한 교육과 문화의 창달을 중시했다. 그를 통해 조선 사회의 가치관과 윤리 체계를 확립하고자 했다. 정도전은 유교적 인재를 양성하기 위해 성균관과 향교를 정비했다. 그의 교육혁신 정책은 학문의 발전과 유교적 가치관 확립에 중요한 역할을 했다. 또한 유교적 윤리와 문화 확산을 위한 개혁적인 정책도 추진했다. 조선 사회의 도덕적 기초는 그렇게 형성되었다.

정도전은 나라의 안보와 외교를 강화하기 위한 다양한 개혁정책도 추진했다. 공민왕 사후 고려 집권층은 친원정책으로 회귀했다. 정도전은 대외상황 분석 및 전략적 판단에 따라 친명정책을 채택했다. 그런 소신을 굽히지 않아 귀양도 갔다. 복직 후 정도전은 외교정책에 일대 혁신을 가했다. 정도전은 명나라와의 우호적인 외교 관계를 중시했다. 외교사신으로 몸소 명나라에 다녀오기도 했다. 그는 명나라와의 친선외교를 통해 조선의 국제적 지위를 보장받았다. 명나라와의 이런 안정된 친선관계는 청나라가 건국된 후 1637년 병자호란이 끝날 때까지 유지되었다.

정도전은 군사 제도도 혁신했다. 조선 개국 초 수도 방위를 위해 상경하는 병사들은 각 도에서 모병했다. 그래서 각 도 절제사인 왕자들과 공신들이 지휘권을 행사했다. 따라서 이들은 관군이라기보다 사병에 가까웠다. 엄격히 말해 조선은 개국 직후 중앙관군이 없었다. 왕자들과 공신들이 거느린 사병 연합체가 국가방위를 대신했다. 정도전은 사병을 해산하고 병장기를 회수하는 사병혁파 정책을 시행했다. 사병혁파는 정도전이 추진한 군제개혁의 핵심이었다. 공신들과 왕자들은 강한 반감을 드러냈다. 태조 2년인 1393년 정도전은 삼군총제부를 의흥삼군부(義興三軍府)로 개편했다. 그리고 자신이 중앙군의 책임자인 판의흥삼군부사를 맡았다. 의흥삼군부는 사병 성격을 지닌 군대를 국가에 귀속시키는 혁신적인 시도였다. 지휘체계를 일원화하고 중앙 집권적 통제체제를 확립하려는 목적이었다. 이렇게 군제개혁을 이룸으로써 정도전은 요동정벌을 단행할 수 있는 조건을 갖춰 나갔다. 비록 이방원에 의해 참살됨으로써 요동정벌에 대한 그의 꿈은 사라졌지만. 조직의 혁신과 개혁 방안을 모색하는 오늘날의 리더들에게 국가 혁신을 위한 정도전의 노력은 많은 시사점을 제시한다.

뛰어난 학문적 기량과 탁월한 저술활동으로 개혁파 사대부들의 선망을 한 몸에 받고 그 중심에 서다. 숙고 끝에 내린 반원친명의 정치적 신념(principled conviction)을 굽히지 않아 유배형에 처해지나, 그로 인해 개혁파들의 깊은 신뢰와 존경을 얻게 되다. 전도유망한 종3품 고위 관리로 봉직하면서도 스스로 지방관을 자처하며(servant leadership) 민본정치의 실천적 모범을 보이고(role modeling) 개혁파의 추앙을 받다.

현대의 리더 역시 조직과 기관이 필요로 하는 역량과 기량을 적극 발휘하여 구성원들의 마음을 얻어야 한다(trust building). 경영 여건이 어려운 조직이나 남들이 꺼리는 분야에서도 솔선수범하며 성과를 창출할 때, 리더는 더욱 강력한 신뢰를 확보할 수 있다. 이

> 러한 모범적 행동은 구성원들의 자발적 협력과 참여를 이끌어내는 핵심 원동력이 된다.

정도전은 이색에게 학문을 배웠다. 이색은 원나라의 회시(會試)와 전시(殿試)에서 우수한 성적으로 합격했다. 회시는 지방에서 치른 향시(鄕試)를 통과한 합격자들이 치르는 2차 시험이고, 전시는 회시 합격자들이 황제 앞에서 치르는 최종 시험이었다. 이색은 13세에 고려의 성균관 시험에도 합격했었다. 그는 명실상부한 글로벌 천재였다. 이색은 원나라에서의 유학과 벼슬살이를 마치고 귀국하여 학생들을 가르치기 시작했다. 원나라의 선진 성리학을 공부하고 귀국한 이색은 요즘으로 치면 일타강사였다. 이색 학당은 당대 최고의 명문 사학으로 각광을 받았다. 정도전을 비롯하여 정몽주, 이숭인, 권근, 이존오, 김구용, 김제안, 박의중, 윤소종 등이 그에게서 배웠다.

정도전은 이색 학당에서도 단연 두각을 나타냈다. 스승 이색은 "은미(隱微)한 말을 분석하고 옛 시에 화답하는데 한때의 거벽들이 모두 팔짱만 끼고 앉아서 감히 (정도전과 기량을) 겨루지 못했다."고 평가했다. 타고난 재주로 문장에 능하고 성리학에 밝은 정도전에게 모두 첫 자리를 양보했다. 오늘날의 기관이나 조직에서도 마찬가지이다. 조직이나 기관에서 요구하는 기량을 뛰어나게 발휘하는 사람이 존중받는다. 조직이나 기관이 직면한 난관을 극복할 해결책을 제시하는 사람이 능력을 인정받는다. 정도전은 학문적 기량으로 동기들의 추앙을 받았다. 정도전은 『불씨잡변』에서 고려 말의 사회적 모순을 비판했다. 그리고 『조선경국전』 등을 저술하여 새로운 정치체제의 사상적 근거를 제시했다. 이를 통해 정도전은 신진사대부들의 마음을 얻고 정신적 지도자로 인정받았다.

정도전은 정치적 소신을 굽히지 않아 몇 번에 걸쳐 유배생활의 고초를 겪었다. 최초의 유배를 떠나기 전 정도전은 정4품의 직위에 있었다. 권력층과 적당히 타협하면 앞날이 보장될 터였다. 그러나 정도전은 친명반원이라는 개인적 신념을 거두지 않았다. 원나라와의 외교관계 회복을 요청하는 문서에 서명을 거부했다. 고려에 도착한 원나라 사신을 영접하라는 왕명도 물리쳤다. 그래서 1375년 고난의 유배길에 올랐다. 이때 정몽주, 이숭인, 김구용 등 다른 동지들도 유배형에 처해졌다. 다른 동지들은 1년 정도의 짧은 유배생활 후 해배되어 정계에 복귀했다. 그러나 정도전은 무려 10년 동안이나 정치적인 낭인 생활을 했다. 또한 개경 출입 금지령도 받았다. 그러나 그는 신진사대부들의 마음을 사로잡아 가고 있었다.

두 번째와 세 번째 유배는 모두 공양왕 때였다. 태조 이성계의 핵심으로 낙인찍혀 정몽주 등 온건개혁파들의 탄핵을 받았다. 정치적 소신에 따라 한때 동지였던 온건파 사대부들과 스승 이색의 처형을 주청해서였다. 정도전은 1391년 9월 경북 봉화로 유배되었다. 조선이 개국하기 1년 전이었다. 혁명파 사대부들은 정도전의 안위를 염려했다. 혁명파들의 마음을 얻어 구심점 역할을 해 온 그의 목숨이 경각에 달렸다. 정도전은 소신에 찬 주청으로 동지들의 마음을 다시 한 번 얻었다. 다음 해인 1392년 5월 정몽주는 이방원의 칼에 쓰러지고 정도전은 혁명파들의 박수를 받으며 정계에 복귀했다. 소신을 지키거나 옳은 일을 하다가 고초를 겪는 것은 흔한 일이다. 그러나 그 고초로 사람들의 마음을 얻을 수 있다. 오늘날의 조직생활에도 들어맞는 말이다.

10년 만에 조정에 복귀하여 승승장구하던 정도전은 1387년 돌연 외직을 자청하고 나섰다. 고려시대의 지방관은 모두가 꺼리는 소외직종이었다. 이때 정도전의 품계는 종3품이었다. 그런 대작(大爵)이 자청하여 외직으로 나간 이유는 백성들의 삶을 현장에서 파악하기 위해서였다. 정도전은 지금의 경기도 화성지방인 남양부사에 보임되었다. 수령이 선정을 베푸느냐 악정을 베푸느냐에 따라 군현 백성들의 생활은 달라진다. 정도전은 백성들의 곁으로 다가가 민본정치의 모범을 보이고 싶었다. 개혁파 사대부들 중 지방관을 거친 사람은 흔치 않았다. 하물며 외직을 자청한 사람은 전무했다. 정도전은 실천적인 모범을 보였다. 정도전은 옳다고 믿는 바를 실천에 옮기는 실행력이 뛰어났다. 이런 정도전의 행보에 대해 공양왕도 크게 칭찬했다. 후일 역성혁명 과정에서 정도전이 개혁파 인물들 가운데 강력한 지도력을 발휘할 수 있었던 것도 이런 실천력 덕분이었다. 정도전은 남들이 꺼리는 바를 거침없이 실천했다. 그리고 그 과단성으로 동지들의 마음을 얻었다. 남들이 기피하는 분야나 보직을 자청하여 훌륭한 성과를 거두면 조직원들도 그것을 인정한다. 리더는 솔선수범이나 자기희생이 없이는 조직원들의 마음을 얻기 어렵다.

사신으로 명나라에 다녀오며 조선이 처한 곤란한 입장과 현실을 절감하다. 명나라의 거듭된 강압과 굴욕적인 요구 속에서 국가적 위기의식을 깊이 인식하다(crisis awareness). 당면한 위기를 타개하기 위한 방안으로 요동정벌이라는 긴급 대책을 마련하다(contingency planning).

현대의 리더 역시 상대국, 이해관계자, 협력사와의 관계에서 무엇보다 국가와 조직의 이익을 최우선적으로 고려해야 한다(organizational resilience). 이를 위해 활용 가능한 다양한 수단을 검토하고, 현실에 가장 적합한 실행 방안을 선택하는 실용적 의사결정(pragmatic decision-making)이 필수적이다. 또한 조직이 순항 중일 때에도 장래 위험 요소를 예견하고(strategic foresight), 비상대응 계획을 마련해야 한다. 조직과 국가는 변화와 불확실성 속에서 끊임없이 위험에 노출되는 취약한 실체이기 때문이다.

외교관계나 거래관계에서 일방적 이익이란 존재하지 않는다. 국가 간 혹은 거래 당사자 간 관계에는 상호 이익이 전제된다. 그래서 어느 일방이 무리한 요구를 하게 되면 그 관계는 금이 가게 된다. 또한 국가나 조직이 상대의 호의에만 기대게 되면 그 처지는 구차해진다. 2024년 일제강점기 강제징용 피해자 제3자변제안을 제시했다 뒤통수를 맞은 한국 정부의 대일외교가 그렇다. 정도전은 고려 말인 1384년 외교사신으로 정몽주와 함께 명나라에 다녀왔다. 그는 명나라에서 약소국의 처지를 뼈저리게 절감했다. 정도전은 귀국길에 요동지방을 지나며 요동정벌을 꿈꾸었다. 원명 교체기 당시 요동지역은 무주공산이었다. 그런 시기에 요동을 차지하게 되면 여러모로 유리하다고 판단했다. 배후에서 명나라를 노려보며 조선의 안전을 담보할 수 있다고 여겼다. 그것이 힘에 의한 평화라고 생각했다. 그렇게 하는 것이 선린 관계를 계속 유지할 수 있는 좋은 방법이라고 믿었다. 그 꿈을 이루기 위해서는 군사력을 길러야 했다. 군사력을 키우려면 나라가 반듯해야 하고 임금이 바로서야 한다. 그래서 정도전은 혁명을 이루고 새로운 왕조를 개창하려고 했다.

1392년 10월 사신 조반(趙胖)이 이성계의 조선국왕 즉위를 인정한다는 명나라의 문서를 가져왔다. 국왕 즉위를 승인하는 문서인 고명(誥命)과 이를 증명하는 황금도장인 책인(冊印)은 가져오지 못했다. 명나라 황제가 내어주지 않아서였다. 조반이 가져온 인정문은 조선에 대한 조롱과 회유, 공갈과 협박으로 가득 찬 문서였다. 마지막 문장은 조선 영토나 잘 보존할 것이지 요동은 넘보지 말라는 것이었다. 이성계는 명의 주원장에게 감사하는 국서를 전달하기 위해 사신을 보냈다. 이때 사은사(謝恩使)로 명나라에 국서를 가져간 사람이 정도전이었다. 정도전은 사신의 임무를 마치고 귀국하는 길에 산해관(山海關)을 지났다. 산해관은 만리장성의 동쪽 끝에 있는 관문이다. 정도전은 주위 사람들에게 이렇게 말했다. "조선과 명의 관계가 순조롭게 풀리면 좋지만, 잘 풀리지 않으면 군대를 이끌고 와서 한 차례 기습공격을 가할 것이다." 나중에 명 황제 주원장이 이 말을 전해 들었다 한다. 이후 주원장은 정도전을 화의 근원(禍源)으로 간주했다. 그래서 이성계에게 정도전의 압송을 끈질기게 요구하게 된다.

정도전은 요동정벌을 실현할 첫 단계의 사업에 착수했다. 1393년 7월 동북면도안무사가 되어 함경도에 갔다. 그곳에서 행정조직을 정비하고 국경지대의 국방태세를 점검하고 돌아왔다. 다시 4년 후 정도전은 동북면도선무순찰사가 되어 함경도로 갔다. 주군(州郡)의 구획을 명확히 정리하고 국경지역의 성을 보수했다. 성이 없어진 곳에는 새로 쌓기도 했다. 장차 요동정벌 시 병력과 병참 지원의 전진기지로 삼기 위한 포석이었다.

정도전은 1393년 9월 국가재정을 담당하는 종1품 삼사판사가 되었다. 그는 고려 말부터의 군사편제였던 삼군총제부를 의흥삼군부로 개편했다. 그리고 자신이 그 수반인 판사가 되었다. 최고 군령기관인 의흥삼군부의 설치로 조선은 중앙 군사체제를 갖추게 되었다. 정도전은 본격적으로 군사력 강화 사업에 착수했다. 훈도관(訓導官)을 두어 각 절제사가 통솔하는 군사들 가운데 무예가 출중한 인원들을 선발했다. 그리고 그들에게 진도를 가르치기 시작했다. 의흥삼군부의 군관 및 성중애마(成衆愛馬, 고려·조선 초 궁궐의 숙위나 임금의 시종을 맡아보던 관원들)들에게도 진도를 강습시켰다. 또한 공놀이를 하던 연병장에 군사들을 집합시켜 진법훈련을 실시했다. 북, 주라, 깃발의 신호에 따른 포진과 기동을 반복했다. 한편 훈련 교관을 각 도에 보내 지방군에게도 집중적인 훈련을 실시했다. 진법훈련은 요동정벌을 위한 군사훈련이 표면적인 목적이었다. 그러나 이면에는 중앙군사기구의 통제에 따르는 훈련을 통해 사병을 혁파하려는 또 다른 목적이 숨겨져 있었다.

사병혁파는 군제개혁의 중요한 일부였다. 왕자들과 일부 개국공신들이 거느리고 있는 사병은 주로 시위패(번〈番〉을 맞아 상경하는 지방 장정들의 군사집단)였다. 본래 시위패는 고려 말 궁궐 숙위와 국방의 임무를 띠고 처음 편성되었다. 고려 말에는 주요 권력자가 지휘책임을 갖고 이들을 사병으로 부리고 있었다. 이런 상황은 조선이 건국된 뒤에도 계속되었다. 왕자들과 유력 개국공신들은 각도 시위패의 절제사가 되었다. 절제사는 군권을 장악하고 시위패를 사적으로 지휘·통솔했다. 절제사는 사병들의 군적을 기록한 장부인 패기(牌記)를 보유했다. 패기를 직접 관장하여 국가기관의 개입 없이 절제사가 징병권과 지휘권을 행사했다. 따라서 사병은 왕권을 위협하는 요소였다. 뿐만 아니라 사회적으로 큰 폐단이 되고 있었다. 1393년 정도전은 각 절제사가 의흥삼군부를 통해 지휘권을 행사하도록 통제했다. 몇 년 후인 1398년에는 절제사직을 합치거나 폐지하는 방식으로 사병혁파 시도가 이루어졌다.

1397년 명나라는 바로 정도전의 압송을 요구했다. 그 전해인 1396년 명나라에 보낸 표전문(表箋問)을 문제 삼았다. 표전문이란 황제에게 올리는 표문과 황태자 등에게 올리는 전문을 함께 이르는 말이다. 조선이 명나라에 의견을 표명하는 방법은 사행(使行)을 통한 문서 전달 방식으로 실행되었다. 그래서 조선은 명에 보내는 표전의 문장에 정성을 기울였다. 그러나 명나라는 늘 조선의 표전 자구(字句)에 불만을 제기했다. 그것은 요동정벌의 중심인물인 정도전을 제거하려는 목적이었다. 정도전은 개국공신 남은과 편전으로 나아가 이성계에게 요동정벌 준비가 끝나간다고 아뢰었다. 이성계는 망설였다. 좌시중 조준이 정벌에 반대하고 나섰다. 이제 막 나라를 세워 기초를 다지고 있는데 군사원정은 무리라는 이유에서였다. 1398년 5월 명나라의 주원장이 세상을 떠났다. 요동정벌의 감행시기를 머뭇거리는 사이 이성계도 그해 8월 병석에 누웠다. 그리고 두 달 뒤인 1398년 10월 정도전의 죽음과 함께 요동에 대한 그의 꿈도 사라졌다. 그러나 고토회복 및 위기대응 방안으로서 요동정벌을 준비한 정도전의 정신은 높이 평가할 만하다고 하겠다.

> 유배와 정치적 낭인 생활을 거치며 백성들의 삶과 고통에 깊이 공감하다(empathetic leadership). 유배지에서 백성들과 소통하며 그들의 생각과 생활을 이해하다. 해배(解配) 후에도 거처를 여러 곳으로 옮겨 다니며 도탄에 빠진 민생을 체감하고, 그 과정에서 공감 능력을 더욱 강화하다. 목민관으로서 남양부사를 자청하여 백성들의 생활과 고충을 가까이에서 살피고 이해하다. 백성들의 생계 문제를 근본적으로 해결하기 위해 철저한 토지개혁 방안을 마련하다(practical engagement).
>
> 현대의 리더 역시 조직 구성원과 이해관계자들의 목소리에 귀를 기울이며(active listening), 그들의 처지와 감정을 이해하는 공감 능력을 갖추어야 한다. 뛰어난 공감 능력은 조직 내 신뢰 기반을 형성(trust-based governance) 하며, 성과 향상을 위한 효과적인 경영 활동의 핵심 역량이 된다.

정도전은 관직에 머무는 동안 세 번의 유배형에 처해졌다. 유배지는 전라도 나주와 경상도 봉화였다. 그는 백성이 귀하다고 하는 맹자의 구절을 즐겨 암송했다. 유배생활 동안 정도전은 백성들의 삶을 현장에서 직접 살필 수 있었다. 최초 유배지였던 나주의 거평부곡 소재동 마을은 하층민들의 거주지였다. 정도전은 이 하층민들과 생활하면서 백성(民)이라는 존재에 새롭게 눈을 떴다. 그의 눈에 비친 백성들은 온화하고 순박했다. 자만심이나 공명심은 없으며 부지런히 농사를 짓거나 천역에 종사했다. 권력이나 파당으로 만나고 헤어지는 벼슬아치들과 같은 허영심도 없었다. 이해타산 없이 정을 주고받으며 욕심이 없고 순수했다. 임금과 조정의 버림을 받아 귀양살이를 하는 정도전을 백성들은 후대했다. 그는 백성들에게 늘 고마운 마음을 가졌다. 정도전은 그곳에서 가난한 농민들이 지혜롭고 의롭다는 것을 알았다. 정도전은 입에 풀칠하기도 어려운 그들의 삶에 전적으로 공감했다.

정도전이 지은 『농부에게 답하다(答田父)』는 김을 매고 있는 한 농부와 그의 대화를 기록한 것이다. 흙먼지를 둘러쓰고 호미를 들고 있는 농부지만 정도전이 유배된 죄목을 추측하며 나열하는 대목은 매섭다. "세도가에 빌붙어 찌꺼기나 얻어먹지 않았는가?" "보신에만 급급하여 바른말을 못하고 간사하게 행동하지 않았는가?" "아무 일 없을 때는 큰소리 치다 적군을 만나게 되면 대의를 버리고 달아나지 않았는가?" 농부의 언사는 추상같았다. 농부가 꼭 집어 묻는 바는 하나같이 당시 정치가들의 비리와 위선에 대한 통렬한 비판이었다. 평범한 백성들의 눈에 비친 고려조정과 관료들의 행태는 그야말로 형편없는 수준이었다.

정도전은 형편이 어려운 백성들의 삶에 한없이 절망했다. 유배지에서 농민들과의 만남을 통해 백성이 나라의 근본임을 실감했다. 민초들과의 공감을 통하여 정도전은 민본의식을 가슴깊이 새겼다. 정도전은 백성들의 생활을 편안하게 할 방안을 고심했다. 그런 고심 끝에 후일 나온 것이 고려 말의 전제개혁운동이었다. 가난한 자는 송곳 하나 꽂을 땅도 없는데 권문세족들은 산천을 경계로 토지를 겸병했다. 게다가 농민 한 명이 경작하는 토지에 지주가 여러 명이나 되는 곳도 있었다. 소작료만 내는 게 아니라 다른 명목의 세금이나 역도 부담해야 했으니 백성들의 원성은 높아만 갔다. 정도전은 그들의 고통에 공감했다.

정도전은 유배 3년 만인 1377년 해배되어 풀려났다. 그의 나이 서른다섯 살이던 때였다. 유배가 풀렸다고 당장 자유를 얻은 건 아니었다. 그것은 경외종편(京外從便)이었다. 경외종편은 귀양은 해제하되 수도 이외의 곳에 거처를 정하여 살도록 한 조처였다. 따라서 정도전의 개경 출입은 금지되었다. 엄밀히 말하면 여전히 죄인의 신분에서 벗어나지 못한 상태였다. 정도전은 고향 봉화와 삼봉을 오가며 4년을 더 칩거했다. 1381년 정도전은 삼봉의 옛집으로 돌아왔다. 남경의 북한산 밑에 삼봉재라는 초막을 짓고 제자들을 가르치기 시작했다. 그러나 이곳 출신 재상이 그것을 싫어하여 초막을 헐어버렸다. 정도전은 부평부의 남촌에 집을 짓고 한동안 살았다. 그러나 전임재상을 지낸 사람이 별장을 짓는다고 집을 철거했다. 정도전은 다시 거처를 김포로 옮겼다. 그렇게 사는 동안 정도전은 백성들의 곤궁한 삶에 백 번 천 번 공감했다.

정도전은 마흔한 살 때인 1387년 외직인 남양부사직을 자청하고 나섰다. 정도전이 지방관인 남양부사를 자청한 이유는 백성들의 삶을 현장에서 살피려는 의도였다. 민본정치를 펼치기 위해 정도전은 백성의 삶 속으로 직접 뛰어들었다. 그는 지방관을 자청하는 실천적 모범을 보였다. 지금까지 파악한 백성들의 삶을 목민관의 관점에서 새로이 공감해 보려는 시도였다.

정도전은 전제개혁을 통해 가난한 백성들에게 먹고 살 터전을 마련해 주고자 했다. 『사기(史記)』에 이런 구절이 나온다. "임금은 백성을 하늘로 삼고(王者以民爲天〈왕자이민위천〉), 백성은 먹을 것을 하늘로 삼는다(民以食爲天〈민이식위천〉)." 정도전은 전국의 토지를 국가에 귀속시켜 철두철미하게 개혁하려고 했다. 농민들의 비참한 생활에 공감을 한 사람만이 착안할 수 있는 획기적인 방식이었다. 농민의 삶을 몸소 경험한 정도전은 농민들의 고통을 이해하고 공감하는 개혁방안을 제시할 수 있었다. 그러나 실제로 실행된 개혁안은 정도전이 당초 구상한 안에서 크게 후퇴한 것이었다.

정도전은 고려 말기의 부패한 권문세족의 폐단과 불합리한 사회 구조를 날카롭게 비판했다. 정도전의 비판 정신과 개혁 정책은 모두 사회적 약자인 백성들에 대한 공감을 통해 이루어졌다. 공감 능력이란 타인의 감정과 마음을 알아주고 이해할 수 있는 능력을 말한다. 공감 능력은 리더에게 조직원은 물론 이해관계자들과의 원활한 소통과 협력을 담보해 주는 리더십의 핵심 자산이다. 공감 능력이 뛰어난 리더는 대내외 관계 유지, 성과제고, 갈등조정 등의 문제도 능숙하게 해결할 수 있다. 현대의 리더들이 650여 년 전 정도전이 보여준 공감 능력 리더십의 사례에 주목할 필요가 있는 이유이다.

참고문헌

조유식, 『정도전을 위한 변명』, 푸른역사 1999.
김용옥, 『삼봉 정도전의 건국철학』, 통나무 2004.
김진섭, 『정도전의 선택-백성의 길 군왕의 길』, 아이필드 2013.
이덕일, 『정도전과 그의 시대』, 옥당북스 2014.
삼봉정도전선생기념사업회, 『정치가 정도전의 재조명』, 경세원 2004.
한영우, 『정도전 사상의 연구(개정판)』, 서울대학교 출판부 1983.
정도전, 박진훈 옮김, 『원서발췌 삼봉집』, 지만지한국문학 2025.

SEBASTIAN 세바스천
LEADERSHIP 리더십

초판　　1쇄 발행　　2025년 10월 27일

저자 나상훈
편집·디자인 홍성주
펴낸곳 도서출판 위
주소 경기도 파주시 광인사길 115
전화 031-955-5117~8

ISBN 979-11-86861-44-8 03190

이 책은 저작권법에 따라 보호받는 저작물이므로 무단 전재와 복제를 금하며,
이 책 내용의 일부 또는 전부를 재사용하시려면 반드시 저작권자와
도서출판 위 양측의 서면 동의를 얻어야 합니다.

• 책값은 뒤표지에 있습니다.
• 파본은 구입하신 서점에서 교환해 드립니다.